VARRON

ÉCONOMIE RURALE

COLLECTION DES UNIVERSITÉS DE FRANCE
publiée sous le patronage de l'ASSOCIATION GUILLAUME BUDÉ

VARRON

ÉCONOMIE RURALE

LIVRE III

Texte établi, traduit et commenté

par

Charles GUIRAUD

Professeur Emérite à l'Université de Paris X

PARIS

LES BELLES LETTRES

1997

Conformément aux statuts de l'Association Guillaume Budé, ce volume a été soumis à l'approbation de la commission technique, qui a chargé M. J. Chr. Dumont, d'en faire la révision et d'en surveiller la correction en collaboration avec M Ch. Guiraud.

© 1997. *Société d'édition Les Belles Lettres,*
95 bd Raspail 75006 Paris

ISBN: 2-251-01400-4
ISSN: 0184-7155

INTRODUCTION

Sujet du livre III

Ce livre concerne la troisième partie de l'*Économie rurale* selon Varron, la *pastio uillatica* (élevages à la ferme). En fait, la matière est divisée en trois catégories: les volières, les parcs à gibier et les viviers. Il s'y ajoute un long chapitre sur les abeilles. Les divers animaux sont envisagés successivement et font l'objet d'études spécifiques, les développements ayant un aspect technique incontestable.

Mais ces discours d'éleveurs, ces conseils pratiques et terre à terre, seraient vite lassants, s'il n'y avait en toile de fond une petite mise en scène. La discussion a lieu un jour de vote pour l'élection des édiles, au champ de Mars, à l'ombre de la Villa Publica. Occasion tout d'abord pour essayer de définir ce qu'était une villa dans le monde romain à l'époque de Varron. La discussion s'engage sur les sujets proposés mais, régulièrement, les péripéties de l'élection sont évoquées. En 3, 5, 18 une clameur s'élève du champ de Mars, car, pendant qu'on comptait les suffrages, un quidam avait été surpris auprès du tableau d'affichage en train de jeter des bulletins dans l'urne. En 3, 7, 1, c'est l'arrivée de l'appariteur d'un des personnages, Axius, disant que les augures sont convoqués. En 3, 12, 1, c'est le retour d'Appius, autre personnage du dialogue. En 3, 17, 1, un autre interlocuteur, Pavo, revient vers ses amis, alors que le dialogue touche à sa fin. Il annonce qu'on a rassemblé les bulletins de vote et qu'on a procédé au tirage au sort (pratique destinée à départager les candidats ex aequo), si bien que le héraut a commencé à proclamer le nom de l'édile nommé par chaque tribu. En tout dernier lieu, le candidat de Varron désigné comme édile apparaît porteur du laticlave. Félicité par ses amis, il est escorté par eux jusqu'au Capitole.

Les personnages du dialogue

Les personnages de notre dialogue n'apparaissent qu'au livre 3. Aucun, sauf Varron, n'était présent dans les deux livres précédents. Le grand parleur, l'homme qui sait beaucoup de choses est ici Cornelius Merula, présenté, en même temps que les autres interlocuteurs au début du chapitre 2. Il appartenait à une famille, les Cornelii, bien connue à Rome et ayant compté des consuls. Varron nous le confirme du reste en 3, 2, 2 (*consulari familia ortus*). Il est appelé d'abord Cornelius Merula, puis Lucius Merula (3, 2, 8) et enfin simplement Merula. Ce personnage ayant un nom d'oiseau (Monsieur Merle), au vu de ce qui se passe au livre 2, où Scrofa (la truie) présente le chapitre des porcins et Vaccius (vache) le chapitre sur les bovins, on pourrait s'attendre à ce que Merula parle des merles. Or, il n'en est rien, d'abord parce qu'il n'y a pas de chapitre sur les merles. En fait, Merula parle de beaucoup de choses. Il prend la parole au début du chapitre 3 et la garde pendant tout ce chapitre, qui a pour objet de définir le sujet. Il introduit ensuite la distinction entre les deux sortes de volières, de profit et d'agrément, et parle de la première catégorie (Varron parlant de la superbe volière *delectationis causa* qu'il a à Casinum). Puis il monopolise la conversation jusqu'au chapitre 11 inclus, pour traiter des divers volatiles. Enfin, dans le long développement sur les abeilles, il succède à Appius pour parler surtout de ce qui se rapporte au profit et aux pratiques des apiculteurs.

Deuxième interlocuteur privilégié: Appius Claudius Pulcher, que Varron appelle d'abord Appius Claudius, puis uniquement Appius. Il y eut un certain nombre d'Appius Claudius Pulcher à Rome. Le nôtre est celui qui fut consul en 54 av. J.C. En 3, 2, 3 Varron nous indique qu'il s'était rendu à Interamna et à Réate, pour régler sur place les différends, toujours renouvelés, entre les deux villes, à propos de l'écoulement du lac Vélin. Appius joue ici un double rôle. D'une part, il apparaît trois fois ès qualités avec un rôle politique. En tant qu'augure (3, 2, 2) il est assis sur un banc, prêt à aider le consul si la nécessité s'en présentait. Il a un appariteur (3, 7, 1) qui vient lui dire que les augures sont convoqués. Enfin, au début du dernier chapitre, Appius se lève pour aller féliciter le candidat de Varron qui est aussi le sien. D'autre part, il participe au dialogue, sans doute moins activement que Merula et de manière moins suivie. Au chapitre 2, il intervient dans la longue discussion ayant pour but de définir ce qu'est une villa. C'est lui qui parlera d'un des sujets peut-être les moins terre-à-terre de ce livre 3: les *leporaria* ou parcs à gibier. Nous lui devons l'évocation grandiose et poétique (3, 13) des spectacles que l'on pouvait voir dans ces parcs à gibier: les sangliers et chevreuils rassemblés au son du cor, à heure fixe, dans la propriété de Varron à Tusculum, pour recevoir leur nourriture et, surtout, le spectacle féérique donné dans la propriété de Q. Hortensius: pendant le dîner un poète, déguisé en Orphée, arrive en sonnant de la trompe et rassemble les animaux. «Le spectacle, dit Appius, ne me parut pas moins beau que les chasses données par les édiles au Cirque Maxime, mais sans bêtes africaines».

Appius joue ensuite un rôle beaucoup moins exaltant, lorsqu'il introduit les modestes chapitres sur les escargots et sur les loirs (14 et 15).

Enfin, un jeu de mots approximatif sur son nom, que l'on pourrait d'après Varron, mettre en rapport vec le nom des abeilles (*apes*)[1], lui permet d'ouvrir le grand

---

1. Ce rapprochement étymologique, qui est faux du reste, est suggéré par *meum erat* (3, 16, 3). Voir ci-dessous le commentaire.

chapitre sur les abeilles. Il parlera surtout de leur nature et de leur caractère (jusqu'au paragraphe 9), le reste du propos revenant, comme nous l'avons vu ci-dessus, à Merula. Est-il, moins que d'autres, porté sur les rapports financiers, dans ce livre 3 où la recherche du profit apparaît comme constante? En tout cas, en 3, 5, 8, il sait indiquer le bénéfice provenant d'une volière de 5.000 oiseaux.

Le troisième personnage en importance est Axius. C'est lui qui est le plus souvent mentionné dans le dialogue, par suite d'interventions fréquentes, mais assez brèves. Q. Axius, sénateur, membre de la tribu de Varron, était en relation d'amitié et d'affaires avec Cicéron, qui le cite souvent dans les *Lettres à Atticus*. Il ne faut pas le confondre avec L. Axius, lui aussi contemporain de Varron, et qui est mentionné de façon rapide et épisodique en 3, 7, 10. Il participe, bien entendu, à la discussion générale sur la définition de la villa et se voit attribuer en fin de course l'intéressant chapitre sur les viviers. C'est un personnage porté sur le profit, le rendement.

Restent les trois comparses, personnages qu'il faut bien qualifier de ludiques, dont le seul mérite et la seule utilité est de porter des noms d'oiseau: Fircellius Pavo, Minucius Pica et M. Petronius Passer, respectivement Monsieur Paon, Monsieur Pie et Monsieur Moineau. Logiquement, ils devraient parler de l'oiseau dont ils portent le nom. En fait, il n'en est rien, d'abord parce que seul le paon a droit à une étude spéciale, ensuite parce que, pour parler des paons, Varron a recours à l'inusable Merula. Mieux: Pavo s'éclipse au début du chapitre. Pica est cité une deuxième fois, à propos d'une intervention dans une discussion sur les pigeonniers (3, 7, 11). Passer disparaît aussitôt après avoir été mentionné; on ne le reverra plus. Ces personnages ont-ils existé? Ou sont-ils un pur produit de l'humour varronien? Fircellius Pavo, baptisé *Reatinus*, est peut-être un compatriote de Varron, mais nous n'en avons aucune preuve. Quant aux deux autres, ils paraissent bien avoir été inventés. On peut parler à leur sujet d'une sorte de canular.

On rajoutera Pantuleius Parra, qui n'a pas été présenté au début avec les autres personnages et fait une apparition-éclair en 3, 5, 18. Il vient raconter qu'il y a eu une tentative de fraude électorale. *Parra* désigne un oiseau, mais lequel exactement[1]? S'il s'agit effectivement d'un oiseau de mauvaise augure, il pourrait y avoir là une intention de Varron, rattachant le nom du personnage au fait qu'un événement fâcheux vient de se produire. Simple hypothèse.

La volière de Varron

La description de la célèbre volière de Varron à Casinum constitue une partie importante du chapitre 5. Elle est décrite dans ses plus petits détails et donne bien une idée de l'évolution de la villa romaine de l'utilité au plaisir. Ici les oiseaux sont élevés non pas pour être vendus au marché, mais pour procurer de l'agrément au propriétaire et à ses invités. Au début de ce long développement — qui est, à vrai dire, un morceau d'anthologie — Varron situe d'abord la volière, au pied de la ville de Casinum. La propriété est traversée par une rivière. Ses berges étaient renforcées de murs de pierre et bordées de chaque côté par des sentiers. Au bout d'un des sentiers se trouvait la volière. Le plan d'ensemble de celle-ci évoquait une tablette à écrire, semblable à celle qu'avaient les écoliers romains. À l'entrée de la volière, à droite et à gauche, des portiques, pleins d'oiseaux de toute espèce, puis deux viviers. Entre eux, un sentier conduisant à la fameuse tholos «bâtiment rond, entouré de colonnes, comme dans le temple de Catulus, à condition de remplacer les murs par des colonnes» (3, 5, 12). Cette construction

1. Voir à ce sujet J. André, *Les noms d'oiseaux en latin*, Paris, 1967, p. 118 et F. Capponi, *Ornithologia latina*, Gênes, 1979, *s.u.*

correspondait à l'anneau de la «tablette à écrire» à laquelle faisait penser la forme de la volière. Ici aussi, des oiseaux, principalement des chanteurs. Ceux-ci disposaient de perchoirs, constituant une structure en gradins, sorte de petit théâtre (*theatridion*) pour les oiseaux. L'endroit était idéal pour que Varron et ses invités s'y sentent bien. Aussi avait-on installé là une salle à manger, agréable certes par son environnement, mais exiguë et, par là même, un peu inconfortable. Un lit circulaire longeait les colonnes; il surmontait un petit bassin central. Pour faciliter le service, on avait installé, au centre du bassin, une colonne sur laquelle était fixée perpendiculairement une roue à rayons. Cette roue supportait un plateau sur lequel étaient disposées la nourriture et les boissons. Un esclave faisait tourner la roue pour que les convives puissent choisir ce qu'ils souhaitaient boire et manger. Des robinets fixés sur la table permettaient de se servir d'eau chaude et d'eau froide.

Mais ce n'est pas tout. À l'intérieur de la tholos, sous la coupole, se trouvait un système qui indiquait les heures. L'étoile Lucifer de jour et l'étoile Hesperus la nuit y décrivaient un cercle pour descendre jusqu'à la base du toit. Au milieu de la couverture, il y avait également une rose des vents, semblable à l'horloge d'Athènes appelée «Tour des Vents», construite par Andronicus de Cyrrhus au premier siècle avant J.C., et que l'on peut voir encore de nos jours. Dans ce système, une girouette placée au dehors se déplace de manière à indiquer le vent qui souffle et l'information est répercutée à l'intérieur. Cette rotonde ou tholos était le joyau de ce merveilleux ensemble.

On est frappé par le nombre de trouvailles techniques que révèle cette réalisation. Sans doute Varron avait-il songé à impressionner ses amis. Il avait également voulu les faire vivre dans une ambiance agréable et, par certains aspects, paradisiaque. Le principe de l'embellissement de l'existence au moyen d'illusions créées de façon artificielle est très caractéristique de la Rome de cette époque. Il y avait aussi ce qu'on pourrait appeler une sorte de «romantisme de plein air», qui enthousiasmait une société citadine. En effet — et il faut bien le marquer pour finir — cette volière n'était pas qu'une simple machinerie faite un peu pour snober les amis. Il y avait là un petit bois; des canards nageaient dans le bassin; de ce dernier sortait un petit ruisseau qui coulait vers les deux viviers et dans ce ruisseau évoluaient des poissons allant et venant çà et là. Dans son principe, la volière représentait un havre de fraîcheur et de tranquillité, sans doute un peu factice, mais agréable et reposant.

La composition, la syntaxe et le style

Le livre 3 n'est pas structuré comme le livre 2, où chaque interlocuteur vient «jouer sa partie», dans des conditions de clarté et d'organisation. On a ici une impression — peut-être est-ce voulu — de décontraction. L'avantage est que la présentation est extrêmement vivante. Il fait chaud en cette saison (c'est l'été) à Rome au Champ de Mars et on assiste à une conversation «à bâtons rompus». Cette nature différente du dialogue explique sans doute que nous n'ayons pas droit, comme au livre 2 par exemple, à des recherches étymologiques sérieuses[1] ni à des considérations touchant à l'histoire de la religion (Ex.: 2, 5, 3 à 5; 2, 11, 5). Très clairement pour le livre 3, il s'agit d'un traité d'économie rurale présenté comme tel, avec des séquences techniques parfois très monotones. On a trop souvent l'impression que Varron s'est contenté de reproduire ses notes avec sécheresse, sans trop chercher à enrichir le propos par le biais de son importante érudition.

1. On notera, en 3, 5, 6, des remarques oiseuses sur le genre grammatical du substantif *turdus* (la grive) et *merula* (le merle). Mieux en situation soit sans doute les étymologies (à vrai dire erronées) du nom du lièvre et de celui du lapin (3,12,6), ainsi que la tentative pour rapprocher *aluus* et *alimonium* (3,16,15).

Cela est confirmé par la syntaxe et le style. Ce qui frappe, au livre 3 plus qu'ailleurs, c'est l'abondance du «style-notes»[1]. Plus exactement, nous dirons que le fichier de l'auteur est déversé directement dans le développement. Ces notes étaient souvent rédigées dans le latin parlé de l'époque. On signalera l'omission fréquente du sujet de la proposition infinitive. Ex.: 3, 2, 14; 3, 7, 10; 3, 10, 4; 3, 16, 24. Une faute d'accord entre le relatif et son antécédent (3, 7, 2: *in locum unum quod*) mérite d'être notée comme caractérisant la syntaxe du livre 3, car, ailleurs, Varron réalise en général ce type d'accord. Les enallages de nombre sont fréquents. Ex.: *qui ... uult ... capiant ... animaduertant* (3,9,2). Cf. 3,14,3.

Mais il apparaît parfois, au détour d'un paragraphe, une certaine nostalgie des lois de la rhétorique. Un bel exemple de *concinnitas* peut être signalé en 3, 2, 11: *Et num pluris tu e uilla illic natos uerres lanio uendis, quam hinc apros macellario Seius?* Deux membres d'à peu près égale longueur se développent suivant un parallélisme que souligne l'emploi de *lanio ... macellario*. Exemple de chiasme (parmi d'autres) en 3, 2, 6: *nec uindemiam in cella neque in granario messim*. Exemple d'anaphore en 3, 2, 4: *Nuncubi ... num ... num*; cf. 3, 16, 4; *Ab his opus facere discunt, ab his aedificare, ab his cibaria condere*; 3, 17, 2: *magno ... magno ... magno*.

Comment faire le bilan de ce dossier syntaxique contrasté? Il serait malhonnête de ne pas mettre à leur véritable place les assez fréquentes anacoluthes, plus nombreuses encore au livre 3, en raison du caractère souvent hâtif de la rédaction. Voici un bel exemple, parmi d'autres, en 3, 2, 13: *Duo enim genera cum sint pastionum, unum agreste, in quo pecuariae sunt, alterum uillaticum, in quo sunt gallinae ac columbae et apes et cetera, quae in uilla solent pasci, de quibus et Poenus Mago et Cassius Dionysius et alii quaedam separatim ac dispersim*

---

1. Cf. J. Marouzeau, *La phrase à verbe «être» en latin*, Paris, Geuthner, 1910, p. 288

in libris reliquerunt, quae Seius legisse uidetur et ideo ex iis pastionibus ex una uilla maioris fructus capere quam alii faciunt ex toto fundo. La phrase, que Varron a essayé de construire au début, s'enlise dans les relatives et reste inachevée. Autres exemples d'anacoluthe: 3, 2, 15; 3, 5, 9; 3, 16, 2; 3, 16, 18.

Cependant, malgré le caractère heurté de la syntaxe, il convient de considérer que, parfois, une bonne compréhension est au rendez-vous. Exemple en 3, 7, 6: *Quae fetae sunt, certum locum ut disclusum ab aliis rete habeat, quo transferantur...* Le nominatif *quae fetae sunt* n'est pas exactement un nominatif en l'air (*nominatiuus pendens*). C'est en fait le sujet de *transferantur*. Mais la syntaxe est un peu rude, étant donnée la distance qui sépare le sujet du verbe. Nous pensons cependant que l'audace d'écriture de Varron peut être ici conservée. Parfois, ce qui, dans une analyse superficielle, pourrait passer pour une faute de syntaxe, se justifie dans une analyse plus fine. Exemple en 3, 14, 2: *Si naturalis non est ... neque habeas.* Plutôt que de parler de négligence syntaxique à propos du changement de mode dans la conditionnelle, on peut justifier le choix de l'auteur en se référant à la valeur fondamentale des modes concernés: «Si réellement un tel lieu n'existe pas ... et au cas où on ne pourrait... ».

Subsiste donc une impression assez contradictoire à propos de la syntaxe et du style de ce livre 3, mais il ne convient pas pour autant de tomber dans une simplification abusive et de décréter purement et simplement que «Varron écrit mal».

Au terme de ce travail, j'ai l'agréable devoir — et le plaisir — de remercier mon réviseur, M. J. Chr. Dumont qui d'une part m'a fait bénéficier de toute son acribie et a, d'autre part, précisé et rectifié un certain nombre de points, en particulier au niveau du long chapitre consacré aux abeilles. Columelle au service de Varron: quel bel exemple de solidarité scientifique!

SIGLA

CODICES

A	=	Parisinus 6842 A
m	=	Laurentianus 30, 10
b	=	Laurentianus 51, 4
cod. Caes.	=	Caesenas Malatestianus S 24, 2
cod. Flor.	=	Laurentianus 51, 1
cod. Vind.	=	Vindobonensis 33 H

OBLIQVA TRADITIO

P	=	Marciani codicis deperditi lectiones ab Angelo Politiano in principe editione adnotatae.
V	=	principis editionis lectiones a Politiano non mutatae.
v	=	principis editionis lectiones a Politiano correctae.
cod. Vict.	=	Marciani codicis lectiones a Victorio in explicationibus suarum in Varronem castigationum notatae.
Vict.	=	lectiones a Victorio editae.

BIBLIOGRAPHIE

A. Éditeurs et commentateurs antérieurs à Keil

Merula, éd. princeps, Venise, 1472.
Beroaldi, Bologne, 1494.
Iucundus, Venise, 1514 (*Aldina*).
Angelius, Florence, 1515 (*Iuntina*).
Victorius, Lyon, 1541.
Victorius, *Explicationes suarum in Varronem castigationum*, Lyon, 1542.
Turnèbe A., *Adversaria*, Paris, 1564.
Scaliger J. J., *Notae ad libros M. Terentii Varronis De Re Rustica*, Paris, 1573.
Ursinus, *Notae ad Catonem Varronem Columellam «De Re Rustica»*, Rome, 1587.
Sylburg F., Heidelberg, 1595.
Popma A., Leyde, 1601.
Gesner J. M., Leipzig, 1735 (*Bipontina*), réimprimé en 1773, 1781, 1783, 1787.
Pontedera I., *Antiquitatum latinarum graecarumque enarrationes et emendationes*, Padoue, 1740.
Schneider G., *Scriptores rei rusticae*, Leipzig, 1794-1797; 1829-1830, Augsbourg (contient les remarques de Pontedera).

B. Éditions modernes sans commentaire

Avec traduction:
L. Storr-Best, *De re rustica*, Londres, 1912.
W. D. Hooper - Harrison Boyd Ash, *Cato and Varro*, Loeb Classical Library, 1934, réimpr. 1954, 1960, 1967.

A. Traglia, *Opere di Marco Terenzio Varrone*, Turin, 1974.

Sans traduction:
H. Keil, *M. Terenti Varronis rerum rusticarum libri tres*, Leipzig, 1884.
— Editio minor (*Bibliotheca Teubneriana*), Leipzig, 1889.
G. Goetz, *Varro. Rerum Rusticarum libri (Bibliotheca Teubneriana)*, Leipzig, 1ere édit. 1912; 2e édit.: 1929.

C. ÉDITIONS MODERNES AVEC COMMENTAIRE

Sans traduction:
H. Keil, *Commentarius in Varronis rerum rusticarum libros tres*, Leipzig, 1891.

Avec traduction:
J. Heurgon, Varron, *Économie rurale*, livre I, Collection des Universités de France, Paris, 1978.
Ch. Guiraud, Varron, *Économie rurale*, livre II, Collection des Universités de France, Paris, 1985.

D. INDEX

R. Krumbiegel, *Index uerborum in Varronis rerum rusticarum libros tres*, Leipzig, 1902.
W. W. Briggs, *Concordantia in Varronis libros de re rustica*, Hildesheim, 1983.

E. AUTEURS ANCIENS

Auteurs grecs:
Aristote, *Histoire des animaux*, édit. P. Louis, Coll. des Universités de France, Paris, 1964-1969.

Aristote, *De la génération des animaux*, édit. P. Louis, Coll. des Universités de France, Paris, 1961.

Geoponica siue Cassiani Bassi Scholastici de re rustica eclogae, édit. H. Beckh, Leipzig, Teubner 1895.

Auteurs latins:

Columelle, *Res rustica*, édit. V. Lundström, A. Josephson, S. Hedberg, Upsala, 1897-1968.

Columelle, *De re rustica*, édit. H. B. Ash, E. S. Forster, E. H. Heffner, Loeb, Classical Library, 1948-1955.

Columelle, *De l'agriculture*, Coll. des Universités de France, Paris (quelques livres parus).

Palladius, *Opus agriculturae*, édit. R. H. Rodgers, Leipzig, Teubner, 1975.

Palladius, *Traité d'agriculture*, livres I et II, édit. R. Martin, Coll. des Universités de France, Paris 1976.

Pline, *Naturalis Historia*, édit. C. Mayhoff, Leipzig, Teubner, 1892-1906.

Pline, *Histoire Naturelle*, Coll. des Universités de France, Paris (depuis 1947).

F. Articles et ouvrages modernes

1° Articles concernant la langue:

A. Ernout, *Les éléments étrusques du vocabulaire latin*, *Bull. Soc. ling. de Paris*, 30, 1930, p. 82-184.

J. Heurgon, *L'effort de style de Varron dans les «Res Rusticae»*, *Revue de Philol.*, 24, 1950, p. 57-71.

E. Laughton, *Observations on the Style of Varro*, *Class. Quart.* 10, 1960, p. 1-28.

E. de Saint-Denis, *La syntaxe du latin parlé dans les «Res Rusticae»*, *Revue de Philol.*, 21, 1947, p. 141-162.

2° Civilisation et divers

J. André, *L'alimentation et la cuisine à Rome*, 2° édit., Paris, Belles-Lettres, 1981.

J. André, *Les noms de plantes dans la Rome antique*, Paris, Belles-Lettres, 1985.

J. André, *Les noms d'oiseaux en latin*, Paris, 1967.

P. Boyancé, *Aedes Catuli, MEFR* 1940, p. 64-71 (repris dans *Études sur la religion romaine*, Rome, 1972, p. 187-193).

F. Capponi, *Ornithologia latina*, Gênes, 1979.

A. Carandini, éd. Settefinestre, *Una villa schiavistica nell'Etruria Romana*, Modène, 1985.

A. Carandini, *Schiavi in Italia*, Rome, 1988.

V. G. Chiappella, *Latina Esplorazione della cosidetta Piscina di Lucullo sul lago di Paola, NSA* XIX 1965 [suppl.], p. 146-160.

K. De Fine Licht, *The Rotunda in Rome*, Copenhague, 1968.

Ch. Des Anges - G. Seure, *La volière de Varron, Revue de Philol.* LIX (VI), 1932, p. 217-290 (repris dans un extrait publié par Klincksieck, 1932).

L. Deschamps, *La salle à manger de Varron à Casinum ou «Dis-moi où tu manges, je te dirai qui tu es»*, *Bulletin de la Société toulousaine d'études classiques*, nos 191-192, 1987, p. 63-93.

G. Fuchs, *Varros Vogelhaus bei Casinum, Mitteilungen des Deutschen Archäologischen Instituts Römische Abteilung*, Band 69 (1962), p. 96-105.

J. Kolendo, *Parcs à huitres et viviers à Baiae sur un flacon en verre du Musée national de Varsovie*, *Puteoli*, I, 1977, pp. 108-127.

C. Nicolet, *L'ordre équestre à l'époque républicaine (312-43 av. J.C.)* tome 2: *Prosopographie des chevaliers romains*, Paris, de Boccard, 1974.

C. Nicolet, *Le livre III des «Res Rusticae» de Varron et les allusions au déroulement des comices tributes*, *Rev. des ét. anc.* 72, 1970, p. 113-137.

A. Salvatore, *Le api in Virgilio e in Varrone*, *Vichiana* VI 1977, p. 40-54.

B. Tilly, *Varro The Farmer*, Foxton, 1973.

A. W. Van Buren and R. M. Kennedy, *Varro's Aviary at Casinum*, *Journal of Roman Studies*, IX, 1919, p. 59sq.

LISTE DES ABRÉVIATIONS

Ang.	:	Angelius
Géop.	:	Géoponiques
Ges.	:	Gesner
Iuc.	:	Iucundus
Pont.	:	Pontedera
Scal.	:	Scaliger
Schn.	:	Schneider
Turn.	:	Turnèbe
Urs.	:	Ursinus
Vict.	:	Victorius

LIVRE III

SOMMAIRE

Chapitre 1

1: La vie aux champs est plus ancienne que la vie urbaine.

2-3: Thèbes en Béotie est la plus ancienne cité grecque, en Italie c'est Rome.

4: L'agriculture a toujours existé, tandis que les arts ont été inventés en Grèce mille ans avant Varron.

5: Piété des agriculteurs selon les anciens Romains.

6: Étymologie de Thèbes: *teba* «colline».

7: Agriculture et élevage d'abord pratiqués ensemble, puis séparément.

8-9: Séparation, dans l'ouvrage de Varron, entre l'agriculture (livre I), l'élevage dans les champs (livre II) et l'élevage autour de la ferme (livre III).

10: Dédicace de ce livre à Pinnius.

Chapitre 2

1: Début du dialogue. Varron et Axius arrivent à la Villa Publica.

2: Les autres acteurs du dialogue: Appius Claudius, Cornelius Merula, Fircellius Pavo, Minucius Pica et M. Petronius Passer.

3: Appius parle de la belle villa d'Axius à Réate.

4: Appius fait l'éloge de la Villa Publica, simple et qui sert à la vie publique.

5-6: Riposte d'Axius: Appius possède une «villa» très raffinée à l'extrêmité du Champ de Mars. Villa qui

Entre la colonnade extérieure et la colonnade intérieure: perchoirs en gradins.

14: À l'intérieur du filet, oiseaux de toute sorte, mais surtout des chanteurs. Une plate-forme s'élève au-dessus d'un bassin, dont une petite île occupe le centre.

15: Sur l'île se trouve une petite colonne, avec un axe qui soutient une roue à rayons. La roue présente, en tournant, des victuailles et des boissons.

16: Canards dans le bassin. Un ruisseau, avec des poissons, va du bassin aux piscines. Les convives peuvent avoir de l'eau chaude et froide, en tournant des robinets à partir de la roue.

17: À l'intérieur, sous la coupole, indication des heures. La rose des huit vents, comme dans l'horloge d'Athènes.

18: Diversion pendant les élections: tripatouillages dans l'urne.

CHAPITRE 6

1: Merula parle des paons. La femelle est de bon rapport. Le mâle comme animal d'agrément.

2: À élever en troupeaux dans les champs. Paons à Samos et dans l'île de Planasia. Le paon est le plus beau des oiseaux. Âge de la reproduction: deux ans pour les femelles.

3: Leur nourriture. M. Seius exige trois petits par femelle. Le paon est le plus cher des oiseaux.

4-5: Le bâtiment où on élève les paons.

6: Bon rapport des paons depuis qu'on les sert dans des repas.

CHAPITRE 7

1: Transition: Appius s'en va. Merula va parler des pigeons, d'abord des pigeons sauvages.

CHAPITRE 8

CHAPITRE 9

CHAPITRE 10

CHAPITRE 17

LIVRE III

1. Puisqu'il existe traditionnellement deux modes de vie pour les hommes, l'une à la campagne, l'autre à la ville, comment n'est-il pas évident, Pinnius, que ces types de vie non seulement diffèrent par le lieu, mais ont aussi dans le temps une origine diverse[1]? En effet la vie aux champs est beaucoup plus ancienne, parce qu'il fut un temps où les hommes habitaient les campagnes et n'avaient pas de villes[2]. **2.** De fait, la plus ancienne cité, en Grèce selon la tradition, est Thèbes en Béotie, bâtie par le roi Ogygos[3]; sur le territoire romain, la plus ancienne est Rome, fondée par le roi Romulus; car ici c'est seulement de nos jours — et non pas quand Ennius[4] l'écrivait — qu'on peut dire:

Il y a sept cents ans, un peu plus ou un peu moins
Que l'illustre Rome a été fondée, sous d'augustes augures

3. Thèbes, fondée, dit-on, avant le déluge[5] d'Ogygos, a cependant quelque deux mille cent ans. Si l'on rapproche cette époque de l'âge primitif où l'on a commencé à cultiver les champs et où les hommes habitaient dans des cabanes et dans des huttes, sans savoir ce qu'était un mur et une porte, on voit que les agriculteurs sont antérieurs aux habitants des villes d'un très grand nombre d'années. **4.** Rien d'étonnant à cela, puisque la divine nature a donné les champs, alors que la technique humaine[6] a construit les villes, puisque tous les arts, dit-on, ont été inventés en Grèce en l'espace d'un millier d'années, tandis qu'il n'y a jamais eu d'époque où des champs dans le monde n'aient pu être cultivés. Et non seulement la culture des champs est plus ancienne, mais elle a plus de valeur. Et ce n'est donc pas sans raison que nos ancêtres essayaient de ramener leurs concitoyens de la ville à la campagne, car, en temps de paix ils étaient nourris par les Romains de la campagne et, en temps de guerre, ils bénéficiaient de leur protection[7]. **5.** Et ce n'est pas sans raison qu'ils appelaient la terre en même temps «mère» et «Cérès» et qu'ils considéraient que ceux qui

LIBER TERTIUS

1 Cum duae uitae traditae sint hominum, rustica et urbana, quidni, Pinni, dubium non est quin hae non solum loco discretae sint, sed etiam tempore diuersam originem habeant? Antiquior enim multo rustica, quod fuit tempus, cum rura colerent homines neque urbem haberent. **2.** Etenim uetustissimum oppidum cum sit traditum Graecum Boeotiae Thebae, quod rex Ogygos aedificarit, in agro Romano Roma, quam Romulus rex; nam in hoc nunc denique est ut dici possit, non cum Ennius scripsit:

septingenti sunt paulo plus aut minus anni,

augusto augurio postquam inclita condita Roma est. **3.** Thebae, quae ante cataclysmon Ogygi conditae dicuntur, eae tamen circiter duo milia annorum et centum sunt. Quod tempus si referas ad illud principium, quo agri coli sunt coepti atque in casis et tuguriis habitabant nec murus et porta quid esset sciebant, immani numero annorum urbanos agricolae praestant. **4.** Nec mirum, quod diuina natura dedit agros, ars humana aedificauit urbes, cum artes omnes dicantur in Graecia intra mille annorum repertae, agri numquam non fuerint in terris qui coli possint. Neque solum antiquior cultura agri, sed etiam melior. Itaque non sine causa maiores nostri ex urbe in agros redigebant suos ciues, quod et in pace a rusticis Romanis alebantur et in bello ab his tuebantur. **5.** Nec sine causa terram eandem appellabant matrem et Cererem, et qui eam colerent, piam et utilem agere uitam

---

1 quidni pinni *P*: quidni pinii *A* quidni pinnii *b* q. pinni *v* ‖ **2** ogygos *PAb*: -ges *v* ‖aedificarit *PAb*: -uit *mv* ‖ **3** agri coli sunt coepti *Iuc.*: agricolae sint coepti *P* agricole sint cepti *A* agricole sint caepti *b* agricole sunt cepti *m* agricolae sunt coepti *v* ‖ nec murus et porta quid esset *Vb*: nec murus nec portas quid esse *A* nec muros nec portas quid esset *m* ‖ urbanos *PAb*: -ius *v* ‖ **4** agros *v*: agris *PAb* ‖ his *V*: iis *Ab* ‖ tuebantur *Iuc.*: alebantur *PAb* tuebantur et alebantur *v* ‖ **5** cererem *Vb*: cerrem *A* ‖ agere uitam *Ab*: uitam agere *V*

la cultivaient menaient une vie pieuse et utile et qu'ils
étaient les seuls survivants de la race du roi Saturne[8]. Un
fait concorde avec cela: c'est que l'on appelle «initia-
tions» principalement les rites sacrés en l'honneur de
Cérès[9]. **6.** Et, pareillement, le nom de la ville de Thèbes
indique aussi que les campagnes sont plus anciennes, du
fait que ce nom est venu d'une réalité géographique et
non pas du fondateur. Car la vieille langue et, en Grèce,
les eoliens de Béotie[10], usent du mot *teba* pour les col-
lines, sans aspiration[11] et, chez les Sabins, où de Grèce
sont venus les Pélasges, on emploie ce même mot encore
aujourd'hui; il y en a une trace en pays sabin, sur la via
Salaria, non loin de Riéti, là où une rampe longue d'un
mille est appelée *tebae*[12]. **7.** À l'origine, en raison de leur
pauvreté, ils pratiquaient l'agriculture de manière très
confuse, puisque ces gens issus de bergers semaient et
faisaient paître dans le même champ; plus tard, lorsque
leur fortune augmenta, ils pratiquèrent une séparation, la
conséquence étant que certains furent appelés agriculteurs et d'autres bergers. **8.** Cette partie-là elle-même est
double, même si personne n'a fait la distinction assez
clairement, car différents sont l'élevage à la ferme et
l'élevage dans les champs. Ce dernier est connu et
estimé; on l'appelle aussi *pecuaria* et souvent des
hommes riches ont pour cette raison des pacages[13], loués
ou achetés; l'autre élevage (à la ferme), comme il semble
modeste, a été ajouté par certains à l'agriculture, bien
qu'il s'agisse d'élevage, et le sujet n'a jamais été traité en
entier séparément, que je sache, par personne. **9.** Donc,
pensant que, dans l'économie rurale, il y a trois secteurs
institués en vue du profit[14], l'un concernant l'agriculture,
l'autre l'élevage, le troisième les élevages à la ferme, j'ai

credebant atque eos solos reliquos esse ex stirpe Saturni
regis. Cui consentaneum est, quod initia uocantur potissimum ea quae Cereri fiunt sacra. **6.** Nec minus oppidi
quoque nomen Thebae indicat antiquiorem esse agrum,
quod ab agri genere, non a conditore nomen ei est inpositum. Nam lingua prisca et in Graecia Aeolis Boeoti sine
adflatu uocant collis tebas, et in Sabinis, quo e Graecia
uenerunt Pelasgi, etiam nunc ita dicunt, cuius uestigium
in agro Sabino uia Salaria non longe a Reate, miliarius
cliuus cum appellatur tebae. **7.** Agri culturam primo
propter paupertatem maxime indiscretam habebant, quod
a pastoribus qui erant orti in eodem agro et serebant et
pascebant; quae postea creuerunt peculia diuiserunt, ac
factum ut dicerentur alii agricolae, alii pastores. **8.** Quae
ipsa pars duplex est, tametsi ab nullo satis discreta, quod
altera est uillatica pastio, altera agrestis. Haec nota et
nobilis, quod et pecuaria appellatur, et multum homines
locupletes ob eam rem aut conductos aut emptos habent
saltus; altera uillatica, quod humilis uidetur, a quibusdam
adiecta ad agri culturam, cum esset pastio, neque expli-
cata tota separatim, quod sciam, ab ullo. **9.** Itaque cum
putarem esse rerum rusticarum, quae constituta sunt fructus causa, tria genera, unum de agri cultura, alterum de re
pecuaria, tertium de uillaticis pastionibus, tres libros

5 atque *bv*: adque *PA* ‖ reliquos *PAb*: -ias *mv* ‖ stirpe *Pb*: stripe *A* ‖
6 indicat *mv*: -ant *PAb* ‖ agri genere *PAb*: argin graece *v* ‖ inpositum *A*: imp- *Vb* ‖ aeolis boeoti *PA*: aeblis boeoti *b* aeoles boetii *v* ‖
adflatu *A*: affl- *Vb* ‖ collis *PAb*: eolis *m* aeolis *v* ‖ tebas *v*: thebas
PAb ‖ etiam nunc ita *Pb*: etiam ita *A* etiam ita nunc *m* et nunc ita *v* ‖
sabino *Pb*: -io *A* ‖ reate *Vm*: rete *Ab* ‖ **6-7** cum appellatur tebae agri
culturam *Keil*: appellatur thebae cum agriculturam *PAb* appellatur
tebae cum agriculturam *v* ‖ **7** habebant *PAb*: haberent *v* ‖ serebant
b²: reserebant *b¹* ‖ quae *VAb Keil² Goetz¹ Goetz²*: qui *Iuc. Keil¹* ‖
peculia *Iuc. Keil¹*: -nia *VAb Keil² Goetz¹ Goetz²* ‖ **8** quod *PAb*:
quae *v* ‖ appellatur *Ab*: nominatur *V*. ‖ tota *Pb*: totam *A* ‖ **9** sunt
VA: sint *b*

programmé trois livres, dont deux sont écrits: le premier, dédié à ma femme Fundania, sur l'agriculture, le second, sur l'élevage, à Turranius Niger[15], reste le troisième, concernant les produits de la ferme: c'est à toi que, ce faisant, je l'adresse, parce que je devais, m'a-t-il semblé, l'écrire plutôt à ton intention, en raison de notre voisinage et de notre amitié[16]. **10.** Tu as une villa remarquable par le travail de stuc et de boiserie, ainsi que par ses fameux dallages, ces *lithostrata*[17] <mais> tu as pensé que ce n'était pas assez si les murs ne recevaient pas aussi l'ornement de tes écrits[18]. Aussi moi, pour que ta villa puisse être, autant que je le puis, plus ornée par le profit[19], [parce qu'en fait] je t'ai envoyé ce qui suit, me souvenant à ce propos des conversations que nous avons eues au sujet de la villa parfaite. Et je commencerai cet exposé ainsi:

2. C'était les élections des édiles, le soleil était chaud. Q. Axius[1], sénateur de ma tribu et moi-même avions voté et nous voulions être là auprès du candidat que nous soutenions lorsqu'il rentrerait chez lui. Axius me dit: «Pendant qu'on compte les suffrages[2], veux-tu que nous profitions de l'ombre de la Villa Publica[3], plutôt que de nous en construire une grâce à la demi-tablette d'un candidat privé?[4] — Je pense, dis-je, que non seulement est vrai le proverbe «Un mauvais conseil est la pire des choses pour celui qui le donne», mais aussi qu'un bon conseil doit être considéré comme un bien à la fois pour celui qui le reçoit et pour celui qui le donne[5]. Nous allons donc et nous arrivons à la Villa. **2.** Là nous trouvons Appius Claudius l'augure assis sur un banc, prêt à aider le consul si la nécessité s'en présentait[6]. Étaient assis à sa gauche Cornelius Merula, issu d'une famille consulaire et

institui, e quis duo scripsi, primum ad Fundaniam uxo-
rem de agri cultura, secundum de pecuaria ad Turranium
Nigrum; qui reliquus est tertius de uillaticis fructibus,
in hoc ad te mitto, quod uisus sum debere pro nostra uici-
nitate et amore scribere potissimum ad te. **10.** Cum enim
uillam haberes opere tectorio et intestino ac pauimentis
nobilibus lithostrotis spectandam <et> parum putasses
esse, ni tuis quoque litteris exornati parietes essent, ego
quoque, quo ornatior ea esse posset fructu [quod factu],
quod facere possem, haec ad te misi, recordatus de ea re
sermones, quos de uilla perfecta habuissemus. De quibus
exponendis initium capiam hinc.

2   Comitiis aediliciis cum sole caldo ego et Q. Axius
senator tribulis suffragium tulissemus et candidato[s], cui
studebamus, uellemus esse praesto, cum domum rediret,
Axius mihi: Dum diribentur, inquit, suffragia, uis potius
uillae publicae utamur umbra, quam priuati candidati
tabella† dimidiata aedificemus nobis? — Opinor,
inquam, non solum, quod dicitur, malum consilium
consultori est pessimum, sed etiam bonum consilium, qui
consulit et qui consulitur, bonum habendum. Itaque imus,
uenimus in uillam. **2.** Ibi Appium Claudium augurem
sedentem inuenimus in subselliis, ut consuli, siquid usus
poposcisset, esset praesto. Sedebat ad sinistram ei Cornelius Merula consulari familia ortus et Fircellius Pauo

---

9 duo *PAb*: duos *v* ‖ turranium *PAb*: turannium *v* ‖ **10** et *add. Keil
duce Ursino* ‖ ni tuis *V cod. Flor.*: in tuis *Ab* ‖ quod factu *del. Keil*
‖ quod *PAb*: quoad *v*.

   2. 1 et q. axius *Vict.*: et que axius *A b* atque axius *V* atque anxius *m*
‖ candidato *Iuc.*: -tos *VAb* ‖ mihi *Ab*: inibi *V* ‖ diribentur *PAb*: diri-
merentur *v* ‖ inquit *bv*: -id *PA*. ‖ † *add. Keil* ‖ dimidiata *VAb*: dimi-
dia *m* ‖ est *Ab*: esse *V* ‖ **2** fircellius *PAb*: fircelius *v*

Fircellius Pavo de Réate, à sa droite Minucius Pica et M. Petronius Passer[7]. Nous allâmes vers lui et Axius dit à Appius avec un sourire: «Veux-tu nous accueillir dans ta volière, où tu es assis au milieu des oiseaux?[8]» **3.** Et lui: «Bien volontiers, dit-il, et toi surtout; je n'ai pas encore fini de roter les oiseaux de ta table hospitalière[9] que tu m'as servis il y a quelques jours dans ta villa de Réate près du lac Vélin, lorsque j'allais pour un différend entre les habitants d'Interamna et ceux de Réate[10]. Mais, ajouta-t-il, cette villa qu'ont édifiée [cependant] nos ancêtres n'est-elle pas plus simple et ne vaut-elle pas mieux que ta villa de Réate, si raffinée? **4.** Vois-tu quelque part ici du bois de thuya ou de l'or? Du vermillon ou de l'azur? Quelque médaillon ou *lithostratum*[11]? Toutes choses qui se trouvent au contraire [de l'or] dans ta villa. Et tandis que cette Villa-ci est commune à l'ensemble du peuple, celle-là n'appartient qu'à toi; c'est dans celle-ci que pénètrent, venant du Champ de Mars, les citoyens et tous les autres hommes, dans celle-là les juments et les ânes; outre que celle-ci est utile pour l'administration de l'État, là où les cohortes, conduites au consul pour la levée des troupes, stationnent, là où a lieu la revue des armes, là où les censeurs convoquent le peuple pour le recensement[12]. **5.** — Naturellement, dit Axius, cette villa que tu possèdes à l'extrémité du champ de Mars est de simple utilité et n'est pas plus somptueuse en raffinements que toutes les villas de tous dans tout Réate? La tienne en fait est recouverte de

Reatinus, ad dextram Minucius Pica et M. Petronius Passer. Ad quem cum accessissemus, Axius Appio subridens: Recipis nos, inquit, in tuum ornithona, ubi sedes inter aues? **3.** Ille: Ego uero, inquit, te praesertim, quoius aues hospitales etiam nunc ructor, quas mihi apposuisti paucis ante diebus in Villa Reatina ad lacum Velini eunti de controuersiis Inter*a*mnatium et Reatinorum. Sed non haec, inquit, uilla, quam[quam] aedificarunt maiores nostri, frugalior ac melior est quam tua illa perpolita in Reatino? **4.** Nuncubi hic uides citrum aut aurum? Num minium aut armenium? Num quod emblema aut lithostrotum? Quae illic omnia contra [aurum]. Et cum haec sit communis uniuersi populi, illa solius tua; haec quo succedant e campo ciues et reliqui homines, illa quo equae et *a*sini; praeterea cum ad rem publicam administrandam haec sit utilis, ubi cohortes ad dilectum consuli adductae considant, ubi arma ostendant, ubi censores censu admittant populum. **5.** — Tua scilicet, inquit Axius, haec in campo Martio extremo utilis et non deliciis sumptuosior quam omnes omnium uniuersae Reatinae? Tua enim oblita tabulis pictis nec minus signis; at mea, uestigium ubi sit nullum Lysippi aut Antiphilu, *at* crebra sartoris et

2 minucius *Keil*: -tius *Vab* ‖ petronius *Pb*: peronius *A m* ‖ axius *mv*: auxius *PAB* ‖ subridens *VA*: surridens *b* ‖ inquit *bv*: -id *PA* ‖ **3** inquit *bv*: -id *PA* ‖ quoius *Keil*: cuius *Vb* quouis *A* quos uis *m* ‖ interamnatium *V*: inteamnatium *Ab* ‖linquit *Vb*: -id *A* ‖uilla *A m v*: uilia *P* iulia *b* ‖quam *del. Urs.* ‖ **4** armenium *Iuc.*: harmomum *P* harmonium *b* armonium *m* hamomum *v* ‖ aurum *del. Iuc.* ‖ e campo *Vb*: et campo A *m* ‖ homines *Keil*: omnes *codd.* ‖ asini *V*: sini *Ab* ‖ cohortes *Vb*: chortes *A* ‖ considant *A²* *Pb*: consi *A¹* ‖ admittant *VA*: ammitant *b* ‖ **5** tua scilicet inquit *Keil*: tua inquid scilicet *P* tua inquid silicet *A* tua inquit scilicet *b* tua inquit *m* tua inquit s. *v* ‖ axius *m v*: auxius *PAb* ‖ sumptuosior *Vb*: sumptusior *A* ‖ omnes *Keil*: omnis *VAb* ‖ tua enim *Keil*: tum enim *VAb* ‖ oblita *v Keil² Goetz¹ Goetz²*: oblitae *PAb* oblita est *Keil¹* ‖ at mea *Keil*: ad mea *Ab* at in ea *V* at meam *Iuc.* ‖ lysippi *A m*: lisyppi *b* ‖ antiphilu at crebra *Goetz¹ Goetz²*: antephylii et crebra *P* ante philu et crebra *A* ante philii et crebra *b* antephyli et crebra *v* antiphili at crebra *Keil¹ Keil²*

tableaux, sans parler des statues; tandis que la mienne, où il n'y a aucune trace de Lysippe ou d'Anthiphile, il y en a par contre de nombreuses du sarcleur et du berger[13]. Et tandis qu'une villa ne peut exister sans une grande étendue de terre et sans que celle-ci soit façonnée par la culture, ta villa à toi ne possède ni champ ni bœuf ni jument. **6.** Bref qu'a de commun ta villa avec celle que possédaient ton grand-père et ton bisaïeul? Jamais, en effet, elle n'a connu, comme l'autre, ni foin séché sur les planchers, ni vendange au cellier, ni moisson au grenier. Car le fait qu'une construction se trouve hors de la ville n'en fait pas plus une villa que les maisons de ceux qui habitent au-delà de la porte Flumentane ou dans le faubourg Emilien[14].»

7. Appius répondit en souriant: «Puisque j'ignore ce qu'est une villa, j'aimerais que tu me l'apprennes pour que je ne me trompe pas par ignorance, vue que je désire acheter une villa à M. Seius dans le coin d'Ostie. Si effectivement une maison n'est villa qu'à la condition d'héberger un âne comme celui que tu m'as montré chez toi et que tu as acheté quarante mille sesterces, je crains d'acheter, au lieu d'une villa [à Ostie] au bord de la mer, une maison «seienne»[15]? **8.** Cette maison, c'est Lucius Merula, ici présent, qui m'a inspiré le désir de l'avoir, lorsqu'il me dit, après avoir passé quelques jours auprès de Seius, qu'il n'avait jamais été reçu dans une villa où il se soit autant plu. Cependant, il n'y avait vu ni tableau, ni statue de bronze ou de marbre, et pas davantage des pressoirs à vendange, des jarres à huile ou des meules à olives[16].» **9.** Axius regarde Merula: «Qu'est donc cette villa, dit-il, si elle n'a ni les ornements de la ville ni les installations d'une maison de campagne?» Et l'autre de

pastoris. Et cum illa non sit sine fundo magno et eo polito cultura, tua ista neque agrum habet ullum nec bouem nec equam. **6.** Denique quid tua habet simile uillae illius, quam tuus auos ac proauos habebat? Nec enim, ut illa, faenisicia uidit arida in tabulato nec uindemiam in cella neque in granario messim. Nam quod extra urbem est aedificium, nihilo magis ideo est uilla, quam eorum aedificia, qui habitant extra portam Flumentanam aut in Aemilianis.

7. Appius subridens: Quoniam ego ignoro, inquit, quid sit uilla, uelim me doceas, ne labar [in] imprudentia, quod uolo emere a M. Seio in Ostiensi uillam. Quod si ea aedificia uillae non sunt, quae asinum tuum, quem mihi quadraginta milibus emptum ostendebas aput te, non habent, metuo ne pro uilla emam [Ostia] in litore Seianas aedes. **8.** Quod aedificium hic me Lucius Merula impulit ut cuperem habere, cum diceret nullam se accepisse uillam, qua magis delectatus esset, cum apud eum dies aliquot fuisset; nec tamen ibi se uidisse tabulam pictam neque signum aheneum aut marmoreum ullum, nihilo magis torcula uasa uindemiatoria aut serias olearias aut trapetas. **9.** Axius aspicit Merulam et: Quid igitur, inquit, est ista uilla, si nec urbana habet ornamenta neque rustica membra? Quo*i* ille: Num mi*n*us uilla tua e*r*it ad angulum

5 cum illa *b*: cum uilla *Am* cum in illa *V* ‖ habet *Iuc.* habeat *VAb* ‖ **6** quid tua habet *Pb*: quid tu habet *A* quid tu habes *m* quid tua *v* ‖ auos ac proauos *Pb*: auos ac pauos *A* auus et proauus *v* ‖ habebat *Vb²*: habeat *Ab¹* ‖ nec enim *Keil*: haec enim *VAb* nec enim haec *Iuc.* ‖ uidit *PAb*: uidet *v* ‖ inquit *bvm*: inquid *A* ‖ in *del. Vict.* ‖ imprudentia *Vict.*: -tiam *Vab* ‖ aput *PA*: apud *bv* ‖ ostia *del. Keil* ‖ seianas aedes *Keil*: seiana sedes *Ab* ‖ **8** diceret *VA*: dicet *b* ‖ serias *V*: -nas *Ab* ‖ aut trapetas *Am*: ac trapetas *Vb* aut trapeta *Iuc.* ‖ **9** axius *VAm*: auxius *b* ‖ quid igitur *Iuc.*: quid gus *PAb* ‖ inquit *Pb Vict.*: inquid *A* ‖ quoi *Keil*: quo *PAb* cui *v* ‖ nun minus *Madvig*: nummius *PAB* ‖ erit *v*: eit *PAb*

répliquer: «Est-ce que ta villa dans l'anse du lac Vélin, qui n'a jamais été vue par un peintre ou un stucateur, sera moins une villa que celle de Rosia, qui est ornée d'élégantes décorations en stuc, et dont tu as la propriété en commun avec un âne[17]?» **10.** Axius, ayant indiqué par un signe de tête que la simple villa campagnarde était tout autant villa que celle qui servait aux deux usages, campagne et ville, demanda quelle conclusion il en tirait: «Et quoi, dit l'autre, si ton domaine de Rosia mérite des compliments en raison de ses élevages et est appelé correctement villa parce que des troupeaux y pâturent et y ont leurs étables, on doit pour la même raison appeler villa un établissement qui tire de grands profits des petits élevages[18]. **11.** Qu'importe en effet que l'on tire ses revenus de moutons ou d'oiseaux? Est-il plus agréable chez toi le profit tiré du bétail bovin d'où naissent les abeilles que celui des abeilles[19], qui s'activent dans les ruches de la villa de Seius? Et les verrats nés là-bas dans ta villa, les vends-tu plus cher au boucher que Seius ne vend au marchand de comestibles les sangliers d'ici[20]? **12.** — Mais qu'est-ce qui m'empêche, dit Axius, d'avoir des abeilles dans ma villa de Réate? À moins que le miel ne soit sicilien chez Seius et corse dans le pays de Réate; à moins qu'ici le gland qu'on achète n'engraisse le sanglier qui s'en nourrit, tandis que là-bas, où il ne coûte rien, il les fait maigrir[21]. — Mais, dit Appius, Merula n'a pas dit que tu ne pouvais pas faire chez toi les élevages de Seius; moi, j'ai constaté par moi-même que tu ne les fais pas. **13.** Il y a, en fait, deux sortes d'élevage, l'un aux champs — c'est là qu'interviennent les troupeaux — l'autre à la villa, qui concerne les poules, les pigeons, les abeilles et tout ce qu'on a l'habitude d'élever dans une ferme. Sur ce sujet le Carthaginois Magon, Cassius Dionysius et d'autres ont laissé dans leurs livres des

Velini, quam neque pictor neque tector uidit umquam,
quam in Rosia quae est polita opere tectorio eleganter,
quam dominus habes communem cum asino? **10.** Cum
significasset nutu nihilo minus esse uillam eam quae
esset simplex rustica, quam eam quae esset utrumque, et
ea et urbana, et rogasset, quid ex iis rebus colligeret,
Quid? inquit, si propter pastiones tuus fundus in Rosia
probandus sit, et quod ibi pascitur pecus ac stabulatur,
recte uilla appellatur, haec quoque simili de causa debet
uocari uilla, in qua propter pastiones fructus capiuntur
magni. **11.** Quid enim refert, utrum propter oues, an propter aues fructus capias? Anne dulcior est fructus apud te
ex bubulo pecore, unde apes nascuntur, quam ex apibus,
quae ad uillam Sei in aluariis opus faciunt? Et num pluris tu e uilla illic natos uerres lanio uendis, quam hinc
apros macellario Seius? **12.** Qui minus ego, inquit Axius,
istas habere possum in Reatina uilla? Nisi si apud Seium
Siculum fit mel, Corsicum in Reatino; et hic aprum glas
cum pascit empticia, facit pinguem, illic gratuita exilem.
Appius: Posse ad te fieri, inquit, Seianas pastiones non
negauit Merula; ego non esse ipse uidi. **13.** Duo enim
genera cum sint pastionum, unum agreste, in quo pecuariae sunt, alterum uillaticum, in quo sunt gallinae ac
columbae et apes et cetera, quae in uilla solent pasci, de
quibus et Poenus Mago et Cassius Dionysius et alii
quaedam separatim ac dispersim in libris reliquerunt,

9 uelini quam *V*: uelim quam *A* ueliniquam ueliniquam *b* ‖ rosia
PAb: -ea *v* ‖ **10** eam *Ab*: ea *V* ‖ rustica *Vm*: -cam *Ab* ‖ quae *Keil²*
Goetz¹ Goetz²: in quo *VAb* in qua *Iuc*. *Keil¹* ‖ iis *PAb*: his *v* ‖ inquit
Vb: -id *A* ‖ rosia *PAb*: -ea *v*. ‖ capiuntur *m*: -iantur *VAb* ‖ **11** an *m*:
aut *VAb* ‖apud *Vb*: aput *A* ‖ex bubulo *Vb*: et bubulo *A* e bubulo *m* ‖
apes *v*: aues *PAb* ‖ sei in *Keil*: sin *P* si in *Ab* seii in *Urs*. ‖ aluariis
PA: aluearis *bv* ‖ num *v*: nunc *PAb* ‖ tu e uilla *Iuc*.: tua uilla *codd*.
‖ macellario seius *Turn*.: macellarios eius *PAb* ‖ **12** inquit *Vb*: -id *A*
‖ glas *PAb*: glans *mv* ‖ inquit *Vb*: -id *A* ‖ **13** pastionum *VA²b*: -nes
A¹ -nis *m* ‖ quaedam *Keil²*: quod *Vb Keil¹* quae *A* quid *m*

remarques particulières et dispersées[22]. Seius paraît les
avoir lues; aussi tire-t-il des élevages d'une seule villa plus
de revenus que d'autres de tout un domaine. **14.** — Pour
sûr, dit Mérula, car j'y ai vu de grands troupeaux d'oies,
de poules, de pigeons, de grues, de paons, sans parler des
loirs, des poissons, des sangliers et autre gibier. En raison
de ces élevages, l'affranchi qui tient les livres de comptes
et qui fut au service de Varron, m'a affirmé, en me
recevant en l'absence de son patron[23], que les revenus
annuels de la villa s'élevaient à plus de cinquante mille
sesterces[24].» Comme Axius était étonné, je lui dis: «Tu
connais certainement le domaine de ma tante maternelle,
en Sabine, à vingt quatre milles de Rome par la via Salaria[25]. **15.** —Assurément, dit-il, puisque c'est là qu'en été
j'ai l'habitude de faire la pause de midi, quand je vais de
Rome à Réate, et inversement l'hiver, dans le voyage de
retour, j'y établis mes quartiers de nuit. — Eh bien, il y a
dans cette villa une volière, et d'elle seule je sais qu'ont
été vendues cinq mille grives à trois deniers pièce, si bien
que ce secteur de la villa a rapporté cette année-là
soixante mille sesterces, le double de ce que rapporte ta
propriété de deux cents arpents à Réate[26]. — Quoi?
Soixante, dit Axius, soixante, soixante? Tu veux rire.
16. — Soixante, dis-je. Mais, <pour> réussir un tel coup, tu
auras besoin d'un banquet ou d'un triomphe, tel que fut
alors celui de Scipion Metellus[27], ou des repas d'associations qui, par leur grand nombre ajourd'hui, font flamber
les prix au marché[28]. S'il est vrai que tu <ne> dois <pas>
t'attendre à une telle somme tous les ans, ta volière,
j'espère, ne causera pas ta déconfiture[29]. Et, avec les
mœurs actuelles, il est très rare qu'on ne s'y retrouve pas.
Combien y a-t-il d'années en effet où tu ne vois un
banquet ou un triomphe et où il n'y ait pas de repas
d'associations [qui maintenant font flamber les cours

quae Seius legisse uidetur et ideo ex iis pastionihus ex
una uilla maioris fructus capere, quam alii faciunt ex toto
fundo. **14.** Certe, inquit Merula; nam ibi uidi greges
magnos anserum, gallinarum, columbarum, gruum, pauonum, nec non glirium, piscium, aprorum, ceterae uenationis. Ex quibus rebus scriba librarius, libertus eius, qui
apparuit Varroni et me absente patrono hospitio accipie-
bat, in annos singulos plus quinquagena milia e uilla
capere dicebat. Axio admiranti, Certe nosti, inquam,
materterae meae fundum in Sabinis qui est ad quartum
uicesimum lapidem uia Salaria a Roma. **15.** Quidni?
inquit, ubi aestate diem meridie diuidere soleam, cum eo
Reate ex urbe aut, cum inde uenio hieme, noctu ponere
castra. — Atque in hac uilla qui est ornithon, ex eo uno
quinque milia scio uenisse turdorum denariis ternis, ut
sexaginta milia ea pars reddiderit eo anno uillae, bis tantum quam tuus fundus ducentum iugerum Reate reddit.
Quid? sexaginta, inquit Axius, sexaginta, sexaginta?
derides. **16.** Sexaginta, inquam. Sed ad hunc bolum <ut>
peruenias, opus erit tibi aut epulum aut triumphus alicuius, ut tunc fuit Scipionis Metelli, aut collegiorum
cenae, quae nunc innumerabiles excandefaciunt annonam
macelli. Reliquis annis omnibus si <non> hanc expecta-
bis summam, spero, non tibi decoquet [non] ornithon;
neque hoc accidit his moribus nisi raro ut decipiaris.
Quotus quisque enim est annus, quo non uideas epulum
aut triumphum aut collegia non epulari [quae nunc innu-

---

13 quae *Keil²*: quas *VAb Keil¹* ‖ iis *PAb*: his *v.* ‖ **14** inquit *bv*: -id *PA*
‖ uenationis *Iuc.*: -nes *VA* ‖ quinquagena *Pb*: -nas *Am* ‖ sabinis qui
Vb: sabinum quae *A* ‖ **15** inquit *Vb*: -id *A* ‖ diuidere soleam *V*: diui-
dere oleam *A* diuideres oleam *b* ‖ scio *Pb*: sio *A¹* sico *A²* ‖ reddiderit
Pb: -ris *A* ‖ inquit *Vb*: -id *A* ‖ **16** ad hunc *Vbi: adhuc* A ‖ ut *add.*
Iuc. ‖ scipionis *Pb*: sipionis *A* ‖ nunc *Keil*: tunc *codd.* ‖ non *add.*
Goetz ‖ non *del. Ges.* ‖ accidit *Vict.*: accedit *codd.* ‖ quae nunc
innumerabiles incendunt annonam *del. Schn.*

innombrables]? — Eh bien, en raison du luxe, dit-il, il y a, en quelque manière, un banquet tous les jours à l'intérieur des portes de Rome. **17.** N'est-il pas vrai également que L. Abuccius, homme, comme vous le savez, extrêmement savant, dont les écrits sont dans la manière de Lucilius, disait que son domaine du pays albain était toujours, en matière d'élevage, battu par sa villa? La campagne en effet rapportait moins de dix mille sesterces, la villa plus de vingt mille[30]. Il affirmait encore que, s'il avait acquis une villa au bord de la mer, à l'endroit où il voulait, il aurait retiré de cette villa un revenu de plus de cent mille sesterces [grâce aux champs]. Voyons, lorsque M. Caton, tout récemment, a reçu la tutelle de Lucullus, n'a-t-il pas vendu pour quarante mille sesterces de poissons venant de ses viviers[31]? **18.** — Mon cher Merula, dit Axius, prends moi comme élève, je t'en prie, pour ce qui concerne l'élevage à la ferme». Et l'autre: «D'accord: dès que tu m'auras promis les honoraires correspondants[32], je commencerai [c'est à dire le repas]. — Je ne dis pas non. Ce sera aujourd'hui <ou> fréquemment à partir de cet élevage». Appius: «Ce sera, je crois, dès que seront crevés des oies ou des paons de ta basse-cour. — Qu'importe, répondit l'autre, que vous mangiez des oiseaux ou des poissons crevés, puisque, au grand jamais, vous ne pouvez les manger que morts? Mais, je t'en prie, dit-il, conduis-moi sur la voie de la science de l'élevage à la ferme et expose mois son principe et sa configuration.»

3 Merula se lança de bon cœur: «D'abord, dit-il, un propriétaire doit avoir une connaissance des espèces [animales] qui peuvent être nourries et élevées dans la villa ou autour d'elle, de manière qu'elles puissent lui apporter

merabiles incendunt annonam]? Sed propter luxuriam,
inquit, quodam modo epulum cotidianum est intra ianuas
Romae. **17.** Nonne item L. Abuccius, homo, ut scitis,
apprime doctus, cuius Luciliano charactere sunt libelli,
dicebat in Albano fundum suum pastionibus semper uinci
a uilla? Agrum enim minus decem milia reddere, uillam
plus uicena. Idem secundum mare, quo loco uellet, si
parasset uillam, se supra centum milia e uilla recepturum
[agro]. Age, non M. Cato nuper, cum Luculli accepit
tutelam, e piscinis eius quadraginta milibus sestertis
uendidit piscis? **18.** Axius, Merula mi, inquit, recipe me
quaeso discipulum uillaticae pastionis. Ille: Quin simulac
promiseris minerual, incipiam, inquit [id est cenam]. —
Ego uero non recuso, uel hodie <uel> ex ista pastione
crebro. Appius: Credo simulac primum ex isto uillatico
pecore mortui erunt anseres aut pauones. Cui ille: Quid
enim interest, utrum morticinas editis uolucres an pisces,
quos nisi mortuos estis numquam? Sed oro te, inquit,
induce me in uiam disciplinae uillaticae pastionis ac uim
formamque eius expone.

3   Merula non grauate, Primum, inquit, dominum scien-
tem esse oportet earum rerum, quae in uilla circumue
eam [animalia] ali ac pasci possint, ita ut domino sint
fructui ac delectationi. Eius disciplinae genera sunt tria:

16 inquit *bv*: -id *PA* ‖ **17** abuccius *PAb*: albutius *v* ‖ luciliano
Vb: luciniano *A* luciniana *m* ‖ charactere *A*: caractere *V* characthere
b ‖ centum milia e uilla *P*: centum miliae uilla *Ab* centum milia
uilla *v* ‖ agro *om. V* ‖ luculli *bv*: lucilli *PA* ‖ sestertis *PA Goetz¹*
Goetz²: -tiis *b Keil¹ Keil²* -ciis *v* ‖ piscis *PAb*: pisces *v* ‖ **18** inquit
Vb: -id *A* ‖ quin *Iuc.*: qui *codd.* ‖ inquit *Vb*: -id *A* ‖ id est cenam
del. Keil² ‖ uel *add. Keil²* ‖ inquit *Vb*: -id *A*

3. 1 inquit *Vb*: -id *A* ‖ eam *Amv*: ea *Pb* ‖ animalia *del. v* ‖ tria
A²bv: trea *PA¹*

profit et plaisir. Cette science se divise en trois parties:
les volières, les parcs à gibier, les viviers. Eh bien donc,
j'entends par «volières» les lieux où l'on enferme tous
les oiseaux que l'on a l'habitude d'élever dans l'enceinte
d'une villa. **2.** Sous le nom de «parcs à gibier» je veux
que tu comprennes, non pas comme nos arrière-arrière-
grands-pères, les lieux réservés aux seuls lièvres, mais
tous les enclos ajoutés à la villa, où l'on enferme les animaux à élever[1]. De même j'appelle «viviers» toute
réserve de poissons, d'eau douce ou salée, dépendant
d'une villa. **3.** Chacune de ces <réalités> peut être divisée en au moins deux parties: dans la première se trouvent les espèces auxquelles la terre suffit, comme les
paons, les tourterelles, les grives <dans> une autre catégorie sont celles qui ne se contentent pas de la terre, mais
réclament aussi de l'eau, comme les oies, les sarcelles,
les canards. Ainsi la deuxième catégorie, celle de la
chasse, comprend deux espèces différentes, l'une avec le
sanglier, le chevreuil, le lièvre, l'autre, pareillement, avec
les animaux qui sont hors de la villa, tels qu'abeilles,
escargots, loirs[2]. **4.** Il y a pareillement deux divisions
dans la troisième classe, l'aquatique, parce qu'on élève
les poissons tantôt dans l'eau douce, tantôt dans l'eau
salée. Quant à ces six parties, pour leurs trois genres il
faut se procurer <pareillement trois sortes> de spécialistes: oiseleurs, chasseurs, pêcheurs. Ou, du moins, ils
doivent acheter les animaux que tu devras surveiller, avec
l'aide attentive de tes esclaves, pendant la gestation jusqu'à la mise-bas; et, une fois nés, tu devras les nourrir et
les engraisser jusqu'à ce qu'ils parviennent au marché. Et
il y a aussi des espèces que l'on peut ramener à la villa
sans les filets de l'oiseleur, du chasseur ou du pêcheur,
comme les loirs, les escargots et les poules. **5.** L'élevage
de ces dernières fut le premier à être institué à l'intérieur

ornithones, leporaria, piscinae. Nunc ornithonas dico
omnium alitum, quae intra parietes uillae solent pasci.
2. Leporaria te accipere uolo non ea quae tritaui nostri
dicebant, ubi soli lepores sint, sed omnia saepta, adficta
uillae quae sunt et habent inclusa animalia, quae pascantur. Similiter piscinas dico eas, quae in aqua dulci aut
salsa inclusos habent pisces ad uillam. **3.** Harum <rerum>
singula genera minimum in binas species diuidi possunt:
in prima parte ut sint quae terra modo sint contentae, ut
sunt pauones turtures turdi; <in> altera specie sunt quae
non sunt contentae terra solum, sed etiam aquam requi-
runt, ut sunt anseres querquedulae anates. Sic alterum
genus illut uenaticum duas habet diuersas species, unam,
in qua est aper caprea lepus; altera item extra uillam quae
sunt, ut apes cochleae glires. **4.** Tertii generis aquatilis
item species duae, partim quod habent pisces in aqua
dulci, partim quod in marina. De his sex partibus ad ista
tria genera <item tria genera> artificum paranda, aucupes
uenatores piscatores, *a*ut ab iis emenda quae tuorum
seruorum diligentia tuearis in fetura ad partus et nata
nutricere saginesque, in macellum ut per*uen*iant. Neque
non etiam quaedam adsumenda in uillam sine retibus
aucupis uenatoris piscatoris, ut glires cochlias gallinas.
5. Earum rerum cultura instituta prima ea quae in uilla
habetur; non enim solum augures Romani ad auspicia

---

2 non *Pb*: ne *A* ‖ soli *Gell. 2,20,2*: soliti *codd.* ‖ adficta *Keil¹*
Keil²: afficta *P Goetz¹ Goetz²* ac ficta *A* aficta *b* affixa *v* ‖ **3** rerum
add. Keil² ‖ modo sint contentae *Pb*: modo sint quae non sunt
contentae *A* ‖ in *add. Keil²* ‖sic *Vb*: sed *Am* ‖ illut *P*: illud *Abv* ‖
caprea *v*: capria *PAb* ‖ quae *Amv*: qui *Pb* ‖ cochleae *Ab*: cocleae
V. ‖ **4** item tria genera *add. Keil²* ‖ aut *Scal.*: ut *codd.* ‖ nutricere
Scal.: -care *codd.* ‖ saginesque *v*: saginisque *PAb* ‖ peruaniant *mv*:
peruiant *PAb* ‖ cochlias gallinas *P*: coclilias gallinas *A* coclias gallinas *b* cocleas et gallinas *v* ‖ **5** habetur *PAb*: habentur *mv*

de la villa. Non seulement en effet les augures romains se procurèrent pour la première fois des poulets pour les auspices, mais les pères de famille en eurent aussi à la campagne[3]. En second lieu vint l'élevage des animaux qui sont enfermés par un mur de clôture auprès de la villa en vue de la chasse et, tout à côté, les ruches; au début en effet les abeilles utilisèrent le toit de la villa, sous l'avancée. En troisième lieu, on commença à réaliser des viviers d'eau douce et on recueillit chez soi les poissons pêchés dans les rivières[4]. **6.** Pour chacune de ces trois catégories il existe deux stades: le plus ancien, que caractérisait la frugalité antique[5], le plus récent, que le luxe moderne a ajouté. Il y eut d'abord en effet le stade archaïque de nos ancêtres, où il y avait tout juste deux volières: un enclos[6] de plain-pied, où l'on élevait les poules, et leur produit était les œufs et les poulets; et un espace en hauteur, où se trouvaient les pigeons, dans des tours ou au sommet de la villa. **7.** Aujourd'hui, au contraire, les volières ont changé de nom (on les appelle *ornithones*); c'est le palais délicat du maître qui les a procurées de telle sorte qu'elles aient des bâtiments plus grands, là où stationnent grives et paons, que ceux qui concernaient alors des villas entières. **8.** Ainsi dans la deuxième partie, le parc à gibier, ton père, Axius, n'a jamais rien vu d'autre qu'un petit lièvre pris à la chasse. Elle n'était pas grande, en effet, la réserve, alors que maintenant on boucle avec des murs de clôture de nombreux arpents pour contenir un grand nombre de sangliers et de chevreuils[7]. N'est-il pas vrai, me dit-il, que, lorsque tu as acheté à M. Pison son domaine de Tusculum, il y avait dans le parc à gibier de nombreux sangliers[8]? **9.** Pour la troisième partie, qui avait un vivier qui ne fût pas d'eau douce, avec dedans seulement des squales et des mulets[9]? Aujourd'hui au contraire, quel muscadin[10]

iis piscibus stagnum habeat plenum an ranis? Non Philippus, cum ad *V*mmidium hospitem Casini deuertisset et
ei e tuo flumine lupum piscem formosum apposuisset
atque ille gustasset et expuisset, dixit: Peream, ni piscem
putaui esse? **10.** Sic nostra aetas in quam luxuriam pro-
pagauit leporaria, *h*ac piscinas protulit ad mare et in eas
pelagios greges piscium reuocauit. Non propter has
appellati Sergius Orata et Licinius Murena? Quis enim
propter nobilitates ignorat piscinas Philippi, Hortensi,
Lucullorum? Quare unde uelis me incipere, Axi, dic.

4   Ille, Ego uero, inquit, ut aiunt post principia in castris,
id est ab his temporibus quam superioribus, quod ex
pauonibus fructus capiuntur maiores quam e gallinis.
Atque adeo non dissimulabo, quod uolo de ornithone primum, quod lucri fecerunt hoc nomen turdi. Sexaginta
enim milia Fircellina excande me fecerunt cupiditate.
2. Merula: Duo genera sunt, inquit, ornithonis: unum
delectationis causa, ut Varro hic fecit noster sub Casino,
quod amatores inuenit multos; alterum fructus causa, quo
genere macellarii et in urbe quidam habent loca clausa et
rure, maxime conducta in Sabinis, quod ibi propter agri
naturam frequentes apparent turdi. **3.** Ex iis tertii generis
uoluit esse Lucullus coniunctum auiarium, quod fecit
in Tusculano, ut in eodem tecto ornithonis inclusum

---

9 ummidium *Scal.*: immidium *PAb* minidium *v* ‖ casini *Vb*: cassini
Am ‖ deuertisset *A*: di- *Vb* ‖ **10** leporaria hac *Keil*: leporarias ac *Ab*
leporaria ac *V* ‖ pelagios *Pb*: pellagios *A* ‖ propter has *Pb*: propteras
A propter hos *v* ‖ nobilitates *PAb Keil² Goetz¹ Goetz²*: -tem *v Keil¹* ‖
lucullorum *V*: luculorum *Am* lucollorum *b* ‖ incipere *Pb*: incepere *A*

4. 1 inquit *Vb*: -id *A* ‖ post principia *codd. Keil¹ Goetz¹ Goetz²*: a
postprincipiis *Scal. Keil²* ‖ his *v*: iis *PAb* ‖ **1** fircellina *Iuc.*: fircilina
VAb fircelina *Keil* ‖ **2** inquit *Vb*: -id *A* ‖ornithonis *V*: -nes *Ab* ‖
3 iis *PAb*: his *v*

dans le territoire de Tusculum[3], de manière à ce que, sous
le même toit de la volière, je trouve incluse une salle à
manger, où il pourrait à la fois dîner en gourmet et voir
les oiseaux ou bien cuits et disposés sur un plat[4], ou bien
voletant, captifs, autour des fenêtres. Trouvaille peu utile,
car le plaisir de voir ces oiseaux voleter derrière les
fenêtres n'égale pas le désagrément causé par l'odeur
déplaisante qui emplit les narines.

5. Mais — c'est là, je pense, ce que tu préfères, Axius
— je parlerai de ce type de volières créé pour le profit,
celles d'où l'on tire, et non celles où on mange[1] des
grives engraissées. On construit donc un pavillon en
forme de dôme[2], comme un peristyle couvert de tuiles ou
d'un filet, un grand pavillon, dans lequel on peut faire
entrer quelques milliers de grives ou de merles; **2.** bien
que certains y ajoutent aussi d'autres oiseaux qui, une
fois engraissés, se vendent cher, comme les ortolans et
les cailles. L'eau doit arriver dans cette construction au
moyen d'un conduit et, mieux encore, serpenter dans des
canaux étroits, faciles à nettoyer (si, en effet, l'eau y est
largement répandue, elle se salit plus facilement et se boit
plus inutilement) et l'eau en excédent qui déborde des
canaux doit sortir par un conduit, de manière à ce que les
oiseaux n'aient pas à souffrir de la boue[3]. **3.** La porte
doit être basse et étroite, et plutôt du genre qu'on appelle
«escargot», comme il y en a d'habitude dans l'amphithéâtre où combattent les taureaux[4]. Les fenêtres seront
rares et disposées de telle sorte qu'on ne puisse voir au
dehors ni arbres ni oiseaux, car leur vue et le désir qu'elle
éveille font dépérir les oiseaux prisonniers. On laissera
pénétrer juste assez de jour pour que les oiseaux puissent
voir où se trouvent le perchoir, la nourriture et l'eau. On
doit passer un enduit lisse autour des portes et des
fenêtres, afin que ni rat ni aucune autre bête ne puisse
entrer[5]. **4.** Autour des murs de cet édifice, à l'intérieur,

triclinium haberet, ubi delicate cenitaret et alios uideret in mazonomo positos coctos, alios uolitare circum fenestras captos. Quod inutile inuenerunt. Nam non tantum in eo oculos delectant intra fenestras aues uolitantes, quantum offendit quod alienus odor opplet nares.

5   Sed quod te malle arbitror, Axi, dicam de hoc [ornithone] quod fructus causa faciunt, unde, non ubi, sumuntur pingues turdi. Igitur testudo, ut peristylum tectum tegulis aut rete, fit magna, in qua milia aliquot turdorum ac merularum includere possint, **2.** quidam cum eo adiciant praeterea aues alias quoque, quae pingues ueneunt care, ut miliariae ac coturnices. In hoc tectum aquam uenire oportet per fistulam et eam potius per canales angustas serpere, quae facile extergeri possint (si enim late ibi diffusa aqua, et inquinatur facilius et bibitur inutilius), et ex eis caduca quae abundat per fistulam exire, ne luto aues laborent. **3.** Ostium habere humile et angustum et potissimum eius generis, quod cocliam appellant, ut solet esse in cauea, in qua tauri pugnare solent; fenestras raras, per quas non uideantur extrinsecus arbores aut aues, quod earum aspectus ac desiderium marcescere facit uolucres inclusas. Tantum locum luminis habere oportet, ut aues uidere possint, ubi adsidant, ubi cibus, ubi aqua sit. Tectorio tacta esse leui circum ostia ac fenestras, nequa intrare mus aliaue quae bestia possit. **4.** Circum huius aedifici parietes intrinsecus multos esse

---

3 opplet *A²b*: oplet *A¹m*

5. 1 ornithone *del. Keil.* ‖ quod *Vb*: quam *A* ‖ aliquot *bv*: -od *PA²* -id *A¹* ‖ **2** praeterea *PA¹v*: -eas *A²* ‖ coturnices *V*: cotornices *Ab* ‖ **3** cocliam *b Keil² Goetz¹ Goetz²*: cochliam *V Keil¹* clocliam *A* ‖ marcescere *PAb*: macrescere *v* ‖ adsidant *A*: assidant *Vb* ‖ tacta *Pb*: tecta *Amv* ‖ ostia *V*: hostia *Ab* ‖ **4** aedifici *Keil*: -ii *codd.*

on installera de nombreux piquets où les oiseaux puissent
percher, avec, en plus, [depuis] des perches inclinées du
sol jusqu'au mur et, fixées sur elles, d'autres perches en
transversale, formant une gradation à petits intervalles, à
la manière de balustrades de scène et d'un théâtre[6]. En
bas, on mettra sur la terre de l'eau qu'ils puissent boire
et, pour la nourriture, on déposera des boulettes. Celles-ci
sont pétries essentiellement à partir d'un mélange de
figues et d'epeautre. Vingt jours avant le moment où l'on
veut retirer les grives[7], on leur donne une alimentation
plus abondante, en déposant plus de nourriture et en com-
mençant à les alimenter avec de l'épeautre plus fin. Dans
cette construction doivent se trouver des renfoncements
équipés d'étagères, comme un supplément aux perches.
5. En face de cette volière <...>, les oiseaux qui y sont
morts, on a l'habitude de les conserver au même endroit,
afin d'en indiquer le nombre au maître[8]. Lorsqu'ils sont
bons pour être déclarés aptes à être retirés de cette volière
qu'on les fasse passer dans une volière plus petite, reliée
par une porte à la plus grande, mieux éclairée, que l'on
appelle *seclusorium* (cage d'isolement). Lorsqu'on a fait
sortir le nombre que l'on désire prendre, on les tue tous[9].
6. La raison pour laquelle on les tue à l'écart, en
cachette? C'est pour éviter que les autres, s'ils les
voyaient, ne perdent le moral et ne meurent à un moment
désavantageux pour le vendeur[10]. Les grives ne font pas
leurs petits comme des oiseaux migrateurs, les cigognes
dans les champs, les hirondelles dans les toitures; elles
les font ici ou là, les grives qui, malgré leur nom masculin, comportent aussi en fait des femelles. La conséquence est comme si c'était chez les merles qui, avec un
nom féminin, comportent aussi des mâles[11]. **7.** De plus,
les oiseaux étant partagés entre migrateurs, comme les
hirondelles et les grues, et sédentaires, comme les poules
et les pigeons, les grives appartiennent à la première

palos, ubi aues adsidere possint, praeterea [e] perticis
inclinatis ex humo ad parietem et in eis trauersis gradatim
modicis interuallis perticis adnexis ad speciem cancello-
rum scenicorum ac theatri. Deorsum in terram esse
aquam, quam bibere possint, cibatui offas positas. Eae
maxime glomerantur ex ficis et farre mixto. Diebus
uiginti antequam tollere uult turdos, largius dat cibum,
quod plus ponit et farre subtiliore incipit alere. In hoc
tecto caueas, quae tabulata habeant aliquot ad perticarum
supplementum. **5.** Contra hoc auiarium <...> quae mor-
tuae ibi sunt aues, ut domino numerum reddat, solet ibidem seruare. Cum opus sunt, ex hoc auiario ut sumantur
idoneae, excludantur in minusculum auiarium, quod est
coniunctum cum maiore ostio, lumine inlustriore, quod
seclusorium appellant. Ibi cum eum numerum habet
exclusum, quem sumere uult, omnes occidit. **6.** Hoc ideo
in secluso clam, ne reliqui, si uideant, despondeant animum atque alieno tempore uenditoris moriantur. Non ut
aduenae uolucres pullos faciunt, in agro ciconiae, in tecto
hirundines, sic aut hic aut illic turdi, qui cum sint nomine
mares, re uera feminae quoque sunt. Neque id non secu-
tum ut esset in merulis, quae nomine feminino mares
quoque sunt. **7.** Praeterea uolucres cum partim aduenae
sint, ut hirundines et grues, partim uernaculae, ut gallinae
ac columbae, de illo genere sunt turdi aduenticio ac
quotannis in Italiam trans mare aduolant circiter

---

4 adsidere *A*: ass- *Vb* ‖ e *del. Keil* ‖ trauersis *PAb*: transuersis *v* ‖
adnexis *Ab*: annexis *V* ‖ alere *Pb*: allere *A* ‖ caueas quae *Traglia*:
cauus quae cauus *P* cauiis quae cauiis *Ab* cauus quae *v* caueas quae
caueae *Goetz* ‖ aliquot *Keil²* *Goetz¹* *Goetz²*: -quod *codd. Keil¹* ‖ ad
perticarum *Schn. Keil²*: adportat *PA Keil¹* ad porticae *v* ‖ **5** hoc *v*: hic
PAb ‖*lac. indic. Iuc. Keil* ‖ seruare *Iuc.*: -ri *codd.* ‖ ostio *PA*: hostio
b ‖ inlustriore *A*: ill- *Vb* ‖ **6** tecto *Keil*: tecta *Am* ‖ aut hic aut illic
b: aut et hic autillic *V* aut illic *Am* ‖ sint *m*: sunt *VAb* ‖ **7** quotannis
bv: quodannis *PA*

catégorie, celle des migrateurs et, tous les ans, elles volent à travers la mer pour venir en Italie aux environs de l'équinoxe d'automne et reviennent à leur point de départ vers l'équinoxe de printemps et, à une autre époque, les tourterelles et les cailles en très grand nombre. C'est ce qu'on peut observer dans des îles peu éloignées, les îles Pontines, Palmaria et Pandateria[12]. Là en effet, quand ils arrivent lors de la première migration, les oiseaux restent quelques jours pour se reposer, et ils font de même en rentrant d'Italie par-dessus la mer.»

8. Appius à Axius: «Si tu mets là cinq mille oiseaux, vienne un banquet et un triomphe et tu pourras placer à haut intérêt soixante mille sesterces, tout de suite, comme tu veux[13].» <Puis, se tournant vers moi: «Toi> parle-nous de cette autre espèce de volière que tu as constituée, dit-on, en bas de Casinum, pour ton plaisir[14]; on affirme que tu as surpassé par là, et de loin, non seulement l'archétype volieresque de notre cher inventeur, M. Laenius Strabon, notre hôte à Brindisi qui, le premier, eut, dans un péristyle, des oiseaux enfermés dans une exèdre, qu'il élevait sous un filet, mais aussi les grandes constructions de Lucullus dans le territoire de Tusculum[15].» **9.** Je lui répliquai: «J'ai, en bas de la ville de Casinum, une rivière, limpide et profonde, qui coule à travers ma villa entre deux bordures de pierre; elle a cinquante sept pieds de large et il faut des ponts pour passer d'un côté de la villa à l'autre. Elle est longue de 950 pieds, en ligne droite, depuis l'île [jusqu'au cabinet de travail] qui est dans la partie inférieure du fleuve, au confluent d'un autre cours d'eau, jusqu'à la partie supérieure de la rivière, là où est le cabinet de travail[16]; **10.** autour de ses rives se trouve une promenade à découvert, large de dix pieds[17]; à partir de celle-ci [promenade], en direction de la campagne, est situé l'emplacement de la volière, fermé de deux côtés, à droite et à gauche, par des murs élevés. Entre les deux, l'emplacement de la volière [s'étend en largeur sur 48 pieds] façonné en forme de tablette à écrire

aequinoctium autumnale et eodem reuolant ad aequinoctium uernum, et alio tempore turtures ac coturnices
immani numero. Hoc ita fieri apparet in insulis propin-
quis Pontiis, Palmariae, Pandateriae. Ibi enim in prima
uolatura cum ueniunt, morantur dies paucos requiescendi
causa itemque faciunt, cum ex Italia trans mare remeant.
8. Appius Axio: Si quinque milia hoc coieceris, inquit, et
erit epulum ac triumphus, sexaginta milia quae uis statim
in fenus des licebit multum. <Tum mihi: tu> dic illut
alterum genus ornithonis, qui animi causa constitutus a te
sub Casino fertur, in quo diceris longe uicisse non modo
archetypon inuentoris nostri ornithotrophion M. Laeni
Strabonis, qui Brundisii hospes noster primus in peristylo
habuit exhedra conclusas aues, quas pasceret obiecto rete,
sed etiam in Tusculano magna aedificia Luculli. **9.** Quoi
ego: Cum habeam sub oppido Casino flumen, quod per
uillam fluat, liquidum et altum marginibus lapideis, latum
pedes quinquaginta septem, et e uilla in uillam pontibus
transeatur, longum pedes DCCCCL derectum ab insula
[ad musaeum] quae est in imo fluuio, ubi confluit altera
amnis, ad summum flumen, ubi est museum; **10.** circum
huius ripas ambulatio sub dio pedes lata denos, ab hac
[ambulatio] est in agrum uersus ornithonis locus ex duabus partibus dextra et sinistra maceriis altis conclusus.
Inter quas locus qui est ornithonis [patet in latitudinem

7 pontiis *Vict.*: prontis *PAb* pontiae *v* ‖ pandateriae *Ab*: pandatheriae *V*
‖ itemque *PAb*: idemque *v* ‖ **8** inquit *Vb*: -id *A* ‖ tum mihi tu *add.*
Keil² *duce Iuc.* ‖ illut *PA*: -ud *bv* ‖ laeni *b*: leni *PA* lenii *v* ‖ brundisii *A*: brundusii *Vb* ‖ peristylo *VA*: peristilo *b* ‖ exhedra *Keil*: exhe-
dera *VAb* exedra *m* ‖ magna aedificia *Keil*: magno aedificio *Vb*
magno edifficio *A* ‖ **9** quoi *Keil*: qui *Vab* cui *Iuc.* ‖ altum *Iuc.*:
alium *VAb* ‖ DCCCCL *PA*: CCCCL *bv* ‖ derectum *Pb*: di- *Am* ‖ ad
musaeum *del. Urs.* ‖ in imo *Keil*: animo *Pb* a uinio *v* ab imo *Turn.*
et *Scal.* ‖ confluit *v*: confluet *PA* ‖ museum *Keil*: musaeum *Pb* ‖
10 ambulatio *del. Keil* ‖ quas *v*: quos *PAb* ‖ patet in latitudinem
pedes XLVII *del. Urs.*

avec sa poignée; la partie rectangulaire s'étend sur 48
pieds de large et 72 pieds de long; la partie circulaire correspondant à la poignée mesure 27 pieds[18]. **11.** S'ajoutant à cela, comme délimitée sur le bord en quelque sorte
inférieur de la tablette, il y a une promenade, depuis la
volière † une *plumula*, au milieu de laquelle se trouvent
des cages, là où se situe [il y a] l'entrée dans l'aire de la
volière[19]. À l'entrée, à droite et à gauche, sont des portiques avec, en première rangée, des colonnes de pierre;
au milieu, au lieu de colonnes, on a des arbustes bas, tandis que, du sommet du mur à l'épistyle, le portique est
couvert d'un filet de chanvre, ainsi que de l'épistyle au
stylobate. Ces portiques sont pleins d'oiseaux de toute
espèce, auxquels la nourriture est servie au travers du
filet, tandis que l'eau arrive par un petit ruisselet[20].
12. En suivant la partie intérieure du stylobate, à droite
et à gauche, jusqu'à l'extrêmité de l'aire rectangulaire en
partant du centre, il y a deux bassins, en longueur, pas
très larges, faisant face aux portiques. Entre ces bassins
un sentier[21], seul accès à la tholos qui se trouve plus loin;
c'est un bâtiment rond, entouré de colonnes, comme dans
le temple de Catulus, à condition de remplacer les murs
par des colonnes[22]. À l'extérieur de cette colonnade il y a
un bois planté par la main de l'homme, [couvert] avec de
grands arbres, si bien que le jour ne pénètre que par en
bas, le tout étant ceinturé de hautes murailles[23]. **13.** Entre
les colonnes extérieures de la tholos, qui sont en pierre, et
les colonnes intérieures, en nombre égal, faites de sapin
et minces, il y a un espace de cinq pieds de large. Entre
les colonnes extérieures, il y a, en guise de mur, des filets
de cordes de boyau, faits de manière à ce qu'on puisse
avoir vue sur le bois et les choses qui s'y trouvent, sans
que les oiseaux puissent passer au travers. L'espace entre
les colonnes intérieures est garni, en guise de mur, d'un
filet à oiseaux[24]. Entre ces colonnes <et> les colonnes

pedes XLVIII] deformatus ad tabulae litterariae speciem
cum capitulo, forma qua est quadrata, patet in latitudinem
pedes XLVIII, in longitudinem pedes LXXII; qua ad
capitulum rutundum est, pedes XXVII. **11.** Ad haec, ita
ut in margine quasi infimo tabulae descripta sit, ambulatio, ab ornithone † plumula, in qua media sunt caueae,
qua introitus [itur] in aream est. In limine, in lateribus
dextra et sinistra porticus sunt primoribus columnis lapideis, pro mediis arbusculis humilibus ordinatae, cum a
summa macerie ad epistylum tecta porticus sit rete cannabina et ab epistylo ad stylobaten. Hae sunt auibus
omnigenus oppletae, quibus cibus ministratur per retem
et aqua riuolo tenui adfluit. **12.** Secundum stylobatis
interiorem partem dextra et sinistra ad summam aream
quadratam e medio diuersae duae non latae oblongae sunt
piscinae ad porticus uersus. Inter eas piscinas tantum-
modo accessus semita in tholum, qui est ultra rutundus
columnatus, ut est in aede Catuli, si pro parietibus feceris
columnas. Extra eas columnas est silua manu sata grandibus arboribus [tecta] ut infima perluceat, tota saepta
maceriis altis. **13.** Intra tholi columnas exteriores lapideas
et totidem interiores ex abiete tenues locus est pedes
quinque latus. Inter columnas exteriores pro pariete reticuli e neruis sunt, ut prospici in siluam possit et quae ibi
sunt <uideri> neque auis ea transire. Intra interiores

10 qua *Ges.*: quae *VAb* ‖ rutundum *PA*: ro- *bv* ‖ **11** † *add. Keil* ‖
caueae *v*: cauiae *PAb* ‖ itur *del. v* ‖ arbusculis *v*: artibusculis *PAb* ‖
cannabina *Ab*: canabina *V* ‖ stylobaten *Keil*: -te *PAb* -tem *Iuc.* ‖
omnigenus *PAb*: omne genus *v* ‖ retem *PAb*: -te *v* ‖ riuolo *PA¹b*:
riuuolo *A²* riuulo *v* ‖ **12** porticus *m Iuc.*: porticuas *PAb* porticulas *v* ‖
rutundus *PAb*: rotundus *v* ‖ tecta *del. Keil²* ‖ **13** tholi *Iuc.*: -lis *VAb*
‖ e neruis *v*: e ueruis *PA* euerius *b* ‖ prospici *V Keil² Goetz¹ Goetz²*:
perspici *Ab Keil¹* ‖ siluam *Turn. Keil² Goetz¹ Goetz²*: -ua *codd. Keil¹*
‖ uideri *add. Keil²* ‖ ea *VA¹b*: eam *A²m* ‖ intra *Turn. Keil*: inter *codd.*

extérieures, il y a une structure en gradins, sorte de petit
théâtre pour oiseaux: des consoles fixées en grand
nombre sur toutes les colonnes et servant de perchoir aux
oiseaux[25]. **14.** À l'intérieur du filet, il y a des oiseaux de
toutes sortes, surtout des chanteurs, tels que rossignols et
merles[26]; on leur fournit de l'eau par un petit canal et la
nourriture leur est passée sous le filet. Au-dessus du stylobate des colonnes, et en partant d'une plate-forme[27], il
y a une pierre haute d'un pied trois quarts; la plate-forme
elle-même s'élève d'environ deux pieds au-dessus d'un
bassin, elle est large d'à peu près cinq pieds, si bien que
les convives[28] peuvent circuler à pied en direction des
coussins et des colonnettes. Au pied de cette plate-forme,
à l'intérieur, est un bassin avec une margelle d'un pied et
une île au milieu, toute petite. Autour de la plate-forme il
y a aussi, en creux, des stalles navales pour canards[29].
15. Dans l'île il y a une colonnette, avec, à l'intérieur, un
axe qui, en guise de table, supporte une roue à rayons,
faite de telle sorte qu'à l'extrémité, là où il y a d'habitude
la jante, se trouve une tablette incurvée, creuse comme un
tambourin, de deux pieds et demi de large et d'une palme
de haut. Un seul esclave, préposé au service, fait tourner
cette table, de manière que toutes les boissons et victuailles, servies en une fois, puissent être mises à la portée de tous les convives[30]. **16.** Du soubassement de la
plate-forme, où se trouvent d'habitude des tapis, sortent
des canards qui vont dans le bassin et nagent; du bassin
sort un ruisseau qui va dans les deux viviers dont j'ai
parlé, et des petits poissons vont et viennent çà et là,
tandis qu'un dispositif fait que de l'eau, chaude et froide,
arrive jusqu'à chaque convive, en tournant des robinets[31],
depuis la roue de bois et la table qui, comme je l'ai dit, se
trouve au bout des rayons. **17.** À l'intérieur, sous la tholos, l'étoile Lucifer de jour et l'étoile Hesperus de nuit

columnas pro pariete rete auiarium est obiectum. Inter
has <et> exteriores gradatim substructum ut theatridion
auium, mutuli crebri in omnibus columnis inpositi, sedi-
lia auium. **14.** Intra retem aues sunt omnigenus, maxime
cantrices, ut lusciniolae ac merulae, quibus aqua ministratur per canaliculum, cibus obicitur sub retem. Subter
columnarum stylobaten est lapis a falere pedem et
dodrantem alta; ipsum falere ad duo pedes altum a
stagno, latum ad quinque, ut in culcitas et columellas
conuiuae pedibus circumire possint. Infimo intra falere
est stagnum cum margine pedali et insula in medio parua.
Circum falere et naualia sunt excauata anatium stabula.
15. In insula est columella, in qua intus axis, qui pro
mensa sustinet rotam radiatam, ita ut ad extremum, ubi
orbile solet esse, arcuata tabula cauata sit ut tympanum in
latitudinem duo pedes et semipedem, in altitudinem palmum. Haec ab uno puero, qui ministrat, ita uertitur, ut
omnia una ponantur et ad bibendum et ad edendum et
admoueantur ad omnes conuiuas. **16.** Ex suggesto faleris,
ubi solent esse peripetasmata, prodeunt anates in stagnum
ac nant, e quo riuus peruenit in duas, quas dixi, piscinas,
ac pisciculi ultro ac citro commetant, cum et aqua calida
et frigida ex orbi ligneo mensaque, quam dixi in primis
radiis esse, epitoniis uersis ad unum quemque factum sit
ut fluat conuiuam. **17.** Intrinsecus sub tholo stella lucifer
interdiu, noctu hesperus, ita circumeunt ad infimum

13 et *add. Iuc.* ‖ inpositi *A*: im- *Vb* ‖ **14** retem *PAb*: rete *v* ‖ omnigenus *Pb*: omne genus *Amv* ‖ lusciniolae *Vb*: luscinione *A* lustulone
m ‖ retem *PAb*: rete *v* ‖ stylobaten *b*: stylobatem *A* stilobaten *V* ‖
ad duo pedes *b*: ad duos pedes *V* pedem ad duo pedes *A* ‖ **15** arcuata
Goetz¹ Goetz²: acuitum *PAb² Keil¹* acutum *b¹v* arcuatum *Keil²* ‖ uertitur *Vb*: uertatur *Am* ‖ **16** peripetasmata *P*: perispatasmata *A* peripa-
tasmata *b* peristetasmata *v* ‖ quo *Vb*: qui *A* ‖ peruenit *Ab*: pro- *V* ‖
commetant *PAb*: commeant *v* ‖ orbi *PAb*: orbe *v*

décrivent un cercle au point le plus bas de l'hémisphère et se déplacent de manière à indiquer les heures. Au milieu du même hémisphère, autour de l'axe, il y a un cercle des huit vents, comme dans l'horloge d'Athènes construite par le Cyrrestien[32]; et il y a là une aiguille, sortant de l'axe vers la circonférence, qui se meut de manière à toucher le vent qui souffle, si bien que, de l'intérieur, on peut être informé[33].

18. Pendant que nous parlions ainsi, une clameur s'élève au champ de Mars. Nous, champions des comices[34], nous ne fûmes pas étonnés par cet événement, vu l'exaltation des électeurs. Cependant, nous voulions savoir ce qu'il en était. Vient alors vers nous Pantuleius Parra, disant que, pendant qu'on comptait les suffrages, un quidam avait été surpris auprès du tableau d'affichage en train de jeter des bulletins dans l'urne et les supporters des autres candidats l'avaient traîné devant le consul. Pavo se lève car l'homme arrêté était, disait-on, le surveillant de son candidat[35].

6. Axius dit alors: «Tu peux parler librement des paons, puisque Fircellius est parti. Si tu en avais parlé autrement qu'il ne faut, peut-être aurait-il eu une prise de bec avec toi en raison de sa communauté de nom avec les paons[1].» Merula lui répliqua: «En ce qui concerne les paons, c'est à notre époque qu'on s'est mis à en avoir des troupeaux et à les vendre cher. On dit que M. Aufidius Lurco tire des siens plus de soixante mille sesterces par an[2]. Si l'on regarde au rapport, il faut avoir un peu moins de mâles que de femelles. C'est le contraire si l'on a en vue l'agrément, car le mâle est plus beau. **2.** Il faut les élever en troupeaux dans les champs. On dit qu'il y en a

hemisphaerium ac mouentur, ut indicent, quot sint horae. In eodem hemisphaerio medio circum cardinem est orbis uentorum octo, ut Athenis in horologio, quod fecit Cyrrestes; ibique eminens radius a cardine ad orbem ita mouetur, ut eum tangat uentum, qui flet, ut intus scire possis.

18. Cum haec loqueremur, clamor fit in campo. Nos athletae comitiorum [ima] cum id fieri non miraremur propter studia suffragatorum et tamen scire uellemus, quid esset, uenit ad nos Pantuleius Parra, narrat ad tabulam, cum diriberent, quendam deprensum tesserulas coicientem in loculum, eum ad consulem tractum a fautoribus competitorum. Pauo surgit, quod eius candidati custos dicebatur deprensus.

6 Axius: De pauon*ibus,* inquit, libere licet dicas, quoniam discessit Fircellius, qui, secus siquid diceres de iis gentilitatis causa fortasse an tecum duceret serram. Qu*o*i Merula: De pauonibus nostra memoria, inquit, greges haberi coepti et uenire magno. Ex iis M. Aufidius Lurco supra sexagena milia nummum in anno dicitur capere. Ii aliquanto pauciores esse debent mares quam feminae, si ad fructum spectes; si ad delectationem, contra; formosior enim mas. **2.** Pascendi greges agrestes. Transmarini esse

17 hemisphaerium *Pb*: hemisphaerim *A* ‖ **18** athletae *Iuc*.: athietae *Pb* at huete *A* a thiete *v* ‖ ima *del. Keil* ‖ suffragatorum *V*: -turum *Ab* ‖ pantuleius *v*: pantula eius *PAb* ‖ ad tabulam *A²mv*: in tabulam *A¹* attabulam *Pb* ‖ diriberent *PAb*: diriperent *v* ‖ deprensum *Pb*: depressum *Am* deprehensum *v* ‖ coicientem *PAb*: coniicientem *v* ‖ deprensus *PAb*: deprehensus *v*.

6. 1 pauonibus *mb²*: pauone *VAb¹* ‖ inquit *Vb*: -id *A* ‖ siquid *Abv*: siquit *P* ‖ fortasse *Ab*: fortassis *V* ‖ an tecum duceret *Keil*: ante cum duceret *PAb* ante conduceret *mv* ‖ quoi *Keil*: qui *VAb* cui *Iuc.* ‖ inquit *bv*: -id *A* ‖ haberi coepti *Pb*: habere cepit *Am* habere coepit *v* ‖ venire *Vict.*: ventre *codd.* ‖ lurco *Iuc.*: lyrcho *PAb* lurcho *v* ‖ sexagena *Vb*: -ginta *Am* ‖ ii *Pb*: hii *Am* hi *v*

au-delà de mers, dans les îles, à Samos dans le bois sacré de Junon, et aussi à Planasia, [dans] l'île de <M.> Pison[3]. Pour former les troupeaux, prenez-les d'âge convenable et de belle apparence. C'est au paon en effet que la nature a donné la palme de la beauté parmi les oiseaux. Pour la reproduction, les femelles ne sont pas aptes avant deux ans ni après cet âge[4]. **3.** Ils mangent toutes les sortes de grains qu'on leur présente, mais spécialement de l'orge. Ainsi Seius leur donne chaque mois un boisseau d'orge par tête, avec cette particularité qu'il augmente la ration en période de reproduction, avant qu'ils ne commencent à s'accoupler[5]. <Pour> chaque femelle il exige de son intendant trois petits et, une fois élevés, il les vend cinquante deniers pièce, type de rapport que n'atteint aucun autre oiseau. **4.** En outre, il achète des œufs et les fait couver à des poules; quand les petits [de celles-ci] sont éclos, il les place dans le pavillon voûté où il garde les paons[6]. Ce bâtiment doit être proportionné au nombre de paons et comporter des endroits pour dormir séparés, couverts d'un revêtement, afin que ni serpent ni aucune autre bête ne puisse entrer[7]; **5.** En outre, ils doivent avoir devant eux un endroit où ils puissent sortir pour manger les jours de soleil. Ces oiseaux aiment que ces deux endroits soient propres. Aussi leur gardien doit-il circuler avec une pelle, enlever la fiente et la conserver, car elle est utile pour l'agriculture et pour la litière des petits. **6.** Le premier Q. Hortensius, dit-on, en a servi dans le banquet d'installation de son augurat[8] et la chose fut approuvée plutôt par les amis du luxe que par les hommes de bien aux mœurs sévères. Beaucoup de gens suivirent rapidement cet exemple et firent monter les prix des paons au point que leurs œufs se vendent cinq deniers pièce et eux-mêmes facilement cinquante; au point qu'un troupeau de cent têtes rapporte facilement quarante mille sesterces; en fait, comme le disait Abuccius, si on exige trois petits pour chaque mère, on peut arriver à soixante mille[9].

dicuntur in insulis, Sami in luco Iunonis, item in
Planasia [in] insula <M.> Pisonis. Hi ad greges constituendos parantur bona aetate et bona forma. Huic enim
natura formae e uolucribus dedit palmam. Ad admissu-
ram haec minores bimae non idoneae nec iam maiores
natu. **3.** Pascuntur omne genus obiecto frumento, maxime
hordeo. Itaque Seius iis dat in menses singulos hordei
singulos modios, ita ut in fetura det uberius, antequam
salire incipiant. <In> has a procuratore ternos pullos exi-
git eosque, cum creuerunt, quinquagenis denariis uendit,
ut nulla auis hunc assequatur fructum. **4.** Praeterea oua
emit ac supponit gallinis, ex quibus [ex iis] excusos pullos refert in testudinem eam, in qua pauones habet. Quod
tectum pro multitudine pauonum fieri debet et habere
cubilia discreta, tectorio leuata, quo neque serpens neque
bestia accedere ulla possit. **5.** Praeterea habere locum
ante se, quo pastum exeant diebus apricis. Vtrumque
locum purum esse uolunt hae uolucres. Itaque pastorem
earum cum uatillo circumire oportet ac stercus tollere ac
conseruare, quod et ad agri culturam idoneum est et ad
substramen pullorum. **6.** Primus hos Q. Hortensius augu-
rali aditiali cena posuisse dicitur, quod potius factum tum
luxuriosi quam seueri boni uiri laudabant. Quem cito
secuti multi extulerunt eorum pretia, ita ut oua eorum
denariis ueneant quinis, ipsi facile quinquagenis, grex
centenarius facile quadragena milia sestertia ut reddat, ut
quidem Abuccius aiebat, si in singulos ternos exigeret
pullos, perfici sexagena posse.

---

2 insula *m*: in insula *V* ininsullam *A* ininsulam *b* ‖ m. *add. Iuc.* ‖
constituendos *Pbv*: -dum *m* ‖ haec *Pb*: hae *Amv* ‖ **3** in *add. Keil* ‖
auis *Keil*: ouis *codd.* ‖4 ex iis *del. Urs.* ‖ in testudinem *A²*: intestabi-
lem *PA¹b* in testudine *m* ‖ **5** earum *Ab*: eorum *V* ‖ uatillo *PAb Keil²*
Goetz¹ Goetz²: bacillo *v* batillo *Iuc. Keil¹* ‖ **6** aditiali *Ab*: adiciali *P*
adiiciali *v* ‖ **6** luxuriosi *VA¹b*: -ose *A²* ‖ seueri *VA¹b*: -re *A²* ‖ quem
A²: quam *A¹b* ‖ sestertia *P*: sestercia *A* sextertia *bv* ‖ abuccius *Pb*:
abuccus *A* albutius *v* ‖ exigeret *Pb*: -gere *Am* -gent *v*

7. Sur ces entrefaites arrive un appariteur[1] d'Appius,
de la part du consul, disant que les augures sont convoqués. Il sort de la villa. Mais voici qu'un vol de pigeons
entre dans la villa, et à leur propos Merula [des pigeons]
dit à Axius: «Si tu avais jamais constitué un pigeonnier,
tu pourrais penser que ces pigeons sont à toi, tout sauvages qu'ils sont. Il y a en effet deux espèces dans un
pigeonnier[2], l'une sauvage ou, comme disent certains,
'pigeons de roche', qui se tient sur les tours et dans les
combles (*columina*) de la villa, d'où leur nom de *colom-
bae*[3]. À cause de leur naturel craintif, ils recherchent les
endroits les plus élevés sur les toits. Il s'ensuit que les
pigeons sauvages recherchent spécialement les tours, vers
lesquelles ils viennent et reviennent tout naturellement en
s'envolant depuis les champs. **2.** L'autre espèce de
pigeons est plus sociable; se contentant de la nourriture
de la maison, elle se nourrit habituellement à l'intérieur
du seuil de la porte. Cette espèce est généralement de
couleur blanche, l'autre, la sauvage n'a pas de blanc, elle
est bigarrée. De ces deux races on fait une troisième
espèce, hybride, en vue du profit et elles vivent dans un
lieu unique, que[4] les uns appellent *peristeron*, d'autres
peristerotrophion et souvent un seul de ces édifices en
contient jusqu'à cinq mille. **3.** Le *peristeron* se présente
comme un grand pavillon, couvert d'une voûte[5], avec une
seule porte étroite, des fenêtres à la carthaginoise[6] ou plus
larges grillagées des deux côtés, de manière à ce que tout
le local soit éclairé et que ni serpent ni aucun animal nuisible ne puisse entrer. À l'intérieur, tous les murs ainsi
que les voûtes sont recouverts d'un enduit le plus lisse
possible fait de poussière de marbre[7], et à l'extérieur le
pourtour des fenêtres, pour éviter que rat ou lézard ne
puisse ramper jusqu'aux boulins. Car rien n'est plus
craintif que le pigeon. **4.** Pour chaque couple on dispose
des boulins de forme ronde, rangés et serrés, les rangs

7   Interea uenit apparitor Appi a consule et augures ait citari. Ille foras exit e uilla. At in uillam intro inuolant columbae, de quibus Me[de columbis]rula Axio: Si umquam [ex] peristerotrophio<n> constituisses, has tuas esse putares, quamuis ferae essent. Duo enim genera earum in peristerotrophio esse solent: unum agreste, ut alii dicunt, saxatile, quod habetur in turribus ac columinibus uillae, a quo appellatae columbae, quae propter timorem naturalem summa loca in tectis captant; quo fit ut agrestes maxime sequantur turres, in quas ex agro euolant suapte sponte ac remeant. **2.** Alterum genus columbarum est clementius, quod cibo domestico contentum intra limina ianuae solet pasci. Hoc genus maxime est colore albo, illut alterum agreste sine albo, uario. Ex iis duabus stirpibus fit miscellum tertium genus fructus causa, atque incedunt in locum unum, quod alii uocant peristerona, alii peristerotrophion, in quo uno saepe uel quinque milia sunt inclusae. **3.** Peristeron fit ut testudo magna, camara tectus, uno ostio angusto, fenestris punicanis aut latioribus reticulatis utrimque, ut locus omnis sit inlustris, neue quae serpens aliutue quid animal maleficum introire queat. Intrinsecus quam leuissimo marmorato toti parietes ac camarae oblinuntur et extrinsecus circum fenestras, ne mus aut lacerta qua adrepere ad columbaria possit. Nihil enim timidius columba. **4.** Singulis paribus columbaria fiunt rutunda in ordinem crebra, ordines

---

7. 1 appi *Ab*: api *P* apii *v* ‖ de columbis *del. Keil[1]* ‖ peristerotrophion *v*: -phio *Ab* ‖tuas esse *Pb*: tua sese *A* ‖ columinibus *VA[1]b*: culminibus *A[2]m* ‖ agrestes *Pb*: agrestres *A* ‖ **2** genus *V*: genus illud *Ab* ‖ illut *P*: illud *Abv* ‖ iis *PAb*: his *v* ‖ duabus *Vb*: duobus *A* ‖ uocant *A[2]b*: uolant *A[1]* ‖ **3** camara *Va[1]b*: camera *A[2]* camata *m* ‖ utrimque *Keil*: utrinque *Vb* utrumque *A* ‖ inlustris *A*: illustris *Vb* ‖ neue quae serpens *b*: neue que serpens *P* neue serpens *A* ne uel serpens *m* neque serpens *v* ‖ aliutue *P*: aliudue *Abv* ‖ camarae *V*: camerae *Abm*

étant les plus nombreux possible depuis le sol jusqu'à la
voûte. Chaque boulin doit avoir un orifice qui permette
l'entrée et la sortie et la dimension à l'intérieur doit être
de trois palmes en tout sens. Sous chaque rangée doivent
être fixées des tablettes de deux palmes[8], qui leur servi-
ront de vestibule et de promenoir. **5.** Il faut qu'il y ait de
l'eau courante, où ils puissent boire et se laver. Car ces
oiseaux sont extrêmement propres. Aussi faut-il que
l'éleveur de pigeons[9] balaye fréquemment chaque mois;
la fiente qui souille ce lieu convient en effet à l'agriculture, au point que certains ont écrit que c'était la
meilleure. [Ou] Si un pigeon s'est cogné dans quelque
chose, qu'on le soigne; les bêtes crevées, qu'on les
enlève; les petits bons pour la vente, qu'on les retire.
6. De même pour les femelles couveuses[10], on aura un
endroit séparé des autres par un filet où on les transférera,
endroit d'où les mères [également] pourront s'envoler
pour sortir du pigeonnier. On fait cela pour deux raisons:
premièrement, si elles se dégoûtent de tout ou languissent
enfermées, l'air libre, dans leurs sorties champêtres, leur
redonne la santé; deuxième raison: il y a un appât. En
effet, en raison de leurs petits, elles reviennent elles-
mêmes de toute façon, à moins qu'elles ne soient tuées
par le corbeau ou interceptées par l'épervier[11]. **7.** Pour
détruire ceux-ci, les éleveurs de pigeons ont l'habitude de
fixer[12] dans la terre deux baguettes enduites de glu inclinées l'une vers l'autre, après avoir placé entre elles, attaché, un animal que les éperviers [de même] ont l'habitude d'attaquer; ils se prennent au piège en s'empêtrant
dans la glu. L'habitude qu'ont les pigeons de rentrer au
logis peut être observée dans le fait que beaucoup de

quam plurimi possunt a terra usque ad camaram. Columbaria singula esse oportet ut os habeat, quo modo introire
et exire possit, intus ternorum palmorum ex omnibus partibus. Sub ordines singulos tabulae fictae ut sint
bipalmes, quo utantur uestibulo ac prodeant. **5.** Aquam
esse oportet quae influat, unde et bibere et ubi lauari possint. Permundae enim sunt hae uolucres. Itaque pastorem
columbarum quotquot mensibus crebro oportet euerrere;
est enim quod eum inquinat locum appositum ad agri culturam, ita ut hoc optimum esse scripserint aliquot. Si[ue]
quae columba quid offenderit, ut medeatur; siqua*e* perie-
rit, ut efferatur; siqui pulli idonei sunt ad uendendum,
promat. **6.** Item quae fetae sunt, [in] certum locum ut disclusum ab aliis rete habeat, quo transfera*n*tur, e quo foras
ex peristerone euolare possint matres[que]. Quod faciunt
duabus de causis: una, si fastidiunt aut inclusae consenescunt, quod libero aere, cum exierint in agros, redinte-
grentur; altera de causa propter inlicium. Ipsae enim
propter pullos, quos habent, utique redeunt, nisi a coruo
occisae aut ab accipitre interceptae. **7.** Quos columbarii
interficere solent duabus uirgis uiscatis defictis in terra
inter se curuatis, cum inter eas posuerint obligatum animal, quod [item] petere soleant accipitres, qui ita deci-
piuntur, cum se obleuerunt uisco. Columbas redire solere
ad locum licet animaduertere, quod multi in theatro e

---

4 camaram *v*: cameram *PAb* ‖ habeat *PA¹b*: habeant *A²mv* ‖ possit
PA¹b: -sint *A²mv* ‖ ternorum palmorum *Iuc.*: ternarum palmarum
codd. ‖ uestibulo *A²bv*: uestubulo *P* uestibula *A¹* ‖ prodeant *Vb*: -eunt
Am ‖ **5** quae *Iuc.*: quo *Vb* quod *Am* ‖ quotquot *bv*: quodquod *PA¹*
quodquid *A²* ‖ appositum *A²v*: oppositum *PA¹b* ‖ scripserint *v*: -runt
PAb ‖ aliquot *Keil¹ Goetz¹ Goetz²*: -quod *PAb* -qui *v Keil²* ‖ ue *del.*
Reiter ‖ siquae *Reiter Keil² Goetz¹ Goetz²*: siqua *codd. Keil¹* ‖ **6** in
del. Scal. ‖ habeat *Vb*: -eant *Am* ‖ transferantur *v*: -ratur *PAb* ‖ e
quo *PAb*: et quo *v* ‖ peristerone *V*: peristone *Ab* ‖ euolare *Urs. Keil²*:
euocare *codd. Keil¹* ‖ que *del. v* ‖ **7** defictis *PAb*: defixis *v* ‖ item
del. Keil

gens au théâtre laissent échapper de leur sein des pigeons et ils retournent au logis; s'ils ne revenaient pas, on ne les lâcherait pas. **8.** On leur procure la nourriture autour des parois par des rigoles, que l'on remplit à l'extérieur au moyen de tuyaux. Ils se régalent de millet, de blé dur, d'orge, de pois, de haricots, d'ers. Les mêmes règles dans l'ensemble doivent être imitées, dans la mesure du possible, par ceux qui ont des pigeons sauvages dans les tours et sur les faîtes des villas. Pour les pigeonniers, il faut se procurer des animaux d'âge convenable, ni trop jeunes ni trop vieux, avec un nombre égal de mâles et de femelles. **9.** Rien n'est plus prolifique que les pigeons, puisque, en quarante jours, ils conçoivent, pondent, couvent et élèvent les petits. Et ils font cela à peu près toute l'année; ils font seulement une interruption du solstice d'hiver à l'équinoxe de printemps[13]. Les petits naissent par deux; dès qu'ils ont grandi et qu'ils en ont la force, ils conçoivent avec leur mère. Ceux qui ont l'habitude d'engraisser les jeunes pigeons pour les vendre plus cher les mettent à part dès qu'ils ont mis leurs plumes. Puis on les engraisse avec du pain blanc mâché: deux fois par jour l'hiver, trois fois l'été, matin, midi et soir; en hiver on supprime le repas de midi. **10.** Ceux qui commencent à avoir des plumes, on les laisse dans le nid après leur avoir brisé les pattes et on donne aux mères de quoi manger plus abondamment. Et ainsi, à longueur de journée, elles se nourrissent elles-mêmes et leurs petits. Ceux qui sont élevés ainsi engraissent plus vite que les autres et leurs parents deviennent blancs. À Rome, s'ils sont beaux, d'une bonne couleur, en parfait état, de bonne race, ils se vendent communément deux cents sesterces la paire et, s'ils sont de qualité exceptionnelle, ils se vendent mille sesterces l'un. Récemment, comme un marchand voulait en acheter à ce prix à L. Axius, chevalier romain, celui-ci refusa de les laisser à moins de quatre cents deniers[14].» **11.** Alors Axius: «Si je pouvais acheter un pigeonnier tout fait, comme j'ai acheté des boulins en

sinu missas faciunt, atque ad locum redeunt, quae nisi
reuerterentur, non emitterentur. **8.** Cibus apponitur circum parietes in canalibus, quas extrinsecus per fistulas
supplent. Delectantur milio, tritico, hordeo, piso, fasiolis,
eruo. Item fere haec, in turribus ac summis uillis qui
habent agrestes columbas, quaad possunt, imitandum. In
peristeronas aetate bona parandum, neque pullos neque
uetulas, totidem mares quot feminas. **9.** Nihil columbis
fecundius. Itaque diebus quadragenis concipit et parit et
incubat et educat. Et hoc fere totum annum faciunt; tan-
tummodo interuallum faciunt a bruma ad aequinoctium
uernum. Pulli nascuntur bini, qui simulac creuerunt et
habent robor, cum matribus pariunt. Qui solent saginare
pullos columbinos, quo pluris uendant, secludunt eos,
cum iam pluma sunt tecti. Deinde manducato candido
farciunt pane; hieme hoc bis, aestate ter, mane meridie
uesperi; hieme demunt cibum medium. **10.** Qui iam pinnas incipiunt habere, relincunt in nido inlisis cruribus et
matribus, uberius ut cibo uti possint, obiciunt. Eo enim
totum diem se et pullos pascunt. Qui ita educantur, celerius pinguiores fiunt quam alii, et candidae fiunt parentes
eorum. Romae, si sunt formosi, bono colore, integri, boni
seminis, paria singula uolgo ueneunt ducenis nummis nec
non eximia singulis milibus nummum. Quas nuper cum
mercator tanti emere uellet a L. Axio, equite Romano,
minoris quadringentis denariis daturum negauit. **11.** Axius:
Si possem emere, inquit, peristerona factum, quem ad
modum, in aedibus cum habere uellem, emi fictilia

---

7 atque *Vb*: adque *A* ‖ **8** fasiolis *Pb*: faseolis *Amv* ‖ quaad *PAb*:
quoad *v* ‖ quot *bv*: quod *PA* ‖ **9** robor *PAb*: robur *v* ‖ hieme hoc
Keil: hyeme hoc *V* hieme hieme hoc *Ab* ‖ **10** relincunt *PA*: -quunt *bv*
‖ inlisis *P*: illisis *bA²ᵛ* ilisis *A¹* ‖ possint *V*: possunt *Ab* ‖ uolgo *Pb*:
uulgo *Av* ‖ **11** inquit *Vb*: -id *A*

terre cuite, lorsque j'en désirais à la maison, je serais déjà
allé l'acheter et je l'aurais envoyé à ma villa. — Comme
si, répliqua Pica, ils n'étaient pas nombreux également à
en avoir en ville! Ou alors, est-ce que ceux qui ont des
boulins sur leur toit ne te[15] paraissent pas avoir des
pigeonniers, alors que certains ont un équipement de plus
de cent mille sesterces? Je te conseille d'acheter à l'un de
ces gens-là un équipement complet et, avant de construire
à la campagne, d'apprendre, ici en ville, à mettre tous les
jours dans ta cassette un bénéfice d'un as et demi[16]. Mais
toi, Mérula, poursuis donc.»

8. Et lui: «De même pour les tourterelles, il faut amé-
nager un local proportionné en grandeur au nombre que
l'on veut élever[1]; et de même ce bâtiment, comme on l'a
dit pour les pigeons, doit avoir une porte, des fenêtres, de
l'eau pure, des murs et des voûtes recouvertes d'un
enduît; **2.** mais, au lieu de boulins, on fixe au mur des
consoles ou des piquets par rangées, sur lesquels sont
placées de petites nattes de chanvre. Il faut que la rangée
inférieure soit distante du sol d'au moins trois pieds;
entre les autres rangées, il faut trois quarts de pied, [envi-
ron] un demi-pied de la rangée supérieure à la voûte; la
largeur doit être celle qui peut exister entre la console et
le mur[2]. C'est là que les tourterelles mangent jour et nuit.
3. Pour la nourriture, on leur donne du blé dur sec, environ un demi-boisseau pour cent vingt tourterelles, en
balayant chaque jour leur local, pour qu'elles ne soient
pas incommodées par leur fiente qui, également, est
conservée pour l'usage agricole. Pour les engraisser,
l'époque la plus favorable se situe autour de la moisson.
C'est alors en effet que leurs mères se trouvent au mieux,

columbaria, iam issem emptum e*t* mi*s*issem ad uillam. —
Quasi uero, inquit Pica, non in urbe quoque sint multi.
An tibe columbaria qui in tegulis habent non uidentur
habere peristeronas, cum aliquot supra centum milium
sestertium habeant instrumentum? E quis alicuius totum
emas censeo, et antequam aedificas rure, magnum
condiscas hic in urbe cotidie lucrum assem semissem
condere in loculos. Tu, Merula, sic perge deinceps.

8 Ille: Turturibus item, inquit, locum constituendum
proinde magnum, ac multitudinem alere uelis; eumque
item ut de columbis dictum est, ut habeat ostium ac
fenestras et aquam puram ac parietes ac camaras munitas
tectorio; **2.** sed pro columbariis in pariete mutulos aut
palos in ordinem, supra quos tegeticulae cannabinae sint
impositae. Infimum ordinem oportet abesse a terra non
minus tres pedes, inter reliquos dodrantes, a summo ad
camaram [ad] semipedem, aeque latum ac mutulus a
pariete extare potest, in quibus dies noctesque pascuntur.
3. Cibatui quod sit, obiciunt triticum siccum, in centenos
uicenos turtures fere semodium, cottidie euerrentes
eorum stabula, a stercore ne offendantur, quod item
seruatur ad agrum colendum. Ad saginandum adpositissimum tempus circiter messem. Etenim matres eorum tum

---

11 et *Iuc.*: e- *codd.* ‖ misissem *Iuc.*: -missem *codd.* ‖ inquit *Vb*: -id
A ‖ columbaria *b²v*: -ri *P* -rum *Am* -riae *b¹* ‖ aliquot *v*: -od *PAb* ‖
aedificas *PAb*: -ces *v* ‖ tu *Iuc.*: tum *codd.*

8. 1 inquit *Vb*: -id *A* ‖ habeat *VA²b*: -ant *A¹m* ‖ camaras *P*: came-
ras *A²bmv* quamaras *A¹* ‖ **2** mutulos *v*: multos *PA²b* ‖ ordinem *PAb*:
-ne *v* ‖ cannabinae *Ab*: canabinae *V* ‖ sint *Pb*: sunt *Amv* ‖ camaram
PA: cameram *bmv* ‖ ad *del. Keil²* ‖ **3** fere *Pb*: ferre *Am* ‖ cottidie
P: cotidie *Ab* quotidie *v* ‖ euerrentes *Pb*: euerentes *A* ‖ a stercore *V*
Keil²: ac stercore *Ab* stercore *Keil¹* ‖ adpositissimum *A²*: adpotissi-
mum *PA¹* appotissimum *b·*aptissimum *m* potissimum *v*

lorsque naissent le plus grand nombre de petits, qui sont meilleurs pour l'engraissement. C'est donc à cette période que le revenu qu'on en tire est le plus conséquent[3].»

9. Axius: «Parmi les chapitres de l'engraissement que je voudrais connaître, parle-nous des [ramiers] poules, s'il te plaît, Merula; ensuite, s'il y a lieu de discuter à propos des autres points, nous pourrons le faire» — «Donc, parmi l'espèce qu'on appelle 'poule', il y a trois sortes: les domestiques, les sauvages et les africaines[1]. **2.** Les poules domestiques sont celles que l'on a depuis toujours dans les fermes. Ceux qui veulent constituer un poulailler, c'est-à-dire qui désirent, en ajoutant connaissance et soin, en tirer de grands profits — comme l'ont fait surtout les habitants de Délos[2] — doivent observer [surtout] les cinq points suivants: au sujet de l'achat, quelle sorte et quelle quantité se procurer; au sujet de la reproduction, de quelle manière accoupler et engendrer; au sujet des œufs, comment couver et faire éclore; au sujet des poussins, comment et par qui les faire élever. À ces points s'ajoute en appendice une cinquième partie: comment les engraisser. **3.** Parmi ces trois espèces, les femelles domestiques s'appellent proprement 'poules''; les mâles s'appellent 'coqs' et on appelle 'chapons' les demi-mâles qui ont été châtrés. On castre les coqs, pour en faire des chapons, en leur brûlant avec un fer rouge l'extrêmité des pattes, jusqu'à ce que le tissu éclate et, la plaie qui en résulte, on l'enduit avec de l'argile à potier[3]. **4.** Celui qui se propose d'avoir un poulailler parfait doit, naturellement, se procurer les trois espèces, mais surtout

optimae sunt, cum pulli plurimi gignuntur, qui ad fartu-
ram meliores. Itaque eorum fructus id temporis maxime
consistit.

9   Axius: Ego quae requiro farturae [assurae] membra, de
[palumbis] gallinis dic sodes, Merula; tum de reliquis
siquid idoneum fuerit ratiocinari, licebit. — Igitur sunt
gallinae quae uocantur generum trium: uillaticae et rusticae et Africanae. **2.** Gallinae uillaticae sunt, quas deinceps rure habent in uillis. De his qui ornithoboscion ins-
tituere uult, id est adhibita scientia ac cura <ut> capiant
magnos fructus, ut maxime factitauerunt Deliaci, haec
quinque [maxime] animaduertant oportet: de emptione,
cuius modi et quam multas parent; de fetura, quem ad
modum admittant et pariant; de ouis, quem ad modum
incubent et excudant; de pullis, quem ad modum et a quibus educentur. Hisce appendix adicitur pars quinta, quem
ad modum saginentur. **3.** Ex quis tribus generibus proprio
nomine uocantur feminae quae sunt uillaticae gallinae,
mares galli, capi semimares, qui sunt castrati. Gallos cas-
trant, ut sint capi, candenti ferro inurentes ad infima
crura, usque dum rumpatur, et quod extat ulcus, oblinunt
figlina creta. **4.** Qui spectat ut ornithoboscion perfectum
habeat, scilicet genera ei tria paranda, maxime uillaticas

---

3 gignuntur *Pb*: giguntur *A*

9. 1 farturae *v*: sarsurae *PAb* ǁ assurare *del. Schn. Keil²* ǁ palum-
bis *del. Keil²* ǁ rationcinari *v*: raciocinari *Pb* racimari *A* ǁ africanae
Pb: affri- *A* ǁ **2** ornithoboscion *Pb*: -bosion *Am* -uostion *v* ǁ uult
PAb: uolunt *v* ǁ id est adhibita *Pb*: id est ut habita *A* iidem adhibita *v*
ǁ ut *add. Iuc. Keil²* ǁ deliaci *Vb*: deliacii *A* deliciacii *m* ǁ maxime
del. Iuc. Keil² ǁ fetura *b*: fectura *A* foetura *V* ǁ **3** ex quis *PA*: e quis
bm ex quibus *v* ǁ et *Keil²*: at *codd. Keil¹* ǁ figlina *A²b*: fliglina *A¹* ǁ
4 qui spectat *Vb*: quis petat *Am* ǁ scilicet *Am*: sic licet *Pb* sint licet *v*
ǁ genera ei tria *PA*: genera et tria *b* tria genera *v*

les poules de basse-cour. Dans l'achat de ces dernières, il
doit les choisir fécondes, le plus souvent avec un plu-
mage roux, des ailes noires, des doigts inégaux, la tête
grande, la crête dressée, de belle taille; ce sont celles-là
en effet qui sont les mieux faites pour la reproduction[4].
5. Ceux qui s'intéressent à des coqs amoureux les reconnaîtront ainsi: musclés, la crête rouge, un bec court, fort
et aigu, les yeux gris jaunâtre ou noirs, la barbe rouge
blanchâtre, le cou bigarré ou doré, les cuisses velues,
les pates courtes, les griffes longues, une grande queue,
des plumes abondantes; de même, des coqs altiers, qui
chantent souvent, acharnés au combat et qui, lorsque sur-
viennent des animaux nuisibles aux poules, non seulement ne les craignent pas, mais combattent pour défendre
les poules[5]. **6.** Et cependant, dans le choix de la race, il
ne faut pas rechercher les coqs tanagréens, méliques et
chalcidiens qui, sans aucun doute, sont beaux et très
doués pour se battre entre eux, mais plutôt stériles pour la
reproduction[6]. Si l'on veut en élever deux cents, il faut
leur attribuer un enclos dans lequel on établira deux
grandes cages reliées entre elles, orientées vers l'est, chacune ayant environ dix pieds de long, moitié moins en
largeur et [qu'] en hauteur un peu plus basses: <dans>
chacune une fenêtre large de trois pieds et ces fenêtres
plus hautes d'un pied, faites d'osiers assez espacés pour
laisser entrer beaucoup de jour et sans que puisse entrer à
travers elles tout ce qui nuit d'habitude aux poules.
7. Qu'il y ait entre les deux cages une porte par où
puisse passer le préposé aux poules, leur gardien. Dans
les cages, que des perches nombreuses soient placées en
travers, de manière à pouvoir porter toutes les poules. En
face de chacune des perches, que soient placés dans le
mur leurs nids individuels. Qu'il y ait devant, comme je
l'ai dit, un vestibule clos, où elles pourront rester pendant
le jour et se rouler dans la poussière. En outre, qu'il y ait
une grande pièce où habitera le gardien, faite de telle sorte
que sur les murs, tout autour, tous les nids soient pleins
de poules, nids creusés dans le mur ou solidement fixés.

gallinas. E quis in parando eligat oportet fecundas, plerumque rubicunda pluma, nigris pinnis, imparibus digitis,
magnis capitibus, crista erecta, amplas; hae enim ad par-
tiones sunt aptiores. **5.** Gallos salaces qui animaduertunt,
si sunt lacertosi, rubenti crista, rostro breui pleno acuto,
oculis rauis aut nigris, palea rubra subalbicanti, collo
uario aut aureolo, feminibus pilosis, cruribus breuibus,
unguibus longis, caudis magnis, sequentibus pinnis; item
qui elati sunt ac uociferant saepe, in certamine pertinaces
et qui animalia quae nocent gallinis non modo non perti-
mescant, sed etiam pro gallinis propugnent. **6.** Nec tamen
sequendum in seminio legendo Tanagricos et Melicos et
Chalcidicos, qui sine dubio sunt pulchri et ad proeliandum
inter se maxime idonei, sed ad partus sunt steriliores. Si
ducentos alere uelis, locus saeptus adtribuendus, in quo
duae caueae coniunctae magnae constituendae, quae
spectent ad exorientem uersus, utraeque in longitudinem
circiter decem pedum, latitudine dimidio minores, [quam
in] altitudine paulo humiliores: <in> utraque fenestra lata
tripedali*s,* et eae pede altiores e uiminibus factae raris, ita
ut lumen praebeant multum, neque per eas quicquam ire
intro possit, quae nocere solent gallinis. **7.** Inter duas
ostium sit, qua gallinarius, curator earum, ire possit. In
caueis crebrae perticae traiectae sint, ut omnes sustinere
possint gallinas. Contra singulas perticas in pariete
exclusa sint cubilia earum. Ante sit, ut dixi, uestibulum
saeptum, in quo diurno tempore esse possint atque in
puluere uolutari. Praeterea sit cella grandis, in qua curator habitet, ita ut in parietibus circum omnia plena sint

---

4 eligat A^2: -gant A^1 ‖ amplas PA^1b: -pla A^2mv. ‖ **5** propugnent Vb:
propugnant A pugnant m ‖ **6** melicosVAb: medicos m *Iuc.* ‖ longitudinem Vb: -ne Am ‖ quam in *del. Iuc.* ‖ in *add. Keil²* ‖ tripedalis
Keil²: -li *codd.* ‖ **7** ostium PA: hostium b ‖ exclusa PAb^2 : exclusas
b^1 exculpta v ‖ sint Pbv: sunt A ‖ ante sit Pb: ante se A aut sit v ‖
qua Pb: quo A

Car, lorsqu'elles couvent, le mouvement est nuisible.
8. Dans les nids, au moment où elles font naître leur progéniture, il faut étendre de la paille; lorsqu'elles ont fini,
il faut enlever cette couche et en mettre une nouvelle,
parce que des puces ont l'habitude de s'y développer,
ainsi que toutes les autres bêtes qui ne supportent pas de
laisser les poules tranquilles; le résultat est que les œufs
ou bien viennent inégalement à maturité, ou bien s'abi-
ment. Celle qu'on veut faire couver ne doit pas, dit-on,
couver plus de 25 œufs, même si elle a été assez prolifique pour en pondre davantage[7]. **9.** La meilleure période
pour la ponte va <de> l'équinoxe de printemps à l'équinoxe d'automne. Aussi les œufs pondus avant ou après
cette période et même les premiers pondus de cette
période ne doivent pas être mis à couver; et, comme couveuses, on choisira plutôt des vieilles poules que des pou-
lettes et celles qui n'ont pas le bec ou les ongles pointus
de préférence à celles qui doivent être occupées à concevoir plutôt qu'à couver. Les mieux placées pour la ponte
sont celles d'un an ou deux[8]. **10.** Si l'on fait couver à des
poules des œufs de paon, c'est seulement dix jours après
le début de l'incubation qu'il faut mettre les œufs de
poule, afin de les faire éclore tous ensemble. Car pour les
poussins il faut deux fois dix jours, pour les petits paons
trois fois neuf jours[9]. Il faut les enfermer de manière à ce
qu'elles couvent nuit et jour, sauf [des] le matin et le soir,
quand on leur donne à manger et à boire. **11.** Le gardien
doit aller faire un tour à intervalle de quelques jours et
retourner les œufs, afin qu'ils reçoivent la chaleur de
manière égale. Les œufs sont-ils pleins et profitables ou
non? On peut le voir, dit-on, en les plongeant dans l'eau:
vides, ils surnagent, pleins, ils vont au fond. Ceux qui,
pour effectuer cette vérification, les secouent, font une
erreur, car ils brouillent en eux les veines [vides] vitales.
Les mêmes disent que si, en présentant l'œuf à la
lumière, on voit au travers, c'est que l'œuf est vide[10].

cubilia gallinarum aut exculpta aut adficta firmiter.
Motus enim, cum incubat, nocet. **8.** In cubilibus, cum
parturient, acus substernendum; cum pepererunt, tollere
substramen et recens aliut subicere, quod pulices et cetera
nasci solent, quae gallinam conquiescere non patiuntur;
ob quam rem oua aut inaequabiliter maturescunt aut
consenescunt. Quae uelis incubet, negant plus XXV
oportere oua incubare, quamuis propter fecunditatem
pepererit plura. **9.** Optimum esse partum <ab> aequinoctio uerno ad autumnale. Itaque quae ante aut post nata
sunt et etiam prima eo tempore, non supponenda; et ea
quae subicias, potius uetulis quam pullitris, et quae rostra
aut ungues non habeant acutos, quae debent potius in
concipiendo occupatae esse quam incubando. Adpositissimae ad partum sunt anniculae aut bimae. **10.** Si oua
gallinis pauonina subicias, cum iam decem dies fouere
coepit, tum denique gallinacia subicere, ut una excudat.
Gallinaciis enim pullis bis deni dies opus sunt, pauoninis
ter noueni. Eas includere oportet, ut diem et noctem incubent, praeterquam [a] mane et uespere, dum cibus ac
potio is detur. **11.** Curator oportet circumeat diebus inter-
positis aliquot ac uertere oua, ut aequabiliter concalefiant.
Oua plena sint atque utilia necne, animaduerti aiunt
posse, si demiseris in aquam, quod inane natet, plenum
desidit. Qui ut hoc intellegant concutiant, errare, quod
[inanes] uitales uenas confundant in iis. Idem aiunt, cum
ad lumen sustuleris, quod perluceat, id esse [ob] inane.

---

8 substernendum *v*: -da *PAb* ‖ aliut *P*: aliud *Abv* ‖ pepererit *bv*:
peperit *PA* ‖ **9** ab *add. Urs.* ‖ uerno *A²*: ueno *A¹* ‖ ad autumnale
Ang. Vict. Urs.: ab autumnali *Ab* ab auctumnali *V* ‖ ante aut post *Am*:
antea ut post *b* antea aut post *V* ‖ supponenda *Vb*: subponenda *A* ‖
adpositissimae *PA²*: adpotissimae *A¹* appositissimae *b* aptissimae *mv* ‖
10 pauonina *Vb*: pauonia *Am* ‖ gallinaciis *PAb*: -ceis *v* ‖ a *del. Iuc.*
‖ potio *Ab*: potus *V* ‖ is *PA*: iis *b* his *v* ‖ **11** natet *PAb*: natat *v* ‖
inanes *del. Vict.* ‖ confundant *Ab*: -dunt *V* ‖ ob *del.Schneid.*

12. Ceux qui veulent conserver les œufs un certain temps les enduisent de sel égrugé ou de saumure pendant trois ou quatre heures puis, une fois lavés, ils les mettent dans le son ou la balle de blé. En mettant les œufs à couver, on prend bien garde à ce qu'ils soient en nombre impair. Les œufs en incubation contiennent-ils l'embryon du poussin? Le gardien peut s'en rendre compte le quatrième jour après le début de la couvaison. Si, en le tenant devant la lumière, il observe qu'il est uniformément clair, on pense qu'il faut le jeter et en mettre un autre[11]. **13.** Les poussins qui viennent d'éclore doivent être retirés de leur propre nid et placés sous une poule qui a un petit nombre de petits; et s'il reste à celle-ci trop peu d'œufs, il faut les lui enlever et les mettre sous d'autres poules qui n'ont pas encore fait éclore leurs petits et ont moins de trente poussins. Car il ne faut pas faire de couvée plus nombreuse[12]. Pendant les quinze premiers jours il faut donner aux poussins, le matin — sur un lit de poussière, pour que la dureté de la terre n'abîme pas leur bec — une bouillie de farine d'orge mélangée avec de la graine de cresson et délayé assez longtemps auparavant dans de l'eau, pour éviter qu'en fin de compte la nourriture ne gonfle dans leur corps; l'eau leur est interdite[13]. **14.** Quand les plumes commencent à leur pousser sur le croupion, il faut leur enlever fréquemment de la tête et du cou les poux, qui souvent les font dépérir. On doit brûler autour de leurs cages de la corne de cerf, pour écarter les serpents, car l'odeur de ces animaux leur est en général fatale. Il faut les conduire au soleil et sur du fumier, pour qu'ils puissent s'y rouler, car ainsi ils deviennent plus faciles à élever[14]. **15.** Il faut y amener non seulement les poussins, mais tout le poulailler, soit en été, soit lorsque, de toutes façons, le temps est doux et ensoleillé; en tendant par-dessus un filet, pour empêcher les poules de

12. Qui haec uolunt diutius seruare, perfricant sale minuto aut muria tres aut quattuor horas eaque abluta condunt in furfures aut acus. In supponendo oua obseruant ut sint numero inparia. Oua, quae incubantur, habeantne semen pulli, curator quadriduo post quam incubari coepit intellegere potest. Si contra lumen tenuit et purum unius modi esse animaduertit, putant eiciendum et aliud subiciundum. **13.** Excusos pullos subducendum ex singulis nidis et subiciendum ei quae habeat paucos; ab eaque, si reliqua sint oua pauciora, tollenda et subicienda aliis, quae nondum excuderunt et minus habent triginta pullos. Hoc enim gregem maiorem non faciendum. Obiciendum pullis diebus XV primis mane subiecto puluere, ne rostris noceat terra dura, polentam mixtam cum nasturti semine et aqua aliquanto ante facta*m* intrita*m,* ne tum denique in eorum corpore turgescat; aqua prohibendum. **14.** Qua de clunibus coeperint habere pinnas, e capite, e collo eorum crebro eligendi pedes; saepe enim propter eos consenescunt. Circum caueas eorum incendendum cornum ceruinum, ne quae serpens accedat, quarum bestiarum ex odore solent interire. Prodigendae in sole*m* et in stercilinum, ut uolutare possint, quod ita alibilior*es* fiunt; **15.** neque pullos, sed omne ornithoboscion cum aestate, tum utique cum tempestas sit mollis atque apricum; intento supra rete, quod prohibeat eas extra saepta euolare et in eas inuolare extrinsecus

12 seruare *mv*: -ri *PAb* ‖ condunt *Iuc.*: -dant *PAb* -diunt *v* ‖ inparia *A*: imparia *Vb* ‖ habeantne semen *PA*: habeant in semen *b* si habeant in se semen *v* ‖ incubari *PAb*: -re *v* ‖ coepit *Vb*: ceperint *Am* ‖ subiciundum *PA*: subiciendum *b* subiiciendum *v* ‖ **13** nasturti *Keil*: nasturcii *VAb* ‖ factam intritam *Ges.*: facta intrita *codd.* ‖ **14** qua *PAb*: quando *v* ‖ e collo *PAb*: et collo *v* ‖ cornum *PAb*: cornu *v* ‖ solem *Iuc.*: sole *codd.* ‖ uolutare *v*: uolitare *PAb* ‖ alibiliores *Iuc.*: -ra *VAb* ‖ fiunt *VA*: fiant *b* ‖ **15** ornithoboscion *b*: -bosion *A* -uostion *v* ‖ atque *bv*: adque *PA* ‖ prohibeat *Vb*: -ant *A* ‖ saepta euolare *P*: saeptae uolare *A¹* saepta uolare *A²* saeptae uolare *b* septa uolare *v*

voler hors de l'enclos et pour interdire aux éperviers et assimilés venant de l'extérieur de fondre sur elles; en évitant le chaud et le froid, car l'un et l'autre leur est contraire. Dès qu'ils auront des plumes, il faudra les habituer à suivre une ou deux poules, afin que les autres soient disponibles pour procréer plutôt qu'occupées à élever leurs petits[15]. **16.** La couvaison doit commencer aussitôt après la nouvelle lune, parce que celles qui ont lieu avant donnent le plus souvent de mauvais résultats. Il faut environ vingt jours aux poussins pour éclore. Mais, puisque j'ai parlé trop longuement des poules domestiques, par compensation je serai bref sur le reste.

Les poules sauvages sont rares à la ville et on ne les voit pratiquement à Rome qu'apprivoisées dans des cages, semblables pour l'aspect non à ces poules domestiques de chez nous, mais aux africaines[16]. **17.** Quand elles sont sans défaut pour la présentation et l'aspect, il est d'usage de les exposer dans les solennités publiques, avec des perroquets et des merles blancs, ainsi que toute autre rareté de cette espèce[17]. En principe, elles font leurs œufs et leurs poussins non dans les fermes, mais dans les bois. Ces poules ont donné son nom, dit-on, à l'île Gallinaria, qui est située dans la mer tyrrhémienne le long de l'Italie, face aux montagnes ligures, à Vintimille et à Album Ingaunum; selon d'autres, le nom viendrait des poules domestiques transportées là par des matelots, et dont la descendance est devenue sauvage[18]. **18.** Les poules africaines sont grandes, bigarrées, bossues; ce sont celles que les Grecs appellent 'méléagrides'. Ce sont les dernières à avoir fait leur entrée de la cuisine dans les salles de banquet, en raison du goût blasé des gens. En raison de leur rareté, elles sont vendues un bon prix[19]. **19.** Parmi ces trois espèces, ce sont les poules domestiques qu'on engraisse en priorité. On les enferme dans un local tiède, étroit et sombre, parce que les mouvements

accipitrem aut quid aliut; euitantem caldorem et frigus, quod utrumque iis aduersum. Cum iam pinnas habebunt, consuefaciundum ut unam aut duas sectentur gallinas, ceterae ut potius ad pariendum sint expeditae, quam in nutricatu occupatae. **16.** Incubare oportet incipere secundum nouam lunam, quod fere quae ante, pleraque non succedunt. Diebus fere uiginti excudunt. De quibus uillaticis quoniam uel nimium dictum, breuitate reliqua conpensabo.

Gallinae rusticae sunt in urbe rarae nec fere nisi mansuetae in cauea uidentur Romae, similes facie non his gallinis uillaticis nostris, sed Africanis. **17.** Aspectu ac facie incontaminatae in ornatibus publicis solent poni cum psittacis ac merulis albis, item aliis id genus rebus inusitatis. Neque fere in uillis oua ac pullos faciunt, sed in siluis. Ab his gallinis dicitur insula Gallinaria appellata, quae est in mari Tusco secundum Italiam contra montes Liguscos, Intimilium, Album Ingaunum; alii ab his uillaticis inuectis a nautis, ibi feris factis procreatis. **18.** Gallinae Africanae sunt grandes, uariae, gibberae, quas meleagridas appellant Graeci. Haec nouissimae in triclinium cenantium introierunt e culina propter fastidium hominum. Veneunt propter penuriam magno. **19.** De tribus generibus gallinae saginantur maxime uillaticae. Eas includunt in locum tepidum et angustum et tenebricosum, quod motus earum et lux pinguitudinis

---

15 aliut *PA*: aliud *bv* ‖ iis *PAb*: his *v* ‖ consuefaciundum *PAb*: faciendum *v* ‖ **16** fere *A*²: ferre *A*¹ ‖ conpensabo *A*: com- *Vb* ‖ nisi mansuetae in cauea *Keil*² *Goetz*¹ *Traglia*: mansuetae sine cauea *V Keil*¹ *mansuetae sint cauea Ab* mansuetae nisi in cauea *Goetz*² ‖ his *v*: hic *PAb* ‖ **17** ac facie *Vb*: a facie *Am* ‖ psittacis *Keil*: psitacis *V* sipt tacus *A*¹ sipt tacis *A*² sypttacis *b* ‖ fere *PA*: ferae *V* ‖ intimilium *Mommsen*: intiminium *PAb* uintimilium *v* ‖ **18** gibberae *A*: gibberiae *Pb* giberae *m* gilberiae *v* ‖ meleagridas *PAb*: -des *v* ‖ haec *PA*: hae *bv* ‖ cenantium *Keil*² *Goetz*¹ *Traglia*: genanium *PAb* genauium *v* ‖ **19** tenebricosum *Vb*: tenebrosum *Am*

qu'elles feraient, ainsi que la lumière, les affranchiraient de l'engraissement[20], à cet effet on sélectionne les poules les plus grandes, mais pas nécessairement celles qu'on appelle à tort «méliques», parce que les anciens, de même qu'ils disaient 'Thelis' pour 'Thetis', disaient 'melica' pour 'medica'. On appelait d'abord ainsi celles qui avaient été importées de Médie à cause de leur grande taille, ainsi que leurs descendantes[21], **20** ensuite, par ana-logie, toutes les grandes poules. Après leur avoir enlevé les plumes des ailes et de la queue, on les engraisse avec des pâtons d'orge mêlés en partie avec de la farine d'ivraie ou de la graine de lin à base d'eau douce[22]. On leur donne à manger deux fois par jour, en vérifiant d'après certains signes que le premier repas a été digéré avant de leur donner le second. Le repas une fois donné, après leur avoir nettoyé la tête pour éviter qu'elles n'aient des poux, on les enferme à nouveau. On fait cela pendant 25 jours; alors enfin elles deviennent grasses. **21.** Cer-tains les engraissent aussi avec du pain de froment délayé dans de l'eau, mêlé à du vin bon et parfumé, de manière à les rendre en 20 jours grasses et tendres. Si, dans la période d'engraissement, elles perdent l'appétit par excès de nourriture, il faut réduire la ration proportionnelle-ment: autant on l'a augmentée les dix premiers jours, autant il faut la diminuer les jours suivants, de manière à ce que le vingtième jour et le premier soient égaux. C'est selon le même procédé qu'on engraisse les ramiers et qu'on les rends dodus[23].

10. Passe maintenant, dit Axius, à cette espèce qui ne se contente pas de [quelques] ferme et de la terre, mais réclame des bassins, espèce que vous, amateurs de choses grecques, appelez 'amphibie'. Les endroits où sont éle-

uindicta, ad hanc rem electis maximis gallinis, nec conti-
nuo his quas Melicas appellant falso, quod antiqui, ut
Thetim Thelim dicebant, sic Medicam Melicam uocabant. Hae primo dicebantur, quae ex Medica propter
magnitudinem erant allatae quaeque ex iis generatae,
20. postea propter similitudinem amplae omnes. Ex iis
euulsis ex alis pinnis et e cauda farciunt turundis hordea-
ceis partim admixtis [e] farina lolleacia aut semine lini ex
aqua dulci. Bis die cibum dant, obseruantes ex quibusdam signis ut prior sit concoctus, *ante*quam secundum
dent. Dato cibo, quom perpurgarunt caput, nequos habeat
pedes, rursus eas concludunt. Hoc faciunt usque ad dies
XXV; tunc denique pingues fiunt. **21.** Quidam et triticeo
pane intrito in aquam, mixto uino bono et odorato, farciunt, ita ut diebus XX pingues reddant ac teneras. Si in
farciendo nimio cibo fastidiunt, remittendum in datione
pro portione, ac decem primis processit, in posterioribus
ut deminuat eadem ratione, ut uicesimus dies et primus
si*nt* par*es*. Eodem modo palumbos farciunt ac reddunt
pingues.

10   Transi, inquit Axius, nunc in illud genus quod non est
[ulla] uilla ac terra contentum, sed requirit piscinas, quod
uos philograeci uocatis amphibium. In quibus, ubi
anseres aluntur, nomine <alieno> chenoboscion appellatis.

---

19 thetim thelim *Ab²*: thetin thelin *P* thetim telim *b¹* thetin *v* ‖ hae
PA: eae *b* ‖ quae *m*: qua *Pb* qui *A* quia *v* ‖ allatae *Vb*: alatae *A* ‖ iis
Ab: his *V* ‖ **20** amplae *Urs.*: amplas *VAb* ‖ e cauda *PA*: cauda *bv* ‖
e *del. Keil²* ‖ lolleacia *Pb*: lollearia *A* lolearia *m* loliacea *v* ‖ concoc-
tus *Vb*: coctus *A* ‖ antequam *Schn.*: ante *codd.* ‖ quom *Keil*: quam
PAb cum *v* ‖ perpurgarunt *PAb*: -gant *v* ‖ **21** et triticeo *PA¹b*: e tri-
A² ex tri *v* ‖ farciunt *v*: faciunt *Pb* fatiunt *A¹* fartiunt *A²* ‖ sint pares
Schn.: sit pari *PAb* sit par *v*.

10 1 inquit *Vb*: -id *A* ‖ ulla *del. Keil* ‖ nomine alieno *Goetz*:
nomine *codd. Keil¹* graeco nomine *Keil²*

vées les oies, vous leur donnez le nom <étranger> de *che-noboscion*[1]. De ces animaux Scipio Metellus et M. Seius[2] ont quelques grands troupeaux.» Alors Merula: «Seius, dit-il, a constitué ses troupeaux d'oies en observant les cinq stades dont j'ai parlé à propos des poules. Il s'agit de la race, la reproduction, les œufs, les petits, [les oies], l'engraissement. **2.** D'abord, il ordonnait à son esclave de bien observer, en les choisissant, que les bêtes soient grandes et blanches, car elles font en général des petits qui leur ressemblent. Il existe en effet une autre espèce, bigarrée, qu'on appelle sauvage, qui ne se rassemble pas volontiers avec les autres et ne se laisse pas si bien appri-voiser. **3.** Pour les oies, l'époque la plus propice <à> l'accouplement est [pour celles-ci] celle qui part du sol-stice d'hiver, pour pondre et couver, <cela va des kalendes de février ou de mars> jusqu'au solstice. Elles s'accouplent généralement dans l'eau et on les conduit vers une rivière ou un bassin. Chaque oie pond trois fois par an, pas plus. Il faut leur faire à chacune, lorsqu'elles pondent, des cages carrées d'environ deux pieds et demi[3]; il faut leur faire une litière de paille. Il faut mettre une marque quelconque sur leurs œufs, car elles ne font pas éclore les œufs des autres. On met à couver le plus sou-vent neuf ou onze œufs, certains moins: cinq; d'autres plus: 15. L'oie couvre trente jours pendant la mauvaise saison, quand il fait plus doux, 25 jours. **4.** Les oisons une fois nés, on les laisse les cinq premiers jours avec leur mère. Puis, tous les jours, quand le temps est beau, on les mène dans les prés, et aussi dans les bassins ou les marais et on leur fait des cages au-dessus du sol ou au-dessous, dans lesquelles on ne met pas plus de vingt oisons; on veille à ce que ces logements n'aient pas d'humidité sur le sol et qu'ils aient une litière douce, faite de paille ou autre et on prend soin d'empêcher toute

Horum greges Scipio Metellus et M. Seius habent
magnos aliquot. Merula: Seius, inquit, ita greges compa-
rauit anserum, ut hos quinque gradus obseruaret, quos in
gallinis dixi. Hi sunt de genere, de fetura, de ouis, de pullis, [de anseribus] de sagina. **2.** Primum iubebat seruum
in legendo obseruare ut essent ampli et albi, quod plerumque pullos similes sui faciunt. Est enim alterum
genus uarium, quod ferum uocatur, nec cum iis libenter
congregantur, nec [non] aeque fit mansuetum. **3.** Anseribus <ad> admittendum [iis] tempus est aptissimum a
bruma, ad pariendum et incubandum <a Kalendis Februariis uel Martiis> usque ad solstitium. Saliunt fere in aqua,
iniguntur in flumen aut piscinam. Singulae non plus
qua*m* ter in anno pariunt. Singulis, ubi pariant, faciendum
haras quadratas circum binos pedes et semipedem; eas
substernendum palea. Notandum earum oua aliquo signo,
quod aliena non excudunt. Ad incubandum supponunt
plerumque nouem aut undecim, qui hoc minus, quinque,
qui hoc plus, XV. Incubat tempestatibus dies triginta,
tepidioribus XXV. **4.** Cum excudit, quinque diebus primis patiuntur esse cum matre. Deinde cotidie, serenum
cum est, producunt in prata, item piscinas aut paludes,
iisque faciunt haras supra terram aut suptus, in quas non
inducunt plus uicenos pullos, easque cellas prouident ne
habeant in solo umorem et ut molle habeant substramen e

---

1 inquit *Vb*: -id *A* ‖hi *V*: ii *Ab* ‖ de anseribus *del. Iuc.* ‖ **2** congregantur *PAb*: -gatur *v* ‖ non *del. Vict.* ‖ **3** ad *add. Keil* ‖ iis *del.*
Iuc. ‖ a Kalendis Februariis uel Martiis *add. Keil²* ‖ iniguntur
Scal.: inunguentur *PA* inungentur *b* merguntur *v* ‖ quam ter *Urs.*:
quater *codd.* ‖ pariant *Ab*: pariunt *V* ‖ haras *V*: aras *Ab* ‖ XV *Iuc.*:
XXV *codd.* ‖ **4** in prata item piscinas *Pb*: in prati ita piscinas *A¹* in
pratis ita piscinas *A²* in pratis iuxta piscinas *m* in prata in piscinas *v* ‖
haras *V*: aras *Ab* ‖ suptus *PA*: subtus *bv* ‖ quas *Urs.*: quae *PAbv* ‖
inducunt *Keil² Goetz¹ Goetz²*: -cant *PAb Keil¹* includant *v* ‖ ne
habeant *Vb*: non habeant *Am* ‖ umorem *PA*: humorem *bv*

possibilité d'accès aux belettes et autres animaux nuisibles[4]. **5.** On fait paître les oies dans des lieux humides
et on sème un fourrage qui apporte du profit et on sème
pour elles une herbe appelée *seris*, parce qu'au contact de
l'eau, même si elle est sèche, elle reverdit. On détache les
feuilles et on les leur donne, pour éviter qu'en les conduisant là où pousse cette plante, ou bien elles la détruisent
en la piétinant, ou bien elles ne crèvent elles-mêmes d'in-
digestion, car elles sont d'un naturel vorace. C'est pourquoi il faut les modérer car, en raison de leur avidité, il
arrive souvent qu'au pacage, en prenant une racine
qu'elles veulent arracher de terre, elles se rompent le
cou; car elles l'ont très fragile, de même que leur tête est
délicate. À défaut de cette herbe, il faut leur donner de
l'orge, ou une autre céréale. Quand c'est la saison de la
dragée, il faut leur en donner, comme j'ai dit pour la
seris[5]. **6.** Quand elles couvent, il faut leur donner de
l'orge délayée dans de l'eau. Quant aux oisons, d'abord,
pendant deux jours, on les nourrit avec de la bouillie de
farine d'orge ou de l'orge; les trois jours suivants, ce sera
du cresson vert haché menu, mélangé d'eau dans un vase.
Lorsqu'ils ont été enfermés dans des cages, extérieures
ou souterraines, comme je l'ai dit, au nombre de vingt, on
leur donne de la bouillie de farine d'orge ou de la dragée,
ou encore quelque herbe tendre hachée[6]. **7.** Pour l'engraissement, on choisit des oisons d'environ un mois et
demi; on les enferme dans un local pour engraissement et
là on leur donne comme nourriture de la bouillie de
farine d'orge et de la fleur de farine trempées dans de
l'eau, afin qu'ils se rassasient trois fois par jour[7]. Après le
repas, on leur donne toute facilité pour boire abondamment. Ainsi traités, ils deviennent gras au bout d'environ
deux mois. Après chaque repas, il est d'usage de nettoyer
le local, car ils aiment [elles-mêmes] un endroit propre et
eux-mêmes ne laissent jamais propre l'endroit où ils ont
séjourné[8].

palea aliaue qua re, neue qua eo accedere possint muste-
lae aliaeue quae bestiae noceant. **5**. Anseres pascunt in
umidis locis et pabulum serunt, quod aliquem ferat fructum, seruntque his herbam, quae uocatur *s*eris, quod ea
aqua tacta, etiam cum est arida, fit uiridis. Folia eius
decerpentes dant, ne, si eo ine*g*erint, ubi nascitur, aut
obterendo perdant aut ipsi cruditate pereant; uoraces
enim sunt natura. Quo temperandum iis, qui propter cupi-
ditatem saepe in pascendo, si radicem prenderunt, quam
educere uelint e terra, abrumpunt collum; perinbecillum
enim id, ut caput molle. Si haec herba non est, dandum
hordeum aut frumentum aliut. Cum est tempus farraginis,
dandum, ut in seri dixi. **6**. Cum incubant, hordeum iis
intritum in aqua apponendum. Pullis primum biduo
polenta aut hordeum apponitur, tribus proximis nasturtium uiride consectum minutatim ex aqua in uas aliquod.
Cum autem sunt inclusi in haras aut speluncas, ut dixi,
uiceni, obiciunt iis polentam hordeaceam aut farraginem
herbamue teneram aliquam concisam. **7**. Ad saginandum
eligunt pullos circiter sesquimense*m* qui sunt nati; eos
includunt in saginario ibique polentam et pollinem aqua
madefacta dant cibum, ita ut *t*er die saturent. Secundum
cibum large ut bibant faciunt potestatem. Sic curati circiter duobus mensibus fiunt pingues. Quotienscumque
sumpserunt, locus solet purgari, quod [ipsae] amant locum
purum neque ips*i* ullum, ubi fuerunt, relincunt purum.

5 umidis *PAb*: humidis *v* ‖ ferat *v*: ferant *PAb* ‖ seris *Iuc.*: heris
VAb ‖ inegerint *Vict.*: inecerint *A* iniecerint *Vb* ‖ abrumpunt *Vb*:
oprumpant *A* obrumpunt *m* ‖ perinbecillum *A*: perim- *Vb* ‖ herba *bv*:
erba *PA* ‖ aliut *P*: aliud *Abv* ‖ in seri *Keil*: in serii *PA* inserit *b* in
suprascriptis *v* ‖ **6** nasturtium *v*: -cium *PAb* ‖ uiceni *Keil*: uicini
codd. ‖ hordeaceam *Pb*: in hordeaceam A^1 hordaceam A^2 ‖ **7** Sesquimensem $Keil^2$: sesquimense *Ab* $Keil^1$ sexquimense *P* sesquimenses
v ‖ nati *v* $Keil^2$: natu *PAb* $Keil^1$ ‖ madefacta *PAb*: -tam *v* ‖ ter die
Urs.: per dies *Vb* ‖ ipsae *del.* $Keil^2$ ‖ ipsi *Iuc.*: ipsae *codd.* ‖ relincunt *P*: -lingunt *A* -linguunt *bv*

11. Ceux qui veulent avoir des troupeaux de canards et constituer un *nessotrophion* doivent d'abord, s'ils le peuvent[1], choisir un lieu marécageux, car c'est là ce qu'ils préfèrent; à défaut, on choisira de préférence un emplacement où se trouvent un lac ou un étang naturels ou une piscine artificielle, dans lesquels ils puissent descendre par degrés. **2.** Pour leur séjour, ils doivent avoir un enclos haut de quinze pieds, comme vous l'avez vu dans la villa de Seius, et fermé par une seule porte. Autour de toute la paroi, à l'intérieur, il y aura un large soubassement, sur lequel seront disposées, le long de la paroi, les niches couvertes; devant elles, un vestibule, nivelé, avec un revêtement en brique. Dedans, il y aura un canal continu, où l'on place la nourriture et l'on fait circuler l'eau: c'est ainsi en effet qu'ils prennent leur nourriture. **3.** Tous les murs sont lissés grâce à un enduit, pour que le putois ou n'importe quelle autre bête ne puisse entrer pour nuire, et tout cet enclos est couvert d'un filet à grandes mailles, pour empêcher l'aigle de fondre sur les canards et ceux-ci de s'envoler [par là] à l'extérieur. Comme nourriture on leur donne du blé dur, de l'orge, du marc de raisin [des raisins], quelquefois aussi, comme animaux aquatiques, des écrevisses[2] et autres animaux aquatiques de cette espèce. Quant aux piscines à l'intérieur de cet enclos, elles doivent bénéficier d'un large afflux d'eau, afin qu'elle soit constamment renouvelée.

4. Il y a aussi d'autres espèces qui ressemblent aux canards, comme les sarcelles, les foulques, aussi les perdrix[3] qui, comme l'écrit Archelaüs, conçoivent après avoir entendu la voix du mâle[4]. Ces espèces, à la différence des précédentes, ne sont engraissées ni pour leur fécondité, ni pour la délicatesse de leur chair et elles grossissent du fait de ce type d'alimentation. Voilà, je crois, ce qu'il fallait dire concernant le premier acte des élevages de basse-cour. J'en ai terminé[5].

11   Qui autem uolunt greges anatium habere ac constituere
nessotrophion, primum locum, quoi est facultas, eligere
oportet palustrem, quod eo maxime delectantur; si id
non, potissimum ibi, ubi sit naturalis aut lacus aut stagnum aut manu facta piscina, quo gradatim descendere
possint. **2.** Saeptum altum esse oportet, ubi uersentur, ad
pedes quindecim, ut uidistis ad uillam Sei, quod uno ostio
claudatur. Circum totum parietem intrinsecus crepido
lata, in qua secundum parietem sint tecta cubilia, ante ea
uestibulum earum exaequatum tectorio opere testa*ceo*. In
eo perpetua canalis, in quam et cibus inponitur iis et
inmittitur aqua: sic enim cibum capiunt. **3.** Omnes parietes
tectorio leuigantur, ne faeles aliaue quae bestia introire ad
noccndum possit, idque saeptum totum rete grandibus
maculis integitur, ne eo inuolare aquila possit neue [ea]
euolare anas. Pabulum iis datur triticum, hordeum, uina-
cei [uuae], non numquam etiam ex aqua cammari et
quaedam eius modi aquatilia. Quae in eo saepto erunt
piscinae, in eas aquam large influere oportet, ut semper
recens sit.
4. Sunt item non dissimilia alia genera, ut querquedulae,
phalarides, sic perdices, quae, ut Archelaus scribit, uoce
maris audita concipiunt. Quae, ut superiores, neque propter fecunditatem neque propter suauitatem saginantur et
sic pascendo fiunt pingues. Quod ad uillaticarum pastionum primum actum pertinere sum ratus, dixi.

---

11 1 anatium *PAb*: -tum *mv* ‖ quoi *Keil*: cui *A* qui *Pb* quis *v* ‖
2 sei *Iuc.*: sit *codd.* ‖ ostio *V*: hostio *Ab* ‖ claudatur *Keil*: -dantur
Am ‖ sint *m Keil² Goetz¹ Goetz²*: sunt *VAb Keil¹* ‖ ea *Iuc. Keil²
Goetz¹ Goetz²*: eas *codd. Keil¹* ‖ testaceo *v*: -to *PAb* ‖ inponitur iis
Keil² Goetz²: ponitur in iis *PAb* imponitur iis *Goetz¹* ponitur in his *v* ‖
inmittitur *A*: im- *Vb* ‖ **3** ea *del. Keil* ‖ iis *PAb*: his *v* ‖uuae *del.
Pont.* ‖ cammari *v Keil¹ Keil² Goetz¹*: gam- *PAb Goetz²* ‖ aquatilia
P: -la *A* ‖**4** phalarides *PAb*: phale -*v*.

12. Sur ces entrefaites, Appius revient et nous lui
demandâmes, et lui à nous, ce qui s'était dit et fait. Alors
Appius: «Il s'ensuit, dit-il, un acte d'un second genre,
qui se rattache habituellement à la villa et qui, suivant un
nom ancien, est appelé *leporarium*, d'après l'une de ses
parties. Car ce ne sont pas seulement des lièvres qui y
sont enfermés dans un bois, comme ce fut le cas autrefois
dans un arpent ou deux de terrain, mais aussi des cerfs et
des chevreuils, sur de nombreux arpents[1]. Quintus
Fulvius Lippinus possède, dit-on, dans le territoire de
Tarquinies, un enclos de quarante arpents, où se trouvent
enfermées non seulement les espèces dont j'ai parlé, mais
aussi des brebis sauvages; un parc encore plus grand que
celui-ci se rencontre sur le territoire de Statonia, ainsi que
d'autres en d'autres lieux[2]. **2.** En Gaule Transalpine T.
Pompeius a une réserve de chasse si grande qu'elle comporte un enclos de 400.000 pas carrés[3]. En outre, dans le
même parc, on a l'habitude d'avoir généralement [au
sujet des animaux] des élevages d'escargots, des ruches
et aussi des jarres pour tenir enfermés des loirs. Mais la
garde de tous ces animaux, leur multiplication et leur alimentation sont chose évidente, si l'on excepte les
abeilles. **3.** Qui ignore en effet que l'enceinte, faite de
murs, doit être telle, dans le parce à gibier, qu'elle soit
couverte d'un enduit et de bonne hauteur? L'enduit, pour
empêcher que putois, blaireau ou quelque autre bête ne
puisse entrer; la hauteur, pour que le loup ne puisse sau-
ter par-dessus; ces parcs doivent comporter des
cachettes, où les lièvres puissent se cacher en plein jour,
dans les branchages et les herbes, ainsi que des arbres
aux branches larges, afin de bloquer toute tentative de
l'aigle. **4.** Qui ne sait également que, si l'on introduit
dans un parc un petit nombre de lièvres, mâles et
femelles, dans peu de temps il sera rempli? Si grande est

12 Interea redit Appius, et percontati nos ab illo et ille a nobis, quid esset dictum ac factum. Appius: Sequitur, inquit, actus secundi generis adficticius ad uillam qui solet esse, ac nomine antico a parte quadam leporarium appellatum. Nam neque solum lepores in eo includuntur silua, ut olim in iugero agelli aut duobus, sed etiam cerui aut capreae in iugeribus multis. Quintus Fuluius Lippinus dicitur habere in Tarquiniensi saepta iugera quadraginta, in quo sunt inclusa non solum ea quae dixi, sed etiam oues ferae, etiam hoc maius hic in Statoniensi et quidam in locis aliis; **2.** In Gallia uero transalpina T. Pompeius tantum saeptum uenationis, ut c*enties* ∞ ∞ ∞ ∞ passum locum inclusum habeat. Praeterea, in eodem consaepto fere habere solent [de animalibus] cocliaria atque aluaria atque etiam dolia, ubi habeant conclusos glires. Sed horum omnium custodia, incrementum et pastio aperta, praeterquam de apibus. **3.** Quis enim ignorat saepta e maceriis ita esse oportere in leporario, ut tectorio tacta sint et sint alta? Alterum ne faelis aut maelis aliaue quae bestia introire possit, alterum ne lupus transilire; ibique esse latebras, ubi lepores interdiu delitiscant in uirgultis atque herbis, et arbores patulis ramis, quae aquilae inpediant conatus. **4.** Quis item nescit, paucos si lepores, mares a*c* feminas, intromiserit, breui tempore fore ut impleatur? Tanta fecunditas huius quadripedis. Quattuor

---

12 1 percontati *b*: -conctati *P* -cunctati *Av* ‖ inquit *Vb*: -id *A* ‖ adficticius *PA*: afficticius *b* affictitius *v* ‖ antico *A*: -quo *Vb* ‖ in eo *Am*: eo *Vb* ‖ lippinus *PAb*: lupinus *mv* ‖ sunt *A*: sint *bm* ‖ inclusa *Iuc.*: -sae *codd.* ‖ **2** centies *ego*: circiter *codd.* ‖ ∞∞∞∞∞∞ *P*: ∞∞∞ XX *A* XXXX *bv* XXX *m* ‖ passum *Pb*: passim *A* passuum *mv* ‖ de animalibus *del. Urs. Ges.* ‖ cocliaria *PAb*: coclearia *v* ‖ atque *Pbv*: adque *A* ‖ aluaria *PAb*: aluearia *v* ‖ **3** tacta *PAb*: tecta *mv* ‖ alta *A²*: alita *A¹* ‖ interdius *A*: -diu *Vb* ‖ delitiscant *P*: delitescant *Abv* ‖ inpediant *A:* im-*Vb* **4** item *Ab*: enim *V* ‖ ac *Keil²*: ut *PAb Keil¹* aut *mv* ‖ impleatur *PAb*: repleatur *v* ‖ quadripedis *PAb*: quadru- *v*

la fécondité de ce quadrupède. Mettez-en, en effet, quatre seulement dans un parc, il est habituellement plein en peu de temps. Souvent en effet, alors qu'elles ont des petits tout jeunes, on repère qu'elles en ont d'autres dans le ventre. C'est pourquoi Archelaüs écrit à leur sujet que, pour savoir leur âge, il faut examiner le nombre de leurs orifices naturels, car, sans aucun doute, certaines en ont plus que d'autres[4]. **5.** Il existe aussi depuis peu une pratique pour les engraisser: c'est, le plus souvent, de les retirer du parc à gibier et de les mettre dans des cages et de les engraisser dans un lieu clos[5]. Il y a donc en général trois espèces de lièvres: l'une, notre race italienne, avec les pattes de devant courtes, celles de derrière longues, la partie supérieure du corps foncée, le ventre blanc, les oreilles longues. La femelle du lièvre, dit-on, peut concevoir, même quand elle est pleine. En Gaule transalpine et en Macédoine, ils deviennent très grands; ils restent moyens en Espagne et en Italie. **6.** Appartient à la seconde espèce celui qui naît en Gaule, auprès des Alpes; pratiquement, leur seule différence tient dans le fait qu'ils sont entièrement blancs; on en apporte rarement jusqu'à Rome. Appartient à la troisème espèce celui qui naît en Espagne, semblable à notre lièvre sous certains aspects, mais petit, que l'on appelle «lapin»[6]. L. Aelius pensait que le lièvre (*lepus*) avait été ainsi nommé en raison de sa vitesse, parce qu'il est *leuipes* (aux pieds légers). Mon avis à moi est que cela vient d'un ancien mot grec, parce que les Eoliens appelaient cet animal [et bon] λέπορις. Les lapins (*cuniculi*) doivent leur nom au fait qu'ils ont l'habitude de réaliser eux-mêmes sous terre des souterrains (*cuniculos*), pour se cacher dans les champs[7]. **7.** Ces trois espèces doivent être, si possible, réunies dans le parc à gibier. Je pense, en tout cas, que tu possèdes deux de ces catégories, [et] puisque tu as séjourné de nombreuses années en Espagne, si bien qu'à mon avis les lapins t'ont poursuivi depuis là-bas[8].

modo enim intromisit in leporarium, breui solet repleri.
*E*tenim saepe, cum habent catulos recentes, alios in
uentre habere reperiuntur. Itaque de iis Archelaus scribit,
annorum quot sit qui uelit scire, inspicere oportere foramina naturae, quod sine dubio alius alio habet plura.
5. Hos quoque nuper institutum ut saginarent plerumque,
cum exceptos e leporario condant in caueis et loco clauso
faciant pingues. Quorum ergo tria genera fere sunt: unum
italicum hoc nostrum pedibus primis humilibus, posterioribus altis, superiore parte pulla, uentre albo, auribus longis. Qui lepus dicitur, cum praegnas sit, tamen concipere.
In Gallia Transalpina et Macedonia fiunt permagni, in
Hispania et in Italia mediocres. **6.** Alterius generis est,
quod in Gallia nascitur ad Alpis, qui hoc fere mutant,
quod toti candidi sunt; ii raro perferuntur Romam. Tertii
generis est, quod in Hispania nascitur, similis nostro
lepori ex quadam parte, sed humilis, quem cuniculum
appellant. L. Aelius putabat ab eo dictum leporem a cele-
ritudine, quod leuipes esset. Ego arbitror a Graeco uoca-
bulo antico, quod eum Aeolis [et bonum] λέποριν appellabant. Cuniculi dicti ab eo, quod sub terra cuniculos ipsi
facere solent, ubi lateant in agris. **7.** Horum omnium tria
genera, si possis, in leporario habere oportet. Duo quidem
utique te habere puto, [et] quod in Hispania annis ita
fuisti multis, ut inde te cuniculos persecutos credam.

4 intromisit *PAb*: -missis *v* -miseris *Iuc.* -miserit *Keil²* ‖ etenim *Urs.*:
ut enim *codd.* ‖ iis *Pb*: hiis *Am* his *v* ‖ quot *Ab²v*: quod *Pb¹* ‖ qui
Keil: quis *codd.* ‖ plura *Av*: pœra *P* para *bm* ‖ **5** plerumque *Goetz¹*
Goetz²: pleraque *codd. Keil¹ Keil²* ‖ condant *Vb*: concludant *Am* ‖
praegnas *Pb*: -gnans *Av* ‖ **6** ad alpis *Keil*: adadpis *PAb* adadapis *v* ad
alpes *Iuc.* ‖ ii *PAb*: hi *v* ‖ humilis *Schn.*: -le *codd.* ‖ antico *A*: -quo
Vb ‖ et bonum *del. Zahlfeldt* ‖λέποριν *Vict. Zahlfeldt*: leporum *PAb*
leporem *v Iuc.* ‖ ipsi *Keil*: ipsis *Am* ‖ **7** et *del. Schn.* ‖ persecutos
Vb: persecunctos *A* prosecutos *Urs.*

13. Des sangliers, tu sais, certes, Axius, continua
Appius, qu'on peut en avoir dans le parc à gibier, sans
trop de peine, soit qu'ils aient été capturés, soit qu'il
s'agisse d'animaux domestiques, nés sur place; on les
engraisse facilement. Car dans la propriété que Varron,
ici présent, a achetée, dans le territoire de Tusculum, à
M. Pupius Pison, tu as vu sangliers et chevreuils se rassembler pour leur nourriture à heure fixe au son du cor,
tandis que, d'un poste élevé de la palestre, on jetait aux
sangliers des glands, aux chevreuils de la vesce ou
quelque chose d'autre[1]. **2** — Quant à moi, dit l'autre,
tandis que je me trouvais chez Q. Hortensius dans la
campagne laurentine, j'ai assisté à un spectacle qui était
encore plus dans la manière thrace. Car il y avait une
forêt de plus de cinquante arpents, à ce qu'il disait,
entourée d'une muraille, qu'il appelait non pas «parc à
gibier», mais «réserve d'animaux sauvages»[2]. Il y avait
là un lieu élevé, où on avait installé une salle à manger et
où nous dînions. **3.** Votre hôte y convoqua Orphée. Il
arriva là en robe longue et, ayant été invité à chanter avec
sa cithare, il souffla dans une trompe; et voici qu'une
foule de cerfs, de sangliers et de tous les autres quadru-
pèdes se répandit autour de nous, au point que le spectacle ne me parut pas moins beau que les chasses données
par les édiles au Cirque Maxime, mais sans bêtes africaines[3].»

14. Alors Axius: «Appius a allégé ton rôle, mon cher
Merula. En ce qui concerne la chasse, le second acte a été
rapidement expédié et, pour les escargots et les loirs, je

13   Apros quidem posse haberi in leporario nec magno
negotio ibi et captiuos et cicuris, qui ibi nati sint, pingues
solere fieri scis, inqu*it,* Axi. Nam quem fundum in Tusculano emit hic Varro a M. Pupio Pisone, uidisti ad bucinam inflatam certo tempore apros et capreas conuenire ad
pabulum, cum ex superiore loco e palaestra apris effunderetur glas, capr*e*is uicia aut quid aliut. **2.** Ego uero,
inquit ille, apud Q. Hortensium cum in agro Laurenti
essem, ibi istuc magis θρᾳκικῶς fieri uidi. Nam silua
erat, ut dicebat, supra quinquaginta iugerum maceria
saepta, quod non leporarium, sed therotrophium appellabat. Ibi erat locus excelsus, ubi triclinio posito cenaba-
mus. **3.** Quo Orphea uocari iussit. Qui cum eo uenisset
cum stola et cithara cantare esset iussus, bucina inflauit,
ut tanta circumfluxerit nos ceruorum aprorum et cetera-
rum quadripedum multitudo, ut non minus formosum
mihi uisum sit spectaculum, quam in Circo Maximo aedi-
lium sine Africanis bestiis cum fiunt uenationes.

14   Axius: Tuas partes, inquit, subleuauit Appius, o
Merula noster. Quod ad uenationem pertinet, breuiter
secundus trasactus est actus, nec de cochleis ac gliribus

13 1 posse haberi *Keil*: posse habere *PAb* habere posse *v* haberi
posse *Urs.* ‖ cicuris *PAb*: -res *v*. ‖ inquit *Urs.*: inquam *codd.* ‖
capreas *PAb*: capros *v* ‖ effunderetur *Abv*: effuderetur *P* ‖ glas *PAb*:
glans *v* ‖ capreis *Iuc*: capris *codd.* ‖ uicia *v*: uitia *PAb* ‖ aliut *P*:
aliud *Abv* ‖ **2** inquit *Vb*: -id *A* ‖ magis θρᾳκικῶς *Keil*: magis tragi-
cos *V* magistraicos *Am* magistracicos *b* ‖ therotrophium *P*: therothro-
phium *Ab* theriotrophium *v* ‖ appellabat *Iuc. Keil² Goetz¹ Goetz²*:
-bant *codd. Keil¹* ‖ triclinio *Av*: tricilinio *Pb* ‖ **3** quo *Keil*: quod
codd. ‖ bucina *Ab*: bucinam *P* buccinam *v* ‖ ut tanta *Keil²*: ut tantum
PA¹b Keil¹ ubi tantum *A²mv* ‖ circumfluxerit *VAb*: -fluxit *m* ‖ quadripedum *PAb*: quadru- *v*.

14 1 inquit *Vb*: -id *A* ‖ trasactus *A*: traactus *P* transactus *bv* ‖
cochleis *Vb*: cocliis *A*

ne demande pas ce qui reste à traiter; car cela ne peut
exiger un grand effort. — L'affaire n'est pas aussi simple
que tu le penses, mon cher Axius, dit Appius[1]. Car il faut
choisir un lieu à ciel ouvert convenant aux escargotières,
que l'on entourera d'eau complètement, afin que, lorsqu'on les aura placées là pour la reproduction, on n'ait
pas à chercher non seulement leurs petits, mais aussi les
mères. Je dis bien: il faut les entourer d'eau pour ne pas
avoir besoin des services d'un traqueur d'esclaves fugitifs[2]. **2.** L'endroit est meilleur si le soleil ne le brûle pas
et si la rosée le baigne. Et si un tel lieu naturel n'existe
pas — comme c'est le cas en général dans les zones
ensoleillées — et si on ne peut en ménager un à l'ombre,
comme ce serait le cas au pied de rochers ou de montagnes dont des lacs ou des fleuves baignent la base, alors
il faut en réaliser un artificiellement couvert de rosée. On
y parvient en faisant une adduction par un tuyau et en
branchant dessus de petites tétines pour vomir l'eau, dans
des conditions telles qu'elle tombe sur une pierre et se
répande largement[3]. **3.** Ils ont besoin de peu de nourriture, et cela sans personne pour la leur servir et ils la
trouvent non seulement en rampant sur leur aire, mais
aussi ils vont à la découverte de murs dressés, à moins
qu'un ruisseau ne les en empêche. Enfin, les escargots
eux-mêmes prolongent aussi longtemps leur vie jusque
chez le marchand en ruminant, pour peu qu'on leur jette
quelques feuilles de laurier et qu'on les saupoudre d'un
peu de son. C'est pourquoi le cuisinier, la plupart du
temps, ne sait pas s'il cuit des bêtes vivantes ou mortes[4].
4. Il y a plusieurs espèces d'escargots, telles que les
petits, blanchâtres, qui viennent de Réate, les très grands
que l'on importe d'Illyrie et les moyens qui proviennent
d'Afrique; ce n'est pas que, dans ces pays, ils ne soient
différents selon certains lieux et par la taille; car il y en a
aussi de très grands [quoique] qui viennent d'Afrique —

quaero, quod relicum est; neque enim magnum molimentum esse potest. Non istuc tam simplex est, inquit
Appius, quam tu putas, O Axi noster. Nam et idoneus sub
dio sumendus locus cochleariis, quem circum totum aqua
claudas, ne, quas ibi posueris ad partum, non liberos
earum, sed ipsas quaeras. Aqua, inquam, finiendae, ne
fugitiuarius sit parandus. **2.** Locus is melior, quem et non
coquit sol et tangit ros. Qui si naturalis non est, ut fere
non sunt in aprico loco, neque habeas in opaco ubi facias,
ut sunt sub rupibus ac montibus, quorum adluant radices
lacus ac fluuii, manu facere oportet roscidum. Qui fit, si
adduxeris fistula et in eam mammillas inposueris tenues,
quae eructent aquam, ita ut in aliquem lapidem incidat ac
late dissipetur. **3.** Paruus iis cibus opus est, et is sine
ministratore, et hunc, dum serpit, non solum in area reperit, sed etiam, si riuus non prohibet, parietes stantes inuenit. Denique ipsae et ruminantes ad propolam uitam diu
producunt, cum ad eam rem pauca laurea folia intericiant
et aspergant furfures non multos. Itaque cocus has uiuas
an mortuas coquat, plerumque nescit. **4.** Genera cochlearum sunt plura, ut minutae albulae, quae adferuntur e
Reatino, et maximae, quae de Illyrico adportantur, et
mediocres, quae ex Africa adferuntur; non quo non in his
regionibus quibusdam locis ac magnitudinibus sint disperiles; nam et ualde amplae sunt [quamquam] ex Africa,

---

1 relicum *P*: relictum *A* reliquum *bv* ‖ molimentum *Palmerius*: emolumentum *codd.* ‖ inquit *Vb*: -id *A* ‖ cochleariis *Vb*: clocleariis *A* ‖
claudas *V*: glaudas *Ab* ‖ **2** adluant *PA*: alluant *b* abluant *v* ‖ fistula
PAb: -lam *v* ‖ inposueris *A*: im- *Vb* ‖ **3** et ruminantes *Keil²* *Goetz¹*
Goetz²: exgruminantes *codd. Keil¹* ‖ propolam *Scal.*: propalam
codd. ‖ producunt *v*: per- *PAb* ‖ laurea folia *v*: laureae folia *P* laureae foliae *Ab* ‖ intericiant *Pb*: interriciant *A* ‖ has *PA²b*: hac *A¹* ‖
4 cochlearum *V*: cochearum *Ab* ‖ adferuntur *A*: affe- *Vb* ‖ illyrico
V: illirico *A* yllirico *b* ‖ adportantur *A*: appor- *Vb* ‖ adferuntur *A*:
affe- *Vb* ‖ disperiles *PAb*: dispariles *mv.* ‖ quamquam *del. Keil²*

on les appelle *solitannae* — au point que l'on puisse faire entrer en eux 80 quadrantes; et de même dans les autres pays, les mêmes espèces sont, si on les compare entre elles, plus petites ou plus grandes[5]. **5.** En matière de reproduction, leurs produits sont innombrables. Leur progéniture est minuscule et, recouverte d'une coquille molle, elle durcit avec le temps. Si on leur réserve de vastes îlots dans les parcs d'élevage, ils rapportent un bon paquet d'argent. On a aussi l'habitude de les engraisser ainsi: en enduisant une marmite trouée de vin cuit et d'épeautre pour leur nourriture; la marmite doit avoir des trous afin que l'air puisse entrer; c'est en effet un animal de nature vivace[6].

15. Le local réservé aux loirs est conçu différemment, puisque l'endroit est entouré non par de l'eau, mais par un mur; celui-ci est recouvert tout entier à l'intérieur de pierre lisse ou d'un enduit, pour les empêcher de se glisser dehors. Il faut qu'il y ait là de petits arbres producteurs de glands. À l'époque où les arbres n'ont pas de fruits, il faut jeter à l'intérieur du mur des glands et des châtaignes, pour les rassasier[1]. **2.** Il faut leur construire des niches assez spacieuses, où ils puissent engendrer leur petits; il faut leur mettre peu d'eau, car ils n'en utilisent pas beaucoup et ils recherchent un endroit sec. On les engraisse dans des jarres, que beaucoup de gens ont même dans leurs villas; les potiers leur donnent une forme très différente de celle des autres jarres, du fait qu'ils creusent dans leurs flancs des cannelures et un trou pour mettre la nourriture. On place dans cette jarre des glands, des noix ou des chataignes. Et dans cette obscurité, une fois qu'un couvercle a été posé sur les jarres, ils engraissent[2].»

quae uocantur solitannae, ita ut in eas LXXX quadrantes
coici possint, et sic in aliis regionibus eaedem inter se
conlatae minores ac maiores. **5.** Hae in fetura pariunt
innumerabilia. Earum semen minutum ac testa molli diu-
turnitate obdurescit. Magnis insulis in areis factis
magnum bolum deferunt aeris. Has quoque saginare
solent ita ut ollam cum foraminibus incrustent sapa et
farri, ubi pascantur, quae foramina habeat, ut intrare aer
possit; uiuax enim haec natura.

15   Glirarium autem dissimili ratione habetur, quod non
aqua, sed maceria locus saepitur; tota leui lapide aut tectorio intrinsecus incrustatur, ne ex ea erepere possit. In eo
arbusculas esse oportet, quae ferant glandem. Quae cum
fructum non ferunt, intra maceriem iacere oportet glandem et castaneam, unde saturi fiant. **2.** Facere iis cauos
oportet laxiores, ubi pullos parere possint; aquam esse
tenuem, quod ea non utuntur multum et aridum locum
quaerunt. Hae saginantur in doliis, quae etiam in uillis
habent multi, quae figuli faciunt multo aliter atque alia,
quod in lateribus eorum semitas faciunt et cauum, ubi
cibum constituant. In hoc dolium addunt glandem aut
nuces iuglandes aut castaneam. Quibus in tenebris cum
operculum inpositum est in doleis, fiunt pingues.

---

4 solitannae *PA*: solitannelta *b* solitanae *v* ‖ ut in *Ab*: ut *Pv* ‖ eaedem *Iuc.*: eisdem *codd.* ‖ conlatae minores *Keil*: collatae minores *Pb*
con lacta eminores *A* collata et minores *v* ‖ **5** molli *Pb*: mollis *A* ‖ et
farri *PA*: ac farri *b* et farre *v* ‖ pascantur *v*: pascuntur *PAb* ‖ quae *v*:
qua *PAb*.

15 1 ne *Abv*: nec *P* ‖ **2** iis *Ab* his *V* ‖ cauos *A²v*: clauos *PA¹b*
caueas *m* ‖ atque *bv*: adque *PA* ‖ **2** cum operculum inpositum *Keil²*
duce Scal.: cumularim positum *codd. Keil¹ Goetz¹ Goetz²* ‖ doleis *Ab*:
doliis *V*.

16. Alors Appius: «Reste donc, dit-il, dans l'élevage
de basse-cour, le troisième acte, concernant les viviers.
— Comment le troisième? dit Axius. Est-ce que par
hasard parce que, dans ta jeunesse, tu as été habitué chez
toi, par économie, à ne pas boire du vin miellé, nous
allons, nous, ne pas parler du miel?[1]» Appius, s'adres-
sant à nous: «Il dit vrai, dit-il. **2.** Car, étant resté pauvre
avec deux frères et deux sœurs, dont j'ai donné l'une sans
dot à Lucullus, c'est lorsque j'eus hérité de lui que, pour
la première fois et le premier, j'ai commencé moi-même
à boire chez moi du vin miellé, alors que, pendant ce
temps, on en servait pratiquement chaque jour à tous
dans un banquet[2]. **3.** En outre, c'était mon rôle, et non le
tien, de connaître ces êtres ailés, à qui la nature a concédé
tant d'inteligence et de talent. Aussi, pour que tu saches
que je les connais mieux que toi, écoute ce qu'il y a à
dire au sujet de leurs incroyables capacités naturelles.
Merula, comme il a fait pour le reste, exposera histori-
quement ce qu'étaient les pratiques habituelles des apiculteurs [c'est-à-dire ceux qui s'occupent des ruches][3].

4. D'abord les abeilles naissent en partie des abeilles,
en partie du corps putréfié des bœufs. C'est pourquoi
Archelaüs, dans une épigramme, dit qu'elles sont «les
filles errantes d'une vache morte». Toujours du même
auteur: «les guêpes sont engendrées par les chevaux, les
abeilles par les veaux[4]».
[Ces] Les abeilles ne sont pas d'un naturel solitaire,
comme les aigles, mais elles sont comme les hommes. Si,
sur ce point, les choucas aussi leur ressemblent, ce n'est

16　Appius: Igitur relinquitur, inquit, de pastione uillatica
tertius actus de piscinis. — Quid tertius? inquit Axius.
An quia tu solitus es in adulescentia tua domi mulsum
non bibere propter parsimoniam, nos mel neclegemus?
Appius nobis: Verum dicit, inquit. **2.** Nam cum pauper
cum duobus fratribus et duabus sororibus essem relictus,
quarum alteram sine dote dedi Lucullo, a quo hereditate
me cessa primum et primus mulsum domi meae bibere
coepi ipse, cum interea nihilo minus paene cotidie in
conuiuio omnibus daretur mulsum. **3.** Praeterea meum
erat, non tuum, eas nouisse uolucres, quibus plurimum
natura ingeni atque artis tribuit. Itaque eas melius me
nosse quam te ut scias, de incredibili earum arte naturali
audi. Merula, ut cetera fecit, historicos quae sequi melit-
turg*oe* solebant [id est qui exercet mellaria] demonstrabit.
4 Primum apes nascuntur partim ex apibus, partim ex
bubulo corpore putrefacto. Itaque Archelaus in epigram-
mate ait eas esse

βοὸς φθιμένης πεπλανημένα μέϛα τέκνα
idem
ἵππων μὲν σφῆκες γενεά, μόσχων δὲ μέλισσαι.

[Eae] apes non sunt solitaria natura, ut aquilae, sed ut
homines. Quod si in hoc faciunt etiam graguli, at non
idem, quod hic societas operis et aedificiorum, quod illic

---

16 1 inquit *bv*: -id *PA* ‖ inquit *Vb*: -id *A* ‖ inquit *Vb*: -id *A* ‖ **2**
lucullo *V*: luculo *A* lucillo *b* ‖ daretur *Urs. Keil²*: darem *VA Keil¹* dare
bm ‖ **3** ingeni *Keil*: -ņii *codd.* ‖ atque *bv*: adque *PA* ‖ tribuit *Vb*:
intribuit *A* attribuit *m* ‖ nosse *Ab*: nosce *V* ‖ arte *Keil*: artium *codd.*
‖ historicos *Pb*: istoricos *A* hyliscus *v* ‖ melitturgoe *Keil*: meliturgeo
PAb meliturgi *v* ‖ id est qui exercet mellaria *del. Iuc.* ‖ **4** esse *Pb*:
sese *A* ‖ βοὸς φθιμένης πεπλανημένα τέκνα *Scal.*: boos pthimenes
pepianem mina tegna *codd.* ‖ ἵππων μὲν σφῆκες γενεά, μόσχων δὲ
μέλισσαι *Keil*: hippomens piches geneamos chondae melissae *codd.*
‖ eae *del. Keil²* ‖ graguli *PAb*: gracculi *v* ‖ at *Vb*: aut *Am*

pas la même chose, car il y a chez les unes une communauté de travail et de constructions qu'il n'y a pas chez
les autres; chez elles, raison et talent; c'est d'elles qu'on
apprend à travailler, d'elles à construire, d'elles à stocker
la nourriture[5]. **5.** En effet, leur activité est triple: la nourriture, la maison, le travail; et la nourriture n'est pas la
même chose que la cire, ni [celle-ci] que le miel, ni que
la maison. N'y a-t-il pas, dans le rayon de miel, une
alvéole à six angles, autant que l'abeille a de pattes? Les
géomètres prouvent que cet hexagone est inscrit dans un
cercle, de manière à ce que soit inclus le maximum de
place. Elles se nourrissent dehors et, à l'intérieur, elles
fabriquent un produit, le plus doux qui soit, qui est
agréable à la fois aux dieux et aux hommes, car le rayon
arrive sur les autels et le miel est servi au début du repas
et au dessert[6]. **6.** Elles sont pareilles aux cités des
hommes, car il y a chez elles un roi, un gouvernement et
une société. [Parce que] elles recherchent tout ce qui est
pur[7]. C'est pourquoi aucune d'entre elles ne se pose dans
un lieu souillé ou malodorant, ni, même dans un endroit
au parfum agréable. Aussi, si un être parfumé s'approche
d'elles, elles le piquent; elles ne lèchent pas comme les
mouches, car personne ne les voit, comme les mouches,
posées sur de la viande, du sang ou du gras. Pour cette
raison, elles se posent seulement sur les choses qui ont
une saveur douce[8]. **7.** Elles ne sont pas du tout nuisibles, car elles n'abîment, en butinant, le travail de personne, mais elles ne sont pas lâches au point de ne pas
résister à qui tente de les détruire; pourtant, elles n'igno-
rent pas leur propre faiblesse[9]. C'est à juste titre qu'on les
appelle 'êtres ailés' des Muses, car, d'une part, quand
elles sont dispersées, on les ramène dans un lieu unique à
coup de cymbales et en battant des mains en mesure,
d'autre part <de même qu'> à ces divinités les hommes
ont attribué l'Hélicon et l'Olympe, de même la nature
leur a attribué les montagnes fleuries et incultes[10].

non est, hic ratio atque ars, ab his opus facere discunt, ab his aedificare, ab his cibaria condere. **5.** Tria enim harum: cibus, domus, opus, neque idem quod cera cibus, nec quod [ea] mel, nec quod domus. Non in fauo sex angulis cella, totidem quot habet ipsa pedes? Quod geometrae hexagonon fieri in orbi rutundo ostendunt, ut plurimum loci includatur. Foris pascuntur, intus opus faciunt, quod dulcissimum quod est, et deis et hominibus est acceptum, quod fauus uenit in altaria et mel ad principia conuiui et in secundam mensam administratur. **6.** Haec ut hominum ciuitates, quod hic est et rex et imperium et societas. [Quod] secuntur omnia pura. Itaque nulla harum adsidit in loco inquinato aut eo qui male oleat, neque etiam in eo qui bona olet unguenta. Itaque iis unctus qui accessit, pungunt, non, ut muscae, ligurriunt, quod nemo has uidet, ut illas, in carne aut sanguine aut adipe. Ideo modo considunt in <eis> quorum sapor dulcis. **7.** Minime malefica, quod nullius opus uellicans facit deterius, neque ignaua, ut non, qui eius conetur disturbare, resistat; neque tamen nescia suae inbecillitatis. Quae cum causa Musarum esse dicun*tur* uolucres, quod et, si quando displicatae sunt, cymbalis et plausibus numero redducunt in locum unum; et <ut> his dis Helicona atque Olympon adtribuerunt homines, sic his floridos et

---

4 hic ratio *Vb*: incratio *A¹* hinc ratio *A²m* ‖ atque *bv*: adque *PA* ‖ **5** ea *del. Keil* ‖ quot *bv*: quod *PA* ‖ rutundo *PA*: rot- *bv* ‖ fauus *v*: fauum *PAb* ‖ conuiui *PA¹*: -uii *bA²v* ‖ **6** haec *VAb*: hee *m* ‖ quod *del. Keil* ‖ secuntur *PAb*: sequuntur *v* ‖ adsidit *PA*: assi- *bv* ‖ iis *PA¹b*: hiis *A²m* his *v* ‖ ligurriunt *v*: ling- *PAb* ‖ quod *codd.*: quo *Keil* ‖ modo *Ab*: modo eo *V* ‖ eis *add. Keil²* ‖ **7** malefica *A²b*: -cia *A¹* ‖ inbecillitatis *A*: im- *Vb* ‖ dicuntur *Keil*: dicunt *PAb* dicantur *v* ‖ cymbalis *Vb*: cim- *A.* ‖ plausibus *VA²b*: plusibus *A¹* pulsibus *m* ‖ redducunt *P*: reducunt *Abv* ‖ ut *add.v* ‖ dis *A*: diis *Vb* ‖ helicona *Keil*: elicon *P* helicon *Ab* elicona *v* ‖ atque *bv*: adque *PA* ‖ olympon *Vb*: olimpon *A* ‖ adtribuerunt *PA*: attri- *bv*

8. Elles suivent leur roi partout où il va et, s'il est fatigué, le soutiennent et, s'il ne peut voler, le chargent sur leur dos, parce qu'elles désirent le conserver. Elles-mêmes ne sont pas inactives et elles détestent les paresseux. C'est pourquoi elles attaquent les faux bourdons, qu'elles expulsent loin d'elles, parce qu'ils ne rendent aucun service et mangent le miel; et, dans un grand vacarme, même peu nombreuses, elle chassent des faux bourdons plus nombreux[11]. À l'extérieur de l'entrée de la ruche, elles bouchent tout, toutes les arrivées d'air entre les rayons, avec ce que les Grecs appellent *erithace*[12]. **9.** Elles vivent toutes comme dans une armée, dorment à tour de rôle et travaillent de même et expédient des sortes de colonies et leurs chefs réalisent certaines choses grâce à leur voix, comme par une imitation de la trompette. Elles font cela en échangeant entre elles des signaux de paix et de guerre. Mais, Merula, de peur que notre ami Axius ne sèche sur place en entendant cette leçon d'histoire naturelle, puisque je n'ai rien dit sur les profits, je te passe maintenant la lampe dans la course[13].»

10. Merula: «En ce qui concerne le profit, dit-il, je déclare ceci, qui te suffira peut-être, Axius; j'ai pour garant en la matière non seulement <Seius>, dont les ruches sont louées pour une rente annuelle de cinq mille livres de miel[14], mais aussi notre cher Varron, ici présent, à qui j'ai entendu raconter l'histoire suivante: il avait avec lui en Espagne deux soldats, les frères Veiani, du territoire falisque, qui étaient riches. Ils avaient hérité de leur père une petite villa et un lopin de terre qui n'excédait sûrement pas un arpent; ils avaient établi tout autour de la villa des ruches, ils avaient fait un jardin et ils avaient planté le reste en thym, cytise et mélisse, que les

incultos natura adtribuit montes. **8.** Regem suum secuntur, quocumque it, et fessum subleuant, et si nequit
uolare, succollant, quod eum seruare uolunt. Neque ipsae
sunt inficientes nec non oderunt inertes. Itaque in*s*ec-
tantes ab se eiciunt fucos, quod hi neque adiuuant et mel
consumunt, quos uocificantes plures persecuntur etiam
paucae. Extra ostium alui opturant omnia, qua uenit inter
fauos spiritus, quam erithacen appellant Graeci. **9.**
Omnes ut in exercitu uiuunt atque alternis dormiunt et
opus faciunt pariter et ut colonias mittunt, iique duces
conficiunt quaedam ad uocem ut imitatione tubae. Tum
id faciunt, cum inter se signa pacis ac belli habent. Sed,
o Merula, Axius noster ne, dum haec audit physica, macescat, quod de fructu nihil dixi, nunc cursu lampada tibe
trado.

10. Merula: De fructu, inquit, hoc dico, quod fortasse
an tibi satis sit, Axi, in quo auctorem habeo non solum
<Seium>, qui aluaria sua locata habet quotannis quinis
milibus pondo mellis, sed etiam hunc Varronem nostrum,
quem audiui dicentem duo milites se habuisse in Hispania fratres Veianios ex agro Falisco locupletis, quibus,
cum a patre relicta esset parua uilla et agellus non sane
maior iugero uno, hos circum uillam totam aluaria fecisse

7 adtribuit *Keil*: attribuunt *Pb* adtribuunt *A* attribuit *mv* ‖ **8** secuntur
PAb: sequuntur *v* ‖ et fessum *VA²m*: ut fessum *A¹* ut et fessum *b* ‖
nequit *Vb*: nequid *A* ‖ succollant *v*: succollant *PA¹b* subuolant *A²m* ‖
insectantes *Keil duce Vict.*: impectantes *Pb* inpectantes *A* impetentes *v*
‖ persecuntur *PAb*: persequuntur *v* ‖ ostium *V*: hostium *Ab* ‖ alui
Keil²: aluei *codd. Keil¹* ‖ opturant *PA*: ob- *bv* ‖ quam erithacen *b*:
quam erhithacen *P* erithacen quam *A* quam rhitacen *v* ‖ **9** atque *bv*:
adque *PA* ‖ habent *Keil² duce Schn. Goetz¹ Goetz²*: habeant *codd.
Keil¹* ‖ axius *v*: axi *PAb* ‖ physica *Scal.*: -cam *codd.* ‖ macescat
Goetz¹: achiscat *PAb Keil¹* addiscat *v* marcescat *Keil²* maciscat *Goetz²*
‖ nunc *Iuc.*: non *VAb* ‖ tibe *codd.*: tibi *Iuc.* ‖ **10** inquit *bv*: -id *PA* ‖
auctorem *V*: autorem *Ab* ‖ seium *add. Keil* ‖ quotannis *bv*: quod
annis *PA* ‖ ueianios *VA*: uelanios *b* ‖ locupletis *PAb*: -tes *v* ‖ aluaria *A² Keil*: aluariam *PA¹* aluarium *b* aluearium *v*

uns appellent *meliphyllon* (feuille à miel), les autres *melis-sophyllon* (feuille à abeille), et certains *melittaena* (herbe à abeille)[15]. **11.** Ces gens ne retiraient habituellement jamais moins de dix mille sesterces de leur miel, pour compter au plus juste, vu qu'ils aimaient mieux, comme ils disaient, attendre le client à leur heure, plutôt que de vendre trop vite à un moment défavorable. — Dis-moi donc, dit-il, où et comment je dois installer la ruche, pour avoir de gros profits»[16]. **12.** Et lui: «Voici comment il faut faire les ruches (*melittones*), que d'autres appellent *melitrophia* et certains *mellaria*. D'abord elles doivent être situées de préférence près de la villa, dans un lieu où il n'y ait pas d'écho (car ce son est considéré comme un signal pour leur fuite[17]); la température doit y être douce, pas trop chaude l'été, avec de l'ensoleillement en hiver; que l'endroit soit exposé de préférence au lever du soleil hivernal, qu'il jouxte des lieux où l'on trouve une nourriture abondante et de l'eau pure. **13.** Si cette pâture naturelle n'existe pas, il faut que le propriétaire sème ce que les abeilles apprécient le plus. Ce sont la rose, le serpolet, la mélisse, le pavot, la fève, la lentille, le pois, le basilic, le souchet, la luzerne et surtout le cytise, qui est très utile quand elles sont en <moins> bonne santé. Et de fait, il commence à fleurir à l'équinoxe de printemps et il dure jusqu'à l'autre équinoxe [d'automne][18]. **14.** Mais, autant le cytise est très bénéfique pour la santé des abeilles, autant le thym l'est pour la production du miel. Si le miel de Sicile emporte la palme, c'est parce que là-bas il y a beaucoup de thym de bonne qualité. C'est pourquoi

et hortum habuisse ac relicum thymo et cytiso opseuisse
et apiastro, quod alii meliphyllon, alii melissophyllon,
quidam meli*ttae*nam appellant. **11.** Hos numquam minus,
ut peraeque ducerent, dena milia sestertia ex melle recipere esse solitos, cum *dicerent* uelle expectare, ut suo
potius tempore mercatorem admitterent, quam celerius
alieno. Dic igitur, inquit, ubi et cuius modi me facere
oporteat aluarium, ut magnos capiam fructus. **12.** Ille:
melittonas ita facere oportet, quos alii melitrophia appellant, eandem rem quidam mellaria. Primum secundum
uillam potissimum, ubi non resonent imagines (hic enim
sonus harum fugae existimatur esse protelum), esse oportet aere temperato, neque aestate feruido neque hieme
non aprico, ut spectet potissimum ad hibernos ortus, qui
prope se loca habeat ea, ubi pabulum sit frequens et aqua
pura. **13.** Si pabulum naturale non est, ea oportet dominum serere, quae maxime secuntur apes. Ea sunt rosa,
serpyllon, apiastrum, papauer, faba, lens, pisum, ocimum,
cyperum, medice, maxime cytisum, quod <minus> ualentibus utilissimum est. Etenim ab aequinoctio uerno florere
incipit et permanet ad alterum aequinoctium [autumnum].
14 Sed ut hoc aptissimum ad sanitatem apium, sic ad
mellificium thymum. Propter hoc Siculum mel fert
palmam, quod ibi thymum bonum frequens est. Itaque

---

10 relicum *PAb*: -quum *v* ‖ cytiso *Keil*: cythiso *V* cithiso *A* cithyso *b*
‖ opseuisse *PAb*: oppleuisse *v* ‖ meliphyllon *PA*: melliphyllon *b*
meliphilon *v* ‖ meliphyllon *PA*: melliphyllon *b* meliphilon *v* ‖ melit-
taenam *Keil*: mellinem *PAb* mellinam *m* mellinom *v* ‖ **11** dicerent
Keil²: eis et *codd. Keil¹* ‖ admitterent *VA*: ammitterent *b* ‖ inquit *Vb*:
-id *A* ‖ **12** melittonas *v*: mellitonas *PAb* ‖ melitrophia *VA*: melli- *b*
‖ eandem *mv*: eodem *PA¹b* eamdem *A²* ‖ protelum *Scal. Traglia*:
procerum *codd. Keil¹ Keil² Goetz¹ Goetz²* ‖ aere temperato *bv*: aere et
temperato *PA* ‖ **13** secuntur *Ab*: sequuntur *V* ‖ serpyllon *Ab*: -pillon
P pillum *v* ‖ cyperum *Iuc.*: ciprum *Ab* cypicum *P* ‖ medice *A*: medi-
cae *bv* ‖ cytisum *Ab*: cythisum *V* ‖ minus *add. Urs.* ‖ autumnum
del. Keil

certains écrasent du thym dans un mortier et le diluent
dans de l'eau tiède; ils en arrosent toutes les pépinières
plantées à l'usage des abeilles[19]. **15.** Quant à l'emplacement des ruches, il faut le choisir de préférence aux
abords de la villa, ce qui fait que certains aussi placent la
ruche dans le portique de la villa, pour plus de sécurité[20].
Où qu'elles soient, certains les font en osier, rondes,
d'autres en bois ou en écorce, d'autres avec un arbre
creusé, d'autres en argile, d'autres encore avec des
férules, carrées, longues d'environ trois pieds, larges
d'un[21], mais dans des conditions telles qu'on devra en
restreindre les dimensions, au cas où les abeilles ne
seraient pas assez nombreuses pour les remplir, <pour
éviter> qu'elles ne se découragent dans un local vaste et
vide. On appelle toutes ces ruches *alui* (ventres) d'après
la nourriture (*alimonium*) que constitue le miel et, si on
les fait très étroites au milieu, c'est apparemment pour
imiter la configuration des abeilles[22]. **16.** Les ruches
d'osier doivent être enduites, au dedans et au dehors, de
bouse de vache, afin que les aspérités ne détournent pas
les abeilles et on dispose ces ruches sur des consoles
murales, de façon à ce qu'elles ne soient pas secouées et
qu'elles ne se heurtent pas entre elles, quand elles sont
disposées en série. Ainsi, en ménageant un intervalle, on
dispose en dessous un deuxième et troisième rang et on
assure qu'il vaut mieux en réduire le nombre plutôt que
d'ajouter une quatrième rangée. Au milieu de la ruche,
pour permettre aux abeilles d'[y] entrer, on fait de petits
trous à droite et à gauche[23]. **17.** À l'extrémité, pour que
les apiculteurs puissent retirer le rayon de miel, on met
des couvercles. Les meilleures ruches sont celles
d'écorce, les plus mauvaises celles d'argile, parce que le
froid les affecte très fortement en hiver et la chaleur en
été. Au printemps et en été, l'apiculteur doit inspecter ses
ruches à peu près trois fois par mois, en les enfumant
doucement, et il doit les nettoyer de leurs immondices et

quidam thymum contundunt in pila et diluunt in aqua
tepida; eo conspergunt omnia seminaria consita apium
causa. **15** Quod ad locum pertinet, hoc genus potissimum
eligendum iuxta uillam, non quo non in uillae porticu
quoque quidam, quo tutius esset, aluarium collocarint.
Vbi sint, alii faciunt ex uiminibus rutundas, alii e ligno ac
corticibus, alii ex arbore caua, alii fictiles, alii etiam ex
ferulis quadratas longas pedes circiter ternos, latas
pedem, sed ita, ubi parum sunt quae conpleant, ut eas
conangustent, in uasto loco inani <ne> despondeant animum. Haec omnia uocant a mellis alimonio aluos, quas
ideo uidentur medias facere angustissimas, ut figuram
imitentur earum. **16.** Vitiles fimo bubulo oblinunt intus et
extra, ne asperitate absterreantur, easque aluos ita conlo-
cant in mutulis parietis, ut ne agitentur neue inter se
contingant, cum in ordinem sint positae. Sic interuallo
interposito alterum et tertium ordinem infra faciunt et
aiunt potius hinc demi oportere, quam addi quartum.
Media aluo, [in] qua introeant apes, faciunt foramina
parua dextra ac sinistra. **17.** Ad extrema*m*, qua mellarii
fauum eximere possint, opercula imponunt. Alui optimae
fiunt corticeae, deterrimae fictiles, quod et frigore hieme
et aestate calore uehementissime haec commouentur.
Verno tempore et aestiuo fere ter in mense mellarius inspicere debet fumigans le*n*iter eas et ab spurcitiis purgare

---

14 eo *Vb*: co *A¹* ea *A²m* ‖ **15** esset *Keil² Goetz¹ Goetz²*: essent *codd.*
Keil¹ ‖ aluarium *Keil² Goetz¹ Goetz²*: aluariam *PA¹* aluaria *A²Keil¹*
aluearia *v* ‖ rutundas *PA²*: rutundis *A¹* rotundas *bv* ‖ ubi *Keil*: uti
codd. ‖ conpleant *A*: com- *Vb* ‖ conangustent *PA*: coangustent *bv* ‖
ne *add. Keil duce v* ‖ **16** uitiles *PA¹b*: fictiles *A²v* futiles *m* ‖ conlo-
cant *A*: collocant *Vb* ‖ ordinem *Vb*: -ne *Am* ‖ in del. *Schn.* ‖ **17**
extremam *Keil comment. Goetz¹ Goetz²*: -ma *codd. Keil¹ Keil²* ‖ mellarii *PA*: mellari *b* melliarii *v* ‖ possint *v*: possunt *PAb* ‖ alui *Keil*
comment. Goetz¹ Goetz²: aluis *codd. Keil¹ Keil²* ‖ leniter *Keil² Goetz¹*
Goetz²: leuiter *codd. Keil¹* ‖ spurcitiis *Pbv*: spurciciis *A*

évacuer la vermine[24]. **18.** En outre, il veillera à ce qu'il
n'y ait pas plusieurs jeunes rois, car leurs rivalités les
rendent nuisibles[25]. [Comme] Certains disent aussi qu'il y
a trois sortes de chef chez les abeilles: noir, rouge et
bigarré. Ménécrate écrit qu'il y en a deux, le noir et le
bigarré, lequel est meilleur, au point que, lorsque les
deux se trouvent <dans> la même ruche, l'apiculteur a
tout intérêt à tuer le noir, car, s'il se trouve avec l'autre
roi, il sème la discorde et ruine la ruche, étant donné qu'il
met les abeilles en fuite ou est mis en fuite avec une multitude d'entre elles[26]. **19.** Quant au reste des abeilles, la
meilleure est petite, bigarrée, ronde. Celui que certains
appelleront «voleur» et d'autres «faux bourdon» est noir
et a le ventre large. La guêpe, qui ressemble à l'abeille,
d'une part n'est pas une compagne de travail, d'autre part
se révèle nuisible par sa piqûre et les abeilles la tiennent
à l'écart. Les abeilles se répartissent en sauvages et
domestiques. J'appelle donc sauvages celles qui se nourrissent dans des lieux boisés, domestiques celles qui se
nourrissent dans des lieux cultivés. Les abeilles des bois
sont de taille plus petite et velues, mais plus labo-
rieuses[27].

En achetant, l'acquéreur doit vérifier si elles sont
saines ou malades. **20.** Les signes de santé sont: qu'elles
soient nombreuses dans l'essaim, brillantes et que leur
produit soit égal et lisse. C'est un signe de moins bonne
santé si elles sont velues et hérissées, comme couvertes
de poussière, à moins que ce ne soit la saison du travail
qui les presse[28]; alors, en effet, l'effort les rend rugueuses
et maigres. **21.** Si on doit les [ruches] transférer dans un
autre lieu, il faut faire cela avec soin et avoir égard à
l'époque à laquelle il est préférable de le faire et prévoir
un endroit favorable pour les transférer: en ce qui
concerne l'époque, plutôt le printemps que l'hiver, parce
que l'hiver elles s'habituent difficilement à rester là où
on les a transportées; c'est pourquoi le plus souvent elles
s'enfuient. Si on les transporte d'un lieu qui convient à

aluum et uermiculos eicere. **18.** Praeterea ut animaduertat
ne reguli plures existant; inutiles enim fiunt propter sedi-
tiones. [Cum] et quidam dicunt, tria genera cum sint
ducum in apibus, niger ruber uarius, ut Menecrates scribit, duo, niger et uarius, qui ita melior, ut expediat mellario, cum duo sint <in> eadem aluo, interficere nigrum,
cum sit cum altero rege, esse seditiosum et corrumpere
aluom, quod fuget aut cum multitudine fugetur. **19.** De
reliquis apibus optima e*st* parua uaria rutunda. Fur qui
uocabitur, ab aliis fucus, est ater et lato uentre. Vespa,
quae similitudinem habet apis, neque socia est operis et
nocere solet morsu, quam apes a se secernunt. Hae diffe-
runt inter se, quod ferae et cicures sunt. Nunc feras dico,
quae in siluestribus locis pascitant, cicures, quae in cultis.
Siluestres minores sunt magnitudine et pilosae, sed opi-
fices magis.

In emendo emptorem uidere oportet, ualeant an sint
aegrae. **20.** Sanitatis signa, si sunt frequentes in examine
et si nitidae et si opus quod faciunt est aequibile ac leue.
Minus ualentium signa, si sunt pilosae et horridae, ut
puluerulentae, nisi opifici eas urget tempus; tum enim
propter laborem asperantur ac marcescunt. **21.** Si transfe-
rendae sunt [aluos] in alium locum, id facere diligenter
oportet et tempora, quibus id potissimum facias, anima-
duertendum et loca, quo transferas, idonea prouidendum:
tempora, ut uerno potius quam hiberno, quod hieme diffi-
culter consuescunt quo translatae manere, itaque fugiunt

---

18 cum *del. Keil* ‖ mellario *v*: melliaria *P* mellaria *Ab* ‖ in *add. Keil*
‖ cum sit *PAb*: quem scit *v* ‖ aluom *PAb*: aluum *v* ‖ **19** est *Iuc.*: et
codd. ‖ rutunda *PAb*: ro- *v* ‖ uocabitur *PAb*: uocatur *v* ‖ ater *Scal.*:
alter *codd.* ‖ et *Keil²*: est *codd.* ‖ operis *Vb*: -ri *Am* ‖ quod *Goetz*:
quae *codd. Keil¹* quia *Keil²* ‖ quae *A²mv*: qui *PA¹b* ‖ pascitant *Vm*
Keil¹ Keil² Goetz¹: pastitant *Ab Goetz²*. ‖ **20** opifici *Keil*: -cii *VAb* ‖
marcescunt *Pb*: marcesscunt *A* macescunt *v* ‖ **21** aluos *del. Cresc.* ‖
quo *A²m*: quod *VA¹b*

un autre où la pâture ne convient pas, elles deviennent fugitives[29]. Si on les transfère d'une ruche dans une autre sans changer de lieu, il ne faut pas opérer avec négligence, **22.** mais la ruche <où> doivent entrer les abeilles doit être frottée de mélisse, car c'est pour elles un appât et il faut placer à l'intérieur, non loin de l'entrée, des rayons de miel, pour éviter que, constatant ou bien la disette d'aliments, † il dit avoir eu. Il déclare que, lorsque les abeilles sont malades à cause de leurs premières pâtures printanières, faites de fleurs d'amandier et de cornouiller, elles ont la diarrhée et il faut refaire leur santé en leur donnant à boire de l'urine[30]. **23.** On appelle *propolis* la substance avec laquelle elles fabriquent, pour l'ouverture de l'entrée, un auvent devant la ruche, principalement en été. Cette substance est utilisée aussi par les médecins, sous le même nom, dans les emplâtres; c'est pourquoi elle se vend encore plus cher que le miel sur la Voie Sacrée[31]. On appelle *érithace* ce avec quoi elles collent ensemble les extrêmités des rayons et qui est autre chose que le miel <et> la propolis; c'est pourquoi il y a en elle un pouvoir d'attraction. Dès lors, lorsqu'on veut faire poser un essaim, on enduit la branche, ou tout autre objet, avec de l'erithace mêlée de mélisse[32]. **24.** Le rayon est ce qu'elles façonnent avec de la cire en faisant beaucoup de trous; chaque cavité a six côtés, autant que la nature a donné de pieds aux abeilles. On dit que, pour fabriquer les quatre matières: propolis, erithace, rayon, miel, elles ne cueillent pas sur l'ensemble des mêmes plantes les sucs qu'elles récoltent. Service simple: lorsque les abeilles récoltent leur nourriture uniquement sur le grenadier et l'asperge, la cire sur l'olivier, le miel sur le figuier, mais un mauvais miel[33]. **25.** Le service est

plerumque. Si e bono loco transtuleris eo, ubi idonea
pabulatio non sit, fugitiuae fiunt. Nec, si ex aluo in aluum
in eodem loco traicias, neglegenter faciendum, **22.** sed et
<in quam> transiturae sint apes, ea apiastro perfricanda,
quod inlicium hoc illis, et faui melliti intus ponendi a fau-
cibus non longe, ne, cum animaduerterint aut inopiam
esse † habuisse dicit. Is ait, cum sint apes morbidae propter primoris uernos pastus, qui ex floribus nucis graecae
et cornu*s* fiunt, coeliacas fieri atque urina pota refici*en*-
d*as*. **23.** Propolim uocant, e quo faciunt ad foramen
introitus protectum *ante* aluum maxime aestate. Quam
rem etiam nomine eodem medici utuntur in emplastris,
propter quam rem etiam carius in sacra uia quam mel
uenit. Erithacen uocant, quo fauos extremos inter se
conglutinant, quod est aliut melle <et> propoli; itaque in
hoc uim esse inliciendi. Quocirca examen ubi uolunt
considere, eum ramum aliamue quam rem oblinunt hoc
admixto apiastro. **24.** Fauus est, quem fingunt multicaua-
tum e cera, cum singula caua sena latera habeant, quot
singulis pedes dedit natura. Neque quae adferunt ad quattuor res faciendas, propolim, erithacen, fauum, mel, ex
iisdem omnibus rebus ca*r*pere dicunt. Simplex, quod <e>
malo punico et asparago cibum carpant solum, ex olea
arbore ceram, e fico mel, sed non bonum. **25.** Duplex

21 plerumque A^2: plerunque *Vb* perumque A^1 ‖ sit A^2: sint PA^1b sic *m*
est *v* ‖ **22** in quam *add. Keil*^{2} ‖ sint *PAb*: sunt *v* ‖ perfricanda *Am*:
-dum *V* ‖ ne *Vb*: nec *Am* ‖ esse *Ab*: essae *P* escae *v* ‖ dicit is *Keil*^{2}:
dicitis *codd. Keil*^{1} ‖ sint *Pb*: sunt *Av* ‖ cornus *Keil*^{2}: cornu *codd. Keil*^{1}
‖ urina pota *v*: urina potas *PA* iis potas *b* ‖ reficiendas *Keil*^{2}: refici de
iis *codd. Keil*^{1} ‖ **23** ante *Keil*^{2}: in *codd. Keil*^{1} ‖ erithacen *A*: erhithacen *P* rhitacen *v* ‖ quo *Iuc.*: quibus *codd* ‖ aliut *A*: aliud *Vb* ‖ et *add.*
Urs. ‖ inliciendi *A*: ill- *VB* ‖ admixto *VA*: ammixto *b* ‖ **24** caua *V*:
causa A^1b casa A^2 ‖ quot *Keil*: quod *VAb* ‖ adferunt *Keil*^{2}: adferuntur
A Keil^1 afferuntur *Vb* ‖ erithacen *Keil*: erhithacen *P* erithacem *Am* eri-
thaci *b* rhithacen *v* ‖ iisdem *Vb*: hiisdem A ‖ carpere *Iuc.*: capere *VAb*
‖ e *add. Iuc.* ‖ ceram A^2: caeram *Vb* caram A^1m

double dans le cas de la fève, la mélisse, la courge et le chou, qui fournissent cire et nourriture; pareillement double avec le pommier et les poiriers sauvages, qui donnent nourriture et miel; de même, mais autrement double ce qui provient du pavot: la cire et le miel. Il y a aussi un triple service, comme dans le cas de l'amandier et de la ravenelle, qui fournissent nourriture, miel et cire. De même elles butinent sur d'autres fleurs, en prenant tantôt pour un seul usage, tantôt pour plusieurs[34] **26.** et elles suivent encore un autre critère de sélection dans leur cueillette — à moins que ce critère ne s'attache à elles — par exemple à propos du miel, en ce sens qu'elles choisissent certaines fleurs pour faire le miel liquide, comme celle du panais et au contraire, pour le miel épais, c'est le romarin; ainsi pour d'autres fleurs: du figuier elles tirent un miel au goût désagréable; <issu> du cytise, il est bon, celui du thym est excellent[35]. **27.** Comme boire fait partie de leur alimentation et que pour elles il faut une eau limpide, on doit leur ménager un lieu pour boire et cette eau doit être proche, couler à côté ou se déverser dans un réservoir qui ne dépasse pas deux ou trois doigts en profondeur; dans cette eau on mettra des tuiles ou des cailloux, en s'arrangeant pour qu'ils émergent un peu, afin qu'elles puissent s'y poser et boire. Dans ce domaine, il faut prendre grand soin que l'eau soit pure, car c'est extrêmement utile pour la fabrication d'un bon miel[36]. **28.** Comme elles ne peuvent par n'importe quel temps sortir assez loin pour butiner, il faut leur préparer de la nourriture, afin qu'elles ne soient pas contraintes à vivre uniquement de miel ou à abandonner les ruches une fois vidées. On fait donc cuire environ dix livres de figues grassses dans six conges d'eau; une fois cuites, on en fait des boulettes qu'on place auprès des abeilles. Certains prennent soin qu'elles aient auprès d'elles de l'eau miellée dans de petits vases, où ils ajoutent de la laine propre, à travers laquelle elles aspirent le liquide, afin

ministerium praeberi, ut e faba, apiastro, cucurbita, bras-
sica ceram et cibum; nec non aliter duplex quod fit e
malo et piris siluestribus, cibum et mel; item aliter
duplex quod e papauere, cera*m* et mel. Triplex ministerium quoque fieri, ut ex nuce Graeca et e lapsano cibum,
mel, ceram. Item ex aliis floribus ita carpere, ut alia ad
singulas res sumant, alia ad plures, **26.** nec non etiam
aliut discrimen sequantur in carptura aut eas sequatur, ut
in melle, quod ex alia re faciant liquidum mel, ut e siserae flore, ex alia contra spissum, ut e rore marino; sic ex
alia re, ut e fico mel insuaue, <e> cytiso bonum, e thymo
optimum. **27.** Cibi pars quod potio et ea iis aqua liquida,
unde bibant esse oportet, eamque propinquam, quae prae-
terfluat aut in aliquem *l*acum influat, ita ut ne altitudine
escendat duo aut tres digitos; in qua aqua iaceant testae
aut lapilli, ita ut extent paulum, ubi adsidere et bibere
possint. In quo diligenter habenda cura ut aqua sit pura,
quod ad mellificium bonum uehementer prodest. **28.** Quod
non omnis tempestas ad pastum prodire longius patitur,
praeparandus his cibus, ne tum melle cogantur solo
uiuere aut relinquere exinanitas aluos. Igitur ficorum pin-
guium circiter decem pondo decoquont in aquae congiis
sex, quas coctas in offas prope apponunt. Alii aquam
mulsam in uasculis prope ut sit curant, in quae addunt

---

25 ceram *Keil*: caeram *V* cera *Ab* ‖ cibum et mel *Vict. Keil² Goetz¹
Goetz²*: caeram et mel *V* circum et mel *Ab* cibus et mel *Keil¹* ‖ ceram
Iuc. Keil² Goetz¹ Goetz²: cera *codd. Keil¹* ‖ lapsano *PAb*: -na *v* ‖ carpere *PAb*: capere *v* ‖ alia *VA²*: alias *A¹b* allia *m* ‖ **26** aliut *A*: aliud
Vb ‖ faciant *Pb*: fatiant *A* faciunt *v* ‖ e siserae *P*: escsere *A* esisere *b*
ex siserae *v* ‖ ex alia *A*: et alia *Vb* ex allia *m* ‖ e rore *A²*: errore *A¹m*
‖ e *add. Iuc.* ‖ e thymo *P*: e thimo *b* et e thimo *Am* et thymo *v* ‖
27 lacum *Keil*: locum *codd.* ‖ ita ut ne *Ab*: ut ne *P* ita ne *v* ‖ escendat *PAb*: ascendat *v* ‖ duo *P*: duos *Abv* ‖ adsidere *Ab*: assi- *V*. ‖
28 praeparandus *v*: -dum *PAb* ‖ relinquere *Pb*: -liquere *A* ‖ decoquont
PAb: -quunt *v* ‖ sit *A²*: sint *PA¹b* ‖ curant *A²b*: currant *A¹* ‖ quae
PAb: quam *v*

que, du même coup, elles évitent de se gonfler de boisson ou de tomber dans l'eau. Ils placent un vase à côté de chaque ruche et complètent le niveau. D'autres, après avoir pilé du raisin sec et des figues, y versent du vin cuit et ils en tirent des boulettes qu'ils placent de manière à ce que l'hiver elles puissent tout de même sortir pour se nourrir[37]. **29.** Quand l'essaim se prépare à sortir, ce qui a lieu lorsque la famille s'est multipliée avec bonheur et qu'elles veulent faire partir leur progéniture comme pour fonder une colonie — comme les Sabins le firent souvent autrefois en raison du grand nombre de leurs enfants — cela se sait d'habitude grâce à deux signes précurseurs. Premier signe: les jours précédents, surtout le soir, elles sont nombreuses à pendre devant l'entrée de la ruche, agglutinées les unes aux autres comme des grappes de raisin[38]; **30.** deuxième signe: quand elles sont prêtes à s'envoler ou qu'elles ont même commencé, elles font ensemble un grand vacarme, à la manière des soldats lorsqu'ils lèvent le camp. Celles qui sont sorties les premières volètent à la vue de toutes, en attendant les autres, qui ne sont pas encore rassemblées, jusqu'à ce qu'elles les rejoignent. [Quand] Quand l'apiculteur a observé leur comportement, il jette sur elles de la poussière et les encercle en tapant sur du cuivre: elles sont terrorisées[39]; **31.** l'endroit où l'on veut les conduire, non loin de là, on l'enduit d'erithace, de mélisse et de toutes les autres choses qui font leur régal. Quand elles se sont posées, on apporte [auprès] une ruche, enduite [aussi] à l'intérieur des mêmes appâts, on la pose à côté d'elles et, en les entourant d'un léger nuage de fumée, on les force à entrer; [comme] lorsqu'elles sont entrées dans leur nouvelle colonie, elles s'y fixent avec un tel plaisir que,

lanam puram, per quam sugant, uno tempore ne potu
nimium impleantur aut ne incidant in aquam. Singula
uasa ponunt ad aluos, haec supplentur. Alii uuam passam
et ficum cum pisierunt, adfundunt sapam atque ex eo
factas offas adponunt ibi, quo *f*oras hieme in pabulum
procedere tamen possint. **29.** Cum examen exiturum est,
quod fieri solet, cum adnatae prospere sunt multae ac
progeniem ut coloniam emittere uolunt, ut olim crebro
Sabini factitauerunt propter multitudinem liberorum,
huius quod duo solent praeire signa, scitur: unum, quod
superioribus diebus, maxime uespertinis, multae ante
foramen ut uuae aliae ex aliis pendent conglobatae;
30. alterum, quod, cum iam euolaturae sunt aut etiam
inceperunt, consonant uehementer, proinde ut milites
faciunt, cum castra mouent. Quae primum exierunt, in
conspectu uolitant reliquas, quae nondum congregatae
sunt, respectantes, dum conueniant. [Cum] a mellario
cum id fecisse sunt animaduersae, iacundo in eas puluere
et circumtinniendo aere perterritae, **31.** quo uolunt perdu-
cere, non longe inde oblinunt erithace atque apiastro cete-
risque rebus, quibus delectantur. Ubi consederunt, adferunt aluum [prope] eisdem inliciis [et] litam intus et prope
apposita fumo leni circumdato cogunt eas intrare; [ut]

---

28 puram *Keil*: purpuram *PAb* purpuream *v* ‖ per quam sugant *Pb*: per
sagam *A* per quam sugunt *v* ‖ supplentur *Vb*: subplentur *A* ‖ cum
pisierunt *Av*: compisierunt *Pb* cum pinsuerunt *m* ‖ adfundunt *A*: affun-
dunt *Vb* ‖ atque *Vb*: adque *A* ‖ adponunt *Keil[1] Keil[2]*: appo- *VAb*
Goetz[1] Goetz[2] ‖ foras *Vict.*: horas *V* oras *Ab* ‖ possint *VAb*: -sunt *m*
Iuc. ‖ **29** adnatae *VA*: annatae *b* ‖ progeniem *v*: progreniemue *P* pro-
gentemue *Ab* ‖ **30** sunt *v*: sint *PAb* ‖ primum *Keil[2] Goetz[1]*: primo
cum *codd. Keil[1] Goetz[2]* ‖ sunt *V*: sint *Ab* ‖ cum *del. Keil* ‖ puluere
Pb: -rem *Amv* ‖ circumtinniendo *Pb*: -tiniendo *A* -cinendo *m* ‖ perterritae *Pb*: perteritae *A* preterite *m* ‖ **31** erithace *Ab*: erhithace *P* rhi-
thace *v* ‖ adferunt *A*: aff- *Vb* ‖ prope *del. Keil* ‖ eisdem *Iuc.*: eas-
dem *VA[1]b* eamdem *A[2]* ‖ inliciis *PAb*: ill- *v* ‖ et *del. Keil* ‖ apposita
v: appositae *Pb* apositae *A* ‖ circumdato *b*: circundato *V* circumdo *A*
circueundo *m* ‖ ut *del. Keil[2]*

même si l'on place tout à côté la ruche d'où elle sont
issues, elles préfèrent cependant leur nouveau domicile[40].
32. Puisque j'ai parlé de ce qui concerne, selon moi, la
nourriture, je vais traiter maintenant de ce <qui fait>
qu'on se donne tout ce mal: le profit. Le signal pour
enlever les rayons, c'est elles-mêmes qui le fournissent †
on en fait la conjecture d'après les faits suivants: si elles
font entendre à l'intérieur un bourdonnement, si elles
s'agitent en entrant et en sortant et si, lorsqu'on enlève
les couvercles des ruches, les entrées des rayons apparaissent couvertes de membranes [de miel], les rayons
eux-mêmes étant remplis de miel[41]. **33.** Certains disent
qu'en retirant le miel il faut faire [ainsi que] en sorte
d'enlever neuf parties et de laisser la dixième, car, si
on enlève tout, les abeilles s'en iront. D'autres en laissent
plus que je n'ai dit. C'est comme dans les champs
cultivés: ceux qui laissent la terre se reposer récoltent
plus de blé par suite de ces interruptions; de même
dans les ruches: si on ne recueille pas le miel tous les ans
ou si l'on n'en prend pas la même grande quantité, on a
par là des abeilles plus assidues et plus productives[42].
34. On pense que la première époque pour enlever les
rayons est le lever des Pléiades, la deuxième la fin de
l'été, avant qu'Arcturus soit entièrement levé, la troisième après le coucher des Pléiades, et cela si la ruche est
féconde, de façon à ce qu'on ne retire pas plus du tiers du
miel et que le reste soit laissé pour l'hivernage; si la
ruche n'est pas fertile, qu'on ne prenne rien. Dans le cas
d'un prélèvement plus important, il ne faut le faire ni
totalement ni ouvertement, pour qu'elles ne perdent pas

Qua*e* in nouam coloniam cum introierunt, permanent adeo libenter, ut etiam si proximam posueris illam aluum, unde exierunt, tamen nouo domicilio potius sint contentae.

32. Quod ad pastiones pertinere sum ratus quoniam dixi, nunc iam, quoius <causa> adhibetur ea cura, de fructu dicam. Eximendorum fauorum signum sumunt ex ipsis † uiris aluos habeat nem congerminarit † coniecturam capiunt, si intus faciunt bombum et, cum intro eunt ac foras, trepidant et si, opercula alu*or*um cum remoris, fauorum foramina obducta uidentur [mellis] membranis, cum sint repleti melle. **33.** In eximendo quidam dicunt oportere [ita ut] nouem partes tollere, decumam relinquere; quod si omne eximas, fore ut discedant. Alii hoc plus relincunt, quam dixi. Vt in aratis qui faciunt <non> restibiles segetes, plus tollunt frumenti ex interuallis, sic in aluis, si non quotannis eximas aut non aeque multum, et magis his assiduas habeas apes et magis fructuosas. **34.** Eximendorum fauorum primum putant esse tempus uergiliarum exortu, secundum aestate acta, antequam totus exoriatur arcturus, tertium post uergiliarum occasum, et ita, si fecunda sit aluos, ut ne plus tertia pars eximatur mellis, reliquum ut hiemationi relinquatur; sin aluus non sit fertilis, ne quid eximatur. Exemptio cum est

---

31 quae *Keil²*: qua *codd. Keil¹* ǁ introierunt *VA*: -rint *b* ǁ **32** causa *add. Iuc. Keil²* ǁ congerminarit *b*: congerminauerint *P* cum germinauit *A* cum germinauerit *m* congerminauerint *v* ǁ aluorum *Keil²*: aluum *Pbm Keil¹* auorum *A* alui *v* ǁ remoris *Urs.*: remoreissi *codd.* ǁ mellis *del. Keil²* ǁ **33** eximendo *Pb*: -medo *A* ǁ ita ut *del. ego* ǁ decumam *PAb*: -cimam *v* ǁ omne *Vm*: -nem *Ab* ǁ fore *VA²m*: forte *A¹b* ǁ discedant *VA²bm*: discendant *A¹* ǁ plus *V*: eius *Ab* ǁ relincunt *PA*: -quunt *bv* ǁ non *add. ego* ǁ quotannis *bv*: quodannis *P* quod in annis *A¹* quot in annis *A²* quod inanis *m* ǁ aeque *Keil*: quaeque *Pb* quaque *A* quoque *v* ǁ **34** exortu *Iuc.*: -tum *codd.* ǁ fecunda *Iuc.*: secunda *codd.* ǁ ut hiemationi *Keil²*: ex hiematione *Ab Keil¹* ex hyematione *P* et hyemationi *v* ǁ sin *Keil*: sine *PAb* siue *u* ǁ eximatur *Pb*: exsimatur *A* ǁ exemptio *V*: exempto *Ab*

courage. Les rayons qu'on retire, si quelque partie n'a
rien ou alors un produit souillé, on la coupera avec un
couteau[43]. **35.** Il faut veiller à ce que les abeilles les plus
faibles ne soient pas opprimées par les plus fortes, car
cela diminue le profit. C'est pourquoi on sépare les plus
faibles et on les met sous l'autorité d'un autre roi. Celles
qui se battront trop souvent entre elles, il faut les asper-
ger avec de l'eau miellée. Cela fait, non seulement elles
cessent de se battre, mais elles s'agglutinent en léchant,
d'autant plus que, si on les a arrosées de vin miellé, à
cause de l'odeur elles mettent plus d'ardeur à se lier entre
elles et ce qu'elles boivent les engourdit[44]. **36.** Si elles
sortent de la ruche en plus petit nombre et si une partie
d'entre elles reste dedans, il faut les enfumer légèrement
et placer auprès d'elles des plantes de la catégorie des
herbes aromatiques, essentiellement de la mélisse et du
thym[45]. **37.** Il faut faire très attention à ce qu'elles ne
meurent pas de chaleur ou de froid. Si parfois elles sont
surprises au pâturage par une pluie soudaine ou un froid
soudain, avant qu'elles-mêmes aient pu le prévoir — il
est rare qu'elles soient ainsi prises en défaut —, et si,
frappées par d'abondantes gouttes de pluie, elles gisent
prostrées, comme assommées, il faut les rassembler dans
un vase et les mettre dans un lieu couvert et tiède; un
jour prochain, par un temps le plus beau possible, après
avoir fait de la cendre de bois de figuier, il faut la
délayer, la cendre étant un peu plus chaude que tiède.
Puis il faut secouer doucement dans le vase même, sans
les toucher de la main et les exposer au soleil. **38.** Les
abeilles ainsi réchauffées se rétablissent et reviennent à
la vie, comme il arrive pareillement aux mouches noyées.

maior, neque uniuersam neque palam facere oportet,
ne deficiant animum. Faui qui eximuntur, siqua pars
nihil habet aut habet incunatum, cultello praesicatur.
35. Prouidendum ne infirmiores a ualentioribus oppri-
mantur, eo enim minuitur fructus; itaque inbecilliores
secretas subiciunt sub alterum regem. Quae crebrius inter
se pugnabunt, aspargi eas oportet aqua mulsa. Quo facto
non modo desistunt pugna, sed etiam conferciunt se lingentes, eo magis, si mulso sunt asparsae, quo propter
odorem auidius adplicant se atque obstupescunt potantes.
36. Si ex aluo minus frequentes euadunt ac subsidit ali-
qua pars, subfumigandum et prope adponendum bene
olentium herbarum, maxime apiastrum et thymum.
37. Prouidendum uehementer ne propter aestum aut propter frigus dispereant. Si quando subito imbri in pastu sunt
oppressae aut frigore subito, antequam ipsae prouiderint
id fore, quod accidit raro ut decipiantur, et imbris guttis
uberibus offensae iacent prostratae, ut efflictae, conligendum eas in uas aliquod et reponendum in tecto loco ac
tepido, pro*xi*mo die quam maxime tempestate bona
cinere facto e ficulneis lignis infriandum paulo plus caldo
quam tepidiore. Deinde concutiendum leuiter ipso uaso,
ut manu non tangas, et ponendae in sole. **38.** Quae enim
sic concaluerunt, restituunt se ac reuiuescunt, ut solet

---

34 incunatum *PAb*: inquinatum *v* ‖ praesicatur *PAb*: -secatur *v* ‖
35 infirmiores *V*: ne firmiores *Ab* ‖ inbeciliores *A*: im- *Vb* ‖ aspargi
PAb: -pergi *v* ‖ modo desistunt *A²b*: modo non desistunt *V* modo desi
desistunt *A¹* ‖ se lingentes *A²v*: seligentes *PA¹b* solingentes *m* ‖ asparsae *PAb*: -persae *v* ‖ adplicant *Keil*: applicant *VAb Goetz* ‖ **36** subfumigandum *Keil*: suffumigando *P* subfumigando *Ab* suffumigandum *v* ‖
adponendum *Keil*: appo- *VAb Goetz* ‖ **37** ut *PAv*: et *b* ‖ efflictae
PAb: af- *v* ‖ conligendum *Keil*: coll- *VAb Goetz* ‖ proximo die *Keil²*:
promum e die *PA Keil¹* prono ad meridem *v* ‖ facto *v*: facta *PAb* ‖
uaso *PAb*: uase *v* ‖ **38** quae enim sic *Vb*: qua enim *Am* ‖ reuiuescunt *Ab*: reuiuiscunt *V*

L'opération doit être faite près des ruches, de manière à
ce que, une fois rétablies, elles reviennent chacune à son
travail et à son domicile[46].»

17. Sur ces entrefaites, Pavo revient vers nous et dit:
«Si vous voulez lever l'ancre, on a apporté les bulletins
de vote et on fait le tirage au sort pour les tribus et le
héraut a commencé à claironner le nom de l'édile nommé
par chaque tribu[1].» Appius se lève aussitôt pour féliciter
sur place son candidat et filer dans sa campagne. Et
Merula: «Pour le troisième acte de l'élevage de basse-
cour, je m'en acquitterai plus tard, Axius.» Ils se lèvent
ensemble et, tandis que nous attendions, sachant bien que
notre candidat aussi allait arriver, Axius me dit: «Le
départ de Merula ne me porte pas peine[2]. **2.** Car le reste
je le connais à peu près bien. Il y a deux sortes de viviers,
d'eau douce et d'eau salée; l'un se rencontre dans le
peuple et <n>'est <pas> sans profit; c'est là que les
Nymphes fournissent de l'eau à nos poissons d'élevage;
mais ces viviers marins des nobles, auxquels Neptune
fournit aussi bien l'eau que les poissons, concernent les
yeux plutôt que la bourse et vident plus qu'ils ne rem-
plissent le porte-monnaie du maître. Car d'abord ils coû-
tent cher à construire, deuxièmement cher à remplir, troi-
sièmement cher à alimenter[3]. **3.** Hirrus tirait douze mille
sesterces des bâtiments qui entouraient ses viviers. Mais

similiter fieri in muscis aqua necatis. Hoc faciendum secundum aluos, ut reconciliatae ad suum quaeque opus et domicilium redeant.

17   Interea redit ad nos Pauo et: Si uultis, inquit, ancoras tollere, latis tabulis sortitio fit tribuum, ac coepti sunt a praecone recini, quem quaeque tribus fecerit aedilem. Appius confestim surgit, ut ibidem candidato suo gratularetur ac discederet in hortos. Merula: Tertium actum de pastionibus uillaticis postea, inquit, tibi reddam, Axi. Consurgentibus illis, Axius, mihi respectantibus nobis, quod et candidatum nostrum uenturum sciebamus, Non laboro, inquit, hoc loco discessisse Merulam. **2.** Reliqua enim fere mihi sunt nota, quod, cum piscinarum genera sint duo, dulcium et salsarum, alterum apud plebem et <non> sine fructu, ubi Lymphae aquam piscibus nostris uillaticis ministrant; illae autem maritimae piscinae nobilium, quibus Neptunus ut aquam et piscis ministrat, magis ad oculos pertinent, quam ad uesicam, et potius marsippium domini exinaniunt quam inplent. Primum enim aedificantur magno, secundo inplentur magno, tertio aluntur magno. **3.** Hirrus circum piscinas suas ex aedificiis duodena milia sestertia capiebat. Eam omnem mercedem escis, quas

---

38 muscis VA^2b^2: musis A^1 musicis b^1 ‖ necatis *mv*: negatis *PAb* ‖ reconciliatae VA^2: -liare A^1bm ‖ ad suum quaeque *V*: ad usum quaque *Ab*

17 1 inquit *bv*: -id *PA* ‖ ancoras *Keil*: anchoras *codd.* ‖ recini *Scal. Keil^2 Goetz^1 Goetz^2*: recinii *PAb* renuntiari *v Keil^1* ‖ fecerit *Keil^2*: fecerint *Ab Keil^1* fecerunt *V* ‖ appius *b*: apius *VA* ‖ hortos *Ab*: hortulos *V* ‖ inquit *Vb*: -id *A* ‖ et candidatum *Pb*: ex candidatum *Am* candidatum *v* ‖ inquit *Vb*: -id *A* ‖ **2** non *add. Ges.* ‖ piscibus *Keil^2*: piscinis *V Keil^1* -cinibus *Ab* ‖ piscis *Keil^2*: piscibus *codd. Keil^1* ‖ marsippium *Keil*: massippium *Pb* massipium *A* marsupium *v* ‖ inplent *Keil*: implent *PAb* replent *v* ‖ inplentur *A*: im- *Vb* ‖ **3** Hirrus *Keil*: Hirrius *VAb* ‖ sestertia *v*: sestaria *PAb*.

tout son revenu se consumait dans la nourriture qu'il donnait à ses poissons. Et ce n'est pas étonnant: je me sou-
viens qu'à une occasion il prêta à César deux mille
murènes au poids[4] et qu'en raison de la multitude de ses
poissons il vendit sa villa quatre millions de sesterces. On
a bien raison d'appeler «doux» notre vivier situé au
milieu des terres et plébeien et l'autre «amer». Qui de
nous en effet ne se contente pas d'un seul de ces viviers-
là? Qui au contraire, quand il s'agit de viviers marins,
n'en possède [plusieurs] plusieurs, réunis à partir de
viviers distincts? **4.** Car, de même que Pausias et tous les
autres peintres du même genre ont de grandes boîtes à
compartiments où ils mettent les cires de diverses cou-
leurs, de même ces gens-là ont des viviers à compartiments, où ils tiennent enfermés à part des poissons de différentes espèces[5]; et de tels poissons, comme s'ils étaient
sacrés et plus inviolables que ceux-là qu'en Lydie, Varron, alors que tu offrais un sacrifice, tu vis — tu nous l'a
raconté — s'approcher en groupes du joueur de flûte
[grec] jusqu'au bord du rivage et jusqu'à l'autel et personne n'aurait osé les prendre, alors qu'au même moment
tu voyais là les îles dansantes des Lydiens; de même[6]
aucun cuisinier n'ose convoquer ces poissons en cuisine[6].
5. Alors que Quintus Hortensisus, notre ami, était propriétaire de viviers construits à grands frais à Bauli, je
suis allé si souvent avec lui dans sa villa que je sais qu'il
avait l'habitude de toujours envoyer acheter des poissons
à Puteoli pour le dîner. **6.** Et il ne lui suffisait pas de ne
pas se nourrir avec ses viviers, il fallait encore qu'il les
nourrît lui-même et il prenait plus de soin pour éviter
que ses mulets [ânes] n'aient faim que je n'en prends

dabat piscibus, consumebat. Non mirum: uno tempore enim memini hunc Caesari duo milia murenarum mutua dedisse in pondus et propter piscium multitudinem qua- dragies sestertio uillam uenisse. Quae nostra piscina mediterranea ac plebeia recte dicitur dulcis et illa amara; quis enim nostrum non una contentus est hac piscina? Quis contra maritumas non ex piscinis singulis [plures] coniunctas habet pluris? **4.** Nam ut Pausias et ceteri pic- tores eiusdem generis loculatas magnas habent arculas, ubi discolores sint cerae, sic hi loculatas habent piscinas, ubi dispares disclusos habeant pisces, quos, proinde ut sacri sint ac sanctiores quam illi in Lydia, quos sacrifi- cant*i* *t*ibi, Varro, ad tibicinem [graecum] gregatim uenisse dicebas ad extremum litus atque aram, quod eos capere auderet nemo, cum eodem tempore insulas Lydo- rum ibi χορευούσας uidisses, sic hos piscis nemo cocus in ius uocare audet. **5.** Quintus Hortensius, familiaris nos- ter, cum piscinas haberet magna pecunia aedificatas ad Baulos, ita saepe cum eo ad uillam fui, ut illum sciam semper in cenam pisces Puteolos mittere emptum soli- tum. **6.** Neque satis erat eum non pasci e piscinis, nisi etiam ipse eos pasceret ultro ac maiorem curam sibi haberet, ne eius esurirent mul*l*i [asini], quam ego habeo,

3 duo *PAb*: sex *v* ‖ et illa amara *V*: et illa et illa amara *Ab* ‖ maritu- mas *PAb*: -timas *v* ‖ plures *del. Keil duce Iuc.* ‖ 4 pictores *Vb*: pica- tores *A* pastores *m* ‖ cerae *Vict.*: cetera *PAb* certas *v* ‖ hi *v* *Keil²* *Goetz¹* *Goetz²*: hic *PAb* *Keil¹* ‖ habent *v*: habet *PAb* ‖ disclusos *Vb*: disculsos *A* ‖ habeant *A*: habent *Vb* ‖ sacrificanti tibi *Iuc.*: sacrificant ibi *VAb* ‖ graecum *del. Keil²* ‖ atque *bv*: adque *A* ‖ auderet nemo *A*: nemo auderet *b cod. Flor.* audebat nemo *m* ‖ lydorum *Turn.*: ludono- rum *A cod. Flor.* *m* ludoanorum *b* ‖ χορευούσας *Keil²*: coreusas *A* concussas *b* corussas *cod. Flor.* circusas *m* choreusas *Scal. Keil¹* ‖ hos *v*: nos *Ab cod. Flor.* ‖ piscis *A*: piscès *b cod. Flor.* ‖ 5 quintus hor- tensius *Iuc. Keil¹ Keil² Goetz¹ Traglia*: hortensius quintus *codd. Goetz²* ‖ ad *Am*: ab *b* ‖ 6 pasci e piscinis *cod. Flor.*: pasce piscinis *A* pas- cere piscinis *bm* ‖ eos *A cod. Flor.*: eas *bm* ‖ pasceret *v*: -re *Ab* ‖ mulli *Iuc.*: muli *Ab* ‖ asini *del. Iuc.*

moi-même à Roséa pour éviter que mes ânes n'aient faim et, certes, des deux points de vue, le manger et le boire, il pourvoyait à leur entretien en dépensant beaucoup plus que moi. Car, moi, il ne me faut qu'un petit esclave, un peu d'orge et l'eau de la maison pour alimenter mes ânes qui me rapportent beaucoup d'écus; tandis qu'Hortensius, premièrement, avait de nombreux pêcheurs à son service et ils entassaient souvent pour lui de menus petits poissons destinés à être engloutis par les gros[7]. **7.** En outre, il faisait jeter dans ces viviers ce qu'il avait acheté en fait de poissons salés, lorsque la mer était agitée et qu'en raison de la tempête c'est [la mer] le marché qui fournissait la nourriture des viviers et qu'on ne pouvait ramener au rivage avec un filet les victrailles vivantes, poissons d'une table populaire. Tu aurais plus vite fait, avec l'assentiment d'Hortensisus, d'extraire de son écurie des mules charretières, qui fussent à toi, que de retirer de son vivier un surmulet barbu[8]. **8.** Et même, poursuivit-il, il n'avait pas moins souci de ses poissons malades que de ses esclaves mal portants. C'est pourquoi il se donnait moins de peine pour qu'un esclave souffrant ne bût pas d'eau froide <que pour> donner à ses poissons de l'eau renouvelée. Et en effet il soutenait que M. Lucullus souffrait de négligence à cet égard et il méprisait ses viviers, sous prétexte qu'il n'avait pas de bassins marins convenables et que ses poissons habitaient dans des lieux pestilentiels en raison de l'eau stagnante[9]. **9.** Au contraire, près de Naples, L. Lucullus, après avoir percé la montagne et introduit un fleuve marin dans ses viviers, si bien qu'ils connaissaient eux-mêmes le flux et le reflux, ne le

ne mei in Rosea esuriant asini, et quidem utraque re, et
cibo et potione, cum non paulo sumptuosius, quam ego,
ministraret uictum. Ego enim uno seruulo, hordeo non
multo, aqua domestica meos multinummos alo asinos;
Hortensius primum qui ministrarent piscatores habebat
conplures, et ei pisciculos minutos aggerebant frequenter,
qui a maioribus absumerentur. **7.** Praeterea salsamentorum in eas piscinas emptum coiciebat, cum mare turbaret
ac per tempestatem macellum piscinarum [mare] obso-
nium praeberet neque euerriculo in litus educere possent
uiuam saginam, plebeiae cenae piscis. Celerius uoluntate
Hortensi ex equili educeres redarias, ut tibi haberes,
mulas, quam e piscina barbatum mullum. **8.** Atque, ille
inquit, non minor cura erat eius de aegrotis piscibus,
quam de minus ualentibus seruis. Itaque minus laborabat
ne seruos aeger aquam frigidam, <quam ut> recentem
biberent sui pisces. Etenim *h*ac incuria laborare aiebat M.
Lucullum ac piscinas eius despiciebat, quod aestuaria
idonea non haberet, ac reside aqua in locis pestilentibus
habitarent pisces eius; **9.** contra ad Neapolim L. Lucul-
l*um,* posteaquam perfodisset montem ac maritumum flumen inmisisset in piscinas, qui reciproce fluerent ips*a*e,
Neptuno non cedere de piscatu. Factum esse enim ut ami-

6 rosea *Am*: rosa *b cod. Flor.* ‖ multinummos alo *v*: multi num
inosalo *Am* multi minimos alo *b cod. Flor.* ‖ conplures *Keil*: com-
codd. ‖ a maioribus *v Keil² Goetz¹*: maioribus *codd. Keil¹ Goetz²* ‖
absumerentur *PA*: ad- *b* ‖ **7** mare *del. Keil* ‖ euerriculo *b*: euericulo
Am ‖ saginam *Iuc.*: sabinam *codd.* ‖ redarias *A*: rhedanas *b* ‖ mullum *cod. Flor.*: mulum *Abm* ‖ **8** atque ille inquit *b*: adque ille inquit
A atque inquit ille *cod. Flor.* ‖ itaque *cod. Flor. m*: ita *Ab* ‖ laborabat
PA: -rat *b* ‖ quam ut *add. Keil* ‖ hac *Keil*: ac *codd.* ‖ aiebat m.
lucullum *v*: agebat m. luculli *Ab* agebat in luculi *cod. Flor.* ‖ aestuaria *Urs.*: aestiuaria *codd.* ‖ **9** ad neapolim *cod. Flor.*: a neapolim *Am*
neapolim *b* ‖ lucullum *Keil²*: lucilli *A* luculli *b cod. Flor. Keil¹* ‖ perfodisset *Pb*: -ses *A* ‖ maritumum *A*: -timum *b cod. Flor.* ‖ inmisisset
Keil: inmissiset *A* immisisset *b* inmisse *cod. Flor.* ‖ ipsae *Keil*: ipse
codd. ‖ cedere *Ges.*: cederet *codd.*

cédait pas à Neptune en matière de pêche. Il est arrivé en effet qu'il lui paraisse bon de conduire ses amis les poissons en raison de la chaleur, dans des endroits frais, comme ont coutume de le faire les bergers d'Apulie, qui conduisent leurs troupeaux dans les monts sabins par les chemins de transhumance. Par ailleurs, dans sa propriété de Baïes, il brûlait d'un tel enthousiasme en bâtissant qu'il permit à son architecte de dépenser l'argent comme si c'était le sien, pourvu qu'il construise un tunnel des viviers jusqu'à la mer, en jetant devant une digue, par où la marée puisse, deux fois par jour, entrer et refluer dans la mer, depuis le début de la lune jusqu'à la prochaine nouvelle lune, en rafraichissant les viviers[10].

10. Telles furent nos paroles. Mais on entendit du bruit sur la droite et notre candidat, édile désigné, se dirige avec le laticlave vers la villa. Nous allons à sa rencontre et, l'ayant félicité, nous l'escortons jusqu'au Capitole. De là il rentre chez lui, nous chez nous, mon cher Pinnius, après avoir tenu sur l'élevage de basse-cour, en gros, les propos que je viens de rapporter[11].

cos pisces suos uideatur propter aestus eduxisse in loca
frigidiora, ut Apuli solent pecuarii facere, qui per *c*alles in
montes Sabinos pecus ducunt. In Baiano aut*em* a*edifican*s
tanta ardebat cura, ut architecto permiserit uel ut suam
pecuniam consumeret, dummodo perduceret specus e piscinis in mare obiecta *m*ole, qua aestus bis cotidie ab
exorta luna ad proxim*am* nouam introire ac redire rursus
in mare posset ac refrigerare piscinas.

10. Nos haec. At strepitus ab dextra et cum lata candidatus noster designatus aedilis [se] in uillam. Cui nos
occedimus et gratulati in Capitolium persequimur. Ille
inde endo suam domum, nos nostram, o Pinni noster, ser-
mone de pastione uillatica summatim hoc, quem exposui,
habito.

9 suos *v*: tuos *Ab* ‖calles *Keil*: colles *codd*. ‖ autem aedificans *Keil*:
aut ardis *codd*. ‖ obiecta mole *Keil*²: obiectuculo *A* abiectulo *b* abiecta
oculo *cod. Flor*. obiectaculo *v Keil¹* ‖ proximam *Keil*: -mum *codd*. ‖
refrigerare *P v*: refrige *A*. ‖ **10** nos *v*: non *Ab* ‖ ab *cod. Flor*.: ad *Ab*
‖ se *del. Keil* ‖ occedimus *Schn.*: occidimus *codd*. ‖ o pinni *Merce-
rus*: opinioni *codd*.

COMMENTAIRE

CHAPITRE 1

1. Ce Pinnius, dédicataire du livre 3, est un ami et voisin de campagne de Varron (cf. ci-dessous 3, 1, 9). S'agit-il de T. Pinnius, dont nous parle Cicéron (*Fam.* 13, 61) comme étant celui qui, dans son testament, a institué Cicéron comme l'un des tuteurs de son fils et même comme second héritier? Keil, *Comment.* p. 220 semble le penser. Fautes de preuves pour cette identification, nous en ferons des personnages séparés: cf. F. Münzer, *R.E.*, 7 A, col. 1443 n° 10. Ce personnage est nommé seulement une autre fois dans les *Res Rusticae*, et encore est-ce le produit d'une correction: en 3, 17, 10, où les manuscrits donnent *opinioni*.

2. La dichotomie ville/champ est un thème banal de la littérature latine (voir, en particulier, Varron *Res Rust.* 2, *Préf.* 1).

3. La leçon *Ogygos* doit être préférée, contrairement à *Ogyges* qu'avait choisi Keil[1]. En effet, quelques lignes plus bas, nous avons le génitif *Ogygi*, qui oriente vers un nominatif *Ogygos*. Il s'agit de l'Ogygos de la tradition béotienne, qui avait régné sur le pays à une date très ancienne. Sous son règne s'était produit un premier déluge (ci-dessous 3, 1, 3) qui avait recouvert la Béotie. On l'appela le «déluge d'Ogygos», de même qu'on appela «déluges de Deucalion et de Dardanos» ceux qui suivirent.

4. Ennius, *Ann.* 501-502. Cité aussi par Suétone, *Aug.* 7.

5. L'accusatif en -*n* de *cataclysmon* se justifie par les origines grecques du mot.

6. *Diuina natura ... ars humana*. On notera le chiasme, dont on peut citer d'autres exemples dans la suite de ce texte: 3, 1, 9; 3, 2, 6. Il y a là un effet de style de la part de Varron, contrastant avec le relâchement dont témoignent incontestablement certains passages.

7. L'imparfait *redigebant* a une valeur d'effort. La fin de ce paragraphe 4 pose un problème de texte. La leçon des manuscrits *ab his alebantur* comporte manifestement une duplication au niveau du verbe de *a rusticis Romanis alebantur*. L'édition Loeb adopte une correction de Ellis: *alleuabantur*. Mais le sens reste un peu vague et banal. Nous avons préféré la correction de Iucundus: *tuebantur*. Attestation d'un actif *tueo* chez Cicéron, *Leg.* 3, 3, 7: *Censores uectigalia tuento*. Le participe *tutus, -a, -um* «protégé» suppose l'existence d'un actif.

8. Saturne doit rappeler deux choses ici: l'âge d'or, mais aussi la fertilité, si l'on se rapporte à l'étymologie de Festus 432, 17: *qui deus in Saliaribus Sat(e)urnus nominatur, uidelicet a sationibus* cf. Varron, *De ling. lat.* 5, 64: *ab satu est dictus Saturnus*. Également Arnobe, *Adv. Gent.* 4, 9; Lactance, *Inst.* 1, 23, 5; Saint Augustin, *Cité de Dieu*, 7, 13; Macrobe, *Sat.* 1, 10, 20. Cette étymologie pose un problème au niveau de la quantité du *a*: *ā* long dans le nom de Saturne, *ă* bref dans *satus, satiō*. A. Ernout - A. Meillet, *Dictionnaire étymol. de la langue latine, s.u.* s'abrite derrière l'«explication» à tout faire de l'étymologie «populaire». Autre tentative de justification: un passage par l'étrusque. Voir à ce sujet A. Ernout, *Les éléments étrusques du vocabulaire latin, Bull. Soc. ling. de Paris*, 30, 1930, p. 82-184 = A. Ernout, *Philologica* I, p. 50: «Il semble y avoir eu en étrusque, dans des conditions du reste mal connues, une hésitation, surtout en syllabe initiale, entre *a* et *ai* > ae. L'exemple le plus clair en est *Sāturnus*, qui alterne avec *Saeturnus*, attesté épigraphiquement». Il faut signaler une deuxième tentative étymologique à partir de Cicéron, lui-même influencé peut-être par l'identification déjà admise avec Kronos, le dieu-vieillard: *Sāturnus* mis en rapport avec *satur, saturare* (mais toujours le problème de la quantité du *a*, long dans le nom du dieu, bref dans *satur, saturare*). Cicéron, *Nat. deor.*, 2, 25: *Saturnus autem est appellatus quod saturaretur annis*. Cf. Cicéron, *Nat. deor.* 3, 24: *Saturnus, quia se saturat annis*. Aulu - Gelle, *N. Att.* 5, 12, 1; Lactance, *Inst.* 1, 12; Saint Augustin, *Cité de Dieu*, 4, 10.

9. Les rites de Cérés sont rattachés ici aux origines de la civilisation. Les rites ont été établis à Eleusis pour Déméter et introduits à Rome lors de l'identification Cérés-Déméter. Pour plus de précisions sur les *initia Cereris*, voir Varron, *Res Rust.* 2, 4, 9 et la note 31 dans l'édition des Belles Lettres.

10. *Aeolis*. Nominatif pluriel. Même forme ci-dessous en 3, 12, 6. La finale *-īs* note le grec -εις (Αἰολεῖς: Pindare, *Pyth.* 2, 128). Cicéron, *Flac.* 27 a *Aeoles*, forme latinisée. On lit *Aeolis* chez Varron, *de ling. lat.* 5, 25 et 102.

11. Sens très technique de *adflatus* «aspiration».

12. Les *Pelasgi* pouvaient désigner en latin soit des gens originaires de certaines provinces grecques (Thessalie, Carie), soit les Grecs eux-mêmes: Virg. *Aen.* 2, 83; Ovide, *Met.* 12, 19; Ovide, *Fast.* 2, 281.

La *via Salaria* (ou simplement *Salaria*) était une route allant de Rome chez les Sabins. L'étymologie, évidente (route du sel) est confirmée par Festus: *Salaria uia Romae est appellata quia per eam Sabini sal a mari deferebant* (P.F. 437, 4).

13. La traduction de *saltus* par «pacage» se réfère à une réalité concernant le centre de la France, où le «pacage» désigne un ensemble de prés et de bois où l'on fait paître les troupeaux. Voir à ce sujet Varron, *Économie rurale*, livre II, éd. Ch. Guiraud, Coll. des Universités de France, *Commentaire*, note 91, p. 97.

14. On notera l'anticipation de la relative (*quae constituta*) par rapport à l'antécédent (*tria genera*).

15. En ce qui concerne Turranius Niger, on se reportera à Varron, *Économie rurale*, livre II, éd. Ch. Guiraud, Coll. des Universités de France, *Comment.* p. 81, note 26.

16. Il s'agit de Pinnius (cf. ci-dessus § 1). Voir *commentaire* note 1.

17. L'*opus tectorium* désigne mot à mot un «matériau pour couvrir», ici un enduit de stuc. Même emploi ci-dessous en 3, 2, 9, où une des villas d'Axius est définie comme *polita opere tectorio eleganter*. *Tectorium*, employé seul et substantivé, désigne plus prosaïquement un enduit de protection contre les nuisibles dans un certain nombre de passages des *Res Rusticae*: 3, 5, 3; 3, 6, 4; 3, 8, 1; 3, 11, 3; 3, 12, 3; 3, 15, 1. Au livre 1, *tectorium marmoratum* désigne un «enduit de poudre de marbre» pour couvrir les murs des greniers à blé.

Dans les murs faits de matériaux de petite dimension et de qualité médiocre, les Anciens masquaient les imperfections de la construction par des enduits de stuc. Le sol lui-même pouvait être recouvert de stuc: Pallad. 1, 9. De même pour les plafonds: Pline, 35, 124. Les stucs, blancs ou peints, unis ou à relief, constituaient en particulier le revêtement décoratif des édifices privés. C'est de cela qu'il s'agit ici. On usait aussi du stucage dans les grands monuments, lorsque les matériaux n'étaient pas de belle apparence. Les Romains ont utilisé d'abord les enduits les plus simples. Caton 128 recommande de crépir (*delutare*) les murs avec de la terre blanche ou rouge, imprégnée d'amurque «eau d'olives pressées» et mêlée de paille. C'est sous l'influence des Grecs que les maisons vont être décorées plus richement, que les murs vont se couvrir de plaques de marbre (Pline 36, 48) ou de stucs peints. Cf. C. Daremberg, E. Saglio et E. Pottier, *Dictionnaire des Antiquités grecques et romaines*, Paris, 1.877-1.919, *s.u.tectorium*.

L'*opus intestinum* désigne un travail de boiserie. Cf. Pline 16, 25: le sapin *ad quaecumque libeat intestina opera aptissima* «très bon aussi pour tous les ouvrages de menuiserie».

Les deux termes ci-dessus (*opus tectorium, intestinum*) sont latins. Apparaît ensuite un mot grec passé tel quel en latin. *Lithostratus* est ici adjectif: *pauimentum lithostratum*. Ci-dessous, en 3, 2, 4, *lithostratum* est substantif. *Lithostratum* pose des problèmes d'identification difficiles. On se reportera à ce sujet aux chapitres que Pline a consacrés aux pavements: 36, 184-189. Ces chapitres ont été diversement compris et commentés. Voir à ce sujet le long commentaire que leur a consacré A.

Rouveret dans la Collection des Universités de France, avec la bibliographie. Pline énumère ici les divers types de pavement, depuis les plus primitifs, les *subtegulanea* (pavements sous couvert) jusqu'aux *lithostrata*, qui posent un problème d'identification. Des arguments forts permettent d'assimiler les *lithostrata* à l'*opus sectile*, type de pavement qui s'oppose à l'opus *tessellatum* (mosaïque de cubes).

18. Nous ne savons rien au sujet des livres qu'auraient écrits Pinnius, lui-même mal défini (cf. ci-dessus note 1).

19. *Ornatior ... fructu* mérite quelques explications. Les manuscrits donnent *fructu quod factu*, ce qui n'a pas de sens. Les corrections proposées par certains éditeurs orientent vers une interprétation: *fructu quam sumptu* (Ursinus); *fructu quam fastu* (Madvig). Varron veut dire qu'en envoyant son livre de conseils à Pinnius, il rendra la villa de celui-ci plus remarquable par les profits tirés de l'exploitation que par le luxe des bâtiments.

CHAPITRE 2

1. Il y a un problème de texte au sujet du prénom du sénateur Axius: aucun mansucrit ne donne Q., qui est une correction de Victorius. Dans la suite du livre 3, le personnage sera mentionné encore 24 fois, mais toujours sous la forme Axius, jamais avec son prénom. Mais Q. Axius est bien connu par ailleurs. Ce sénateur, membre de la tribu de Varron (*tribulis*), était en relation d'amitié et d'affaires avec Cicéron, qui le cite souvent dans les lettres à Atticus, entre 61 et 46 avant J.C.: *Att.* 1, 12, 1; 3, 15, 2; 14, 15, 5; 5, 21, 2; 10, 8, 2; 10, 13, 2; 10, 15, 4; 12, 1, 2.

À ne pas confondre avec L. Axius (*Res Rust.* 3, 7, 10), lui aussi contemporain de Varron.

Les élections des édiles semblent, cette année-là, avoir eu lieu en été. Peut-on préciser l'année de cette élection dont parle Varron? Depuis A. Schleicher, *Meletemata Varronis spec.*, Bonn, 1846, on a fixé la date où a lieu le dialogue du livre 3 à 54 av. J.C., et ce en raison des allusions contenues ci-dessous en 3, 2, 3 à des différends entre les gens de Réate et ceux d'Interanma. Comme Cicéron, de son côté fait aussi allusion en 54 à ces controverses, on en a déduit qu'il s'agissait des mêmes faits. Mais 54 est étonnant parce que, dans les *Res Rusticae*, Appius est dit augure et non consul (ci-dessous 3, 2, 2). Nous suivons, sur ce problème de la datation des élections, C. Nicolet, *Le livre III des «Res Rusticae» de Varron et les allusions au déroulement des comices tributes*, Rev. des ét. anc. 72, 1970, p. 113-137: il faut séparer les allusions de Varron et de Cicéron et situer les élections dans la décennie 60-50, sans plus de précision.

2. Pour «compter les suffrages» (*diribere suffragia*) on peut avoir simplement *diribere* (cf. ci-dessous 3, 5, 18). Chaque votant reportait son choix sur une petite tablette de bois recouverte de cire, sur laquelle était écrit le nom ou l'initiale du nom, et qu'on lançait dans l'urne. Les «bulletins» étaient collectés et donnés aux scrutateurs (*diribitores*) dans le *diribitorium* «lieu de dépouillement». Les résultats étaient annoncés par tribu.

3. La Villa Pullica était située sur le champ de Mars. Propriété extra-urbaine de l'État, d'où son nom de *villa*. Tite-Live 4, 22, 7 situe la fin de sa construction en l'an 318 *ab V.C.*: «Cette année-là, Gaius Furius Paculus et Marcus Géganius Macérinus, censeurs, reçurent la *Villa Publica* du champ de Mars et y firent pour la première fois le recensement» (trad. G. Baillet, Coll. des Universités de France). La villa, qui était la propriété commune de tout le peuple romain, était décorée de peintures et de statues. Elle servait à maint usage public. C'était un lieu de réunion pour les magistrats, lorsqu'ils présidaient à certaines opérations. Les consuls y passaient en revue les cohortes nou-vellement enrôlées. Les censeurs y procédaient au recensement de la population. On y logeait des ambassadeurs étrangers pendant la durée de leur mission. Le public était également admis à y circuler lors-qu'elle était inoccupée. Les oisifs du champ de Mars pouvaient s'y asseoir à l'ombre pendant les heures chaudes de la journée.

4. Histoire très obscure de la demi-tablette du candidat. Si l'on veut absolument sauver le texte, on peut essayer de voir là une de ces plai-santeries dont Varron est friand: mieux vaut profiter de l'ombre de la Villa Publica plutôt que d'en construire (une ombre) à l'aide d'une demi-tablette de candidat, avec opposition entre *publica* (*uilla*) et *priuatus* (*candidatus*). Mais pourquoi employer le verbe *aedificare*? Pourquoi une tablette *dimidiata*? Il faudrait supposer que l'on casse la tablette en deux en enlevant la partie où est inscrit le nom du candidat. Mais cela pourrait-il faire de l'ombre? D'où un certain nombre d'in-terprétations imaginées par les commentateurs (Keil, *Comment.* pp. 223-224). Dans sa deuxième édition (1889) Keil a supposé une lacune entre *tabella* et *dimidiata*, solution reprise dans les deux éditions de Goetz. Nous nous sommes rallié à ce point de vue. On signalera l'hypothèse — une de plus — de C. Nicolet, *Rev. des ét. anc.* 72, 1970, p. 113-137, qui propose un remaniement du texte amenant à une interprétation très personnelle: au lieu de *dimidiata*, lire *diribita* et comprendre: «plutôt que de construire (une villa) avec le bulletin déjà dépouillé d'un candidat battu». Mais comment construire une villa avec un bulletin? Le problème reste entier.

5. Illustration de ce proverbe chez Aulu - Gelle 4,55: une statue d'Horatius Coclès ayant été frappée par la foudre, les haruspices étrusques avaient été consultés. Hostiles à Rome, ils avaient fait exprès de donner un mauvais conseil et avaient été exécutés. Ce vers *Malum consilium consultori est pessimum* (traduction d'Hésiode, *Trav.* 266: Ἡ δὲ κακὴ βουλὴ τῷ βουλεύσαντι κακίστη) était chanté par les enfants à travers toute la Ville.

6. Appius Claudius Pulcher apparaît 14 fois au livre 3. La première fois (ici) Varron l'appelle Appius Claudius, ailleurs uniquement Appius. Homme très connu, il appartenait à une des plus grandes familles de la noblesse romaine. Il prendra dans le livre 3 une part importante au dialogue et a donc des connaissances en matière d'économie rurale. Mais c'était aussi un érudit, qui avait écrit un livre sur le droit augural. Il est présent à l'élection ès qualités: des problèmes d'interprétation religieuse pouvaient apparaître, d'où la nécessité de la présence d'un prêtre pour aider éventuellement le consul.

7. Varron présente ici les personnages du dialogue (outre Axius, Appius Claudius et lui-même). Il s'agit de Cornelius Merula, Fircellius Pavo, Minucius Pica et M. Petronius Passer. Ces quatre derniers ont tous des noms d'oiseaux, respectivement Monsieur Merle, Paon, Pie et Moineau. Au livre 2, Scrofa (truie) présentait le chapitre 4 sur les porcins, Vaccius (vache) le chapitre 5 sur les bovins. Or, il n'y a rien de tel ici: Monsieur Moineau n'apparaît qu'une fois (ici). Monsieur Pie est cité une autre fois, en 3, 7, 11, où il intervient dans une discussion sur les pigeonniers. Monsieur Paon apparaît 4 fois, mas il s'éclipse curieusement (3, 5, 18) au moment où l'on va parler des paons. Il revient en 3, 17, 1. Entre-temps, c'est Merula qui a parlé des paons. Toujours dans la logique de ce système, on peut se poser une question: Merula parle-t-il des merles? Oui, mais occasionnellement. À vrai dire, il n'y a pas de chapitre consacré spécialement aux merles, qui interviennent parmi d'autres oiseaux (3, 5, 1; 3, 5, 6; 3, 9, 17). Il faut donc bien voir que l'apparition de ces personnages aux noms typiques est sans lendemain.

Ont-ils même existé? On répondra oui pour Merula, membre d'une famille, les Cornelii, bien connue à Rome et ayant compté des consuls. Fircellius Pavo n'est pas connu par ailleurs, mais le fait que Varron en fasse un de ses compatriotes de Réate tend à lui conférer une existence. Par contre, Minucius Pica et M. Petronius Passer peuvent fort bien avoir été inventés par Varron.

8. Les interlocuteurs du dialogue ne peuvent se regarder sans sourire: cf. 3, 2, 7 (*Appius subridens*), également 1, 2, 25; 1, 2, 27.

La volière est ici désignée par le mot grec passé en latin: *ornithon* (avec l'accusatif grec *ornithona*). Il y a deux façons de nommer la volière dans les *Res Rusticae*: avec le mot grec comme ici, ou avec le mot latin *auiarium*. Au livre 1, seul le mot *auiarium* est employé (1, 38, 2: 2 exemples). Au livre 2, aucun exemple de *auiarium* et un seul de *ornithon* (préf. 2) au milieu d'une foule de mots grecs désignant diverses parties de la villa (grécomanie). Au livre 3, qui s'intéresse spécialement aux volières, Varron emploie les deux mots, mais beaucoup plus souvent *ornithon* (12 ex.) qu'*auiarium* (5 ex.).

On notera ici le jeu de mots sur *ornithon*. Appius est assis au milieu d'amis qui portent des noms d'oiseaux, comme s'il était dans une volière.

9. Dans les *Res Rusticae* le génitif singulier du pronom relatif est surtout *cuius*. Ici Keil a choisi l'archaïque *quoius*, forme, il est vrai, très répandue dans les inscriptions de l'époque républicaine. En 3, 16, 32, *quoius* est donné par le manuscrit *A*.

Nous avons gardé dans la traduction l'image évoquée par *ructor*, quitte à forcer un peu la syntaxe: «roter les oiseaux». Cet aspect concret et familier du style de Varron ne devait pas être gommé.

10. Sur cette intervention d'Appius à Réate et Interamna, voir ci-dessus 3, 2, 1 et note 1.

11. Sur *nuncubi*, on se reportera à Varron, *Économie rurale*, livre II, éd. Ch. Guiraud, Coll. des Universités de France, *Comment.* p. 129 note 6.

Le luxe de la villa d'Axius se signale par les traits suivants: le bois de thuya et l'or, pour commencer. *Citrus* désigne le «thuya». Cf. Pline 13, 2; 13, 95; 16, 129; 16, 185, etc. Mais *citrus* peut désigner aussi le «cédratier»: Pline 13, 103; Pallad. 8, 3, 2. Ensuite le vermillon (*minium*) et l'azur (*armenium*). Face à une tradition manuscrite inutilisable (cf. apparat), Iucundus a judicieusement restitué *armenium* d'après Pline 35, 30: *floridi sunt quos dominus pingenti praestat, minium, armenium...*

Le mot *emblema* (hapax dans les *Res Rusticae*) désignait des parties incrustées dans un fonds de mosaïque. Ces pièces étaient fabriquées en atelier, montées sur des carreaux ou des plaques de pierre et pouvaient être exportées, toutes prêtes, pour être incrustées.

On notera que Varron emploie *lithostrotum* avec la finale latine -*um*, ce qui prouve que ce mot grec était bien latinisé (au contraire, ci-dessus en 3, 1, 3: *cataclysmon*).

12. *ubi ... ubi ... ubi*. Un certain nombre d'anaphores dans les *Res Rusticae*, procédés d'interlocuteurs qui martèlent leur propos. Cf. ci-dessous 3, 16, 4; 3, 16, 5; 3, 17, 2.

13. Nous assistons ici au début de la discussion sur la définition de la villa. En 3, 1, 10 Varron avait signalé au passage le luxe de la villa de Pinnius. Ici Axius et Appius se renvoient la balle en s'accusant mutuellement de faire prédominer dans leur «villa» le luxe au détriment de l'exploitation agricole. C'est que le sens du mot *uilla* a varié dans les *Res Rusticae*. Au livre 1, il désigne la ferme, sauf dans deux cas, 1, 13, 7 (2 ex.) où il s'agit d'une villa de luxe. Au livre 2, tous les exemples désignent la ferme. C'est au livre 3 qu'on voit se développer la connotation moderne (richesse) du mot.

Lysippe sculpteur, Antiphile peintre, tous deux contemporains d'Alexandre. Pour le génitif d'Antiphile, nous avons gardé la finale en *-u* du manuscrit *A*. Surprenante sans doute, mais pas plus que l'adverbe *historicos* (ci-dessous en 3, 16, 3). On peut supposer dans *Antiphilu* un *u* long qui rendrait le grec -ου.

at mea ... at crebra: syntaxe anacoluthique que nous avons conservée dans la traduction.

14. La porte Flumentane était une porte de Rome dans l'enceinte de Servius, près du Tibre (rapport avec *flumen*). Au-delà de la porte Flumentane se trouvait un quartier résidentiel, où l'orateur Hortensius avait une maison. Le faubourg Emilien était un autre quartier résidentiel hors les murs, dans la partie sud du Champ de Mars.

15. Le paragraphe 7 est important parce qu'il pose nettement la question: «qu'est ce qu'une villa romaine?» La discussion, pas toujours très claire, va se poursuivre jusqu'au paragraphe 10. On avait vu jusque-là deux composantes: l'exploitation agricole et le luxe. Mais nous verrons au paragraphe 8 que la villa de Seius n'a «ni tableau, ni statue de bronze ou de marbre et pas davantage des pressoirs à vendange, des jarres à huile ou des meules à olives» et c'était pourtant une villa, sans doute parce qu'elle était située à la campagne. Les interlocuteurs de Varron, assez décontractés, se livrent à des discussions qui ne sont pas toujours très rigoureuses. Dans la suite du livre 3, nous verrons du reste que Seius a des élevages de basse-cour, ainsi que des ruches.

Appius songe à acheter une villa au bord de la mer. La côte autour d'Ostie était jalonnée d'endroits agréables où les Romains fortunés venaient se reposer loin de la chaleur et du bruit de la Ville. Cicéron avait une villa à Astura, à mi-chemin entre Ostie et Antium (moderne Anzio). M. Seius était un ami d'Atticus et de Cicéron. Il sera mentionné plusieurs fois dans la suite du livre 3.

L'histoire de la maison «séienne» est éclairée par un passage d'Aulu-Gelle 3, 9. On y lit l'histoire d'un certain Seius, possesseur d'un cheval magnifique, qui apportait cependant le désastre à ses propriétaires successifs, si bien qu'il était devenu proverbial de dire d'un homme malchanceux: «il a un cheval de Seius». Appius fait un jeu de mots sur ce proverbe.

16. *trapetas*: voir Varron, *Économie rurale*, livre I, éd. J. Heurgon, C.U.F., *Comment.* p. 182.

17. La forme *quoi* s'est maintenue jusqu'à l'époque de Quintilien (cf. *quoius* en 3, 2, 3; 3, 16, 32). C'est ce qui a autorisé Keil à corriger en ce sens le *quo* des manuscrits. Autres attestations de *quoi* au livre 3: 3, 5, 9; 3, 6,1. Mais *cui* en 3, 2,1; 3, 2, 18; 3, 17, 10.

Ci-dessus, en 3, 2, 3, il avait été question de la villa d'Axius à Réate, près du lac Vélin (cf. *Comment*. note 10). Pour le stuc (*opus tectorium*) cf. ci-dessus *Comment*. p. 2.

Rosea/Rosia, agglomération en pays sabin, plusieurs fois citée dans les *Res Rusticae*. Voir Varron, *Économie rurale*, livre I, éd. J. Heurgon, C.U.F., *Comment*. p. 126. Pour la forme *Rosia* que donnent ici les manuscrits, on a l'appui de Cicéron, *Att*. 4, 15, 5.

18. Sens large de *pastio*, qui concerne non seulement le gros bétail, mais les poules, les abeilles, etc. Cf. ci-dessous en 3, 2, 13 les deux *pastiones*: *unum agreste ... alterum uillaticum*. Également en 2, *préf*. 5: *disciplinam ... et pecoris pascendi et etiam uillaticae pastionis*.

19. *oues/aues*: jeu de mots non rendu en français.

Sur la *bougonie*, voir Varron, *Économie rurale*, livre II, éd. Ch. Guiraud, C.U.F., 5, 5 et le *commentaire*, p. 131. Également ci-dessous 3, 16, 4.

20. Seius mentionné pour la première fois ci-dessus (3, 2, 7 et note 15). Le sera plusieurs fois par la suite (cité 9 fois dans les *Res Rusticae*, toujours au livre 3). Membre d'une famille de commerçants, c'était un chevalier romain, avant tout homme d'affaires, qui se tenait à l'écart de la vie politique. Très bon éleveur (3, 2, 13), il était connu pour ses ruches (3, 2, 11; 3, 2, 12; 3, 16, 10), ses sangliers (notre passage). Éleveur de paons (3, 6, 3), il avait aussi de grands troupeaux d'oies (3, 10, 1), des enclos de canards (3, 11, 2).

Varron fait-il allusion ici à la villa de Seius à Ostie qu'Appius songe à acheter? (cf. ci-dessus 3, 2, 7 et note 15) ou à une autre possédée par Seius dans la même région? En tout cas, les sangliers que vend Seius viennent probablement d'une forêt au bord de la mer, la *silva Laurentina*, qui existe encore de nos jours. Les sangliers sont encore préservés pour la chasse dans un secteur de la forêt, à côté d'Ostie (B. Tilly, *Varro the Farmer*, Foxton 1973, pp. 278-279).

Et num pluris ... macellario Seius? J. Heurgon, *L'effort de style de Varron dans les «Res Rusticae»*, Revue de Philol., 24, 1950, p. 64 relève ici des effets de *concinnitas*: deux membres d'à peu près égale longueur se développent suivant un parallélisme que souligne l'emploi de *lanio ... macellario*.

21. Le miel de Sicile était considéré comme le meilleur à cause du thym butiné par les abeilles (cf. ci-dessous 16, 14). Le miel corse était amer, parce que les abeilles butinaient de l'absinthe.

L'endoit où l'on achète le gland est la villa de Seius, celui où il ne coûte rien, le pays de Réate.

22. *Duo enim genera cum sint...* La phrase que Varron a essayé de construire au début s'enlise dans les relatives et reste inachevée. Exemple d'anacoluthe parmi d'autres: cf. 2, 1, 3; 3, 16, 2; 3, 16, 18.

Sur Magon et ses traducteurs, dont Cassius Dionysius Uticensis, qui a abrégé l'œuvre de Magon en vingt livres, voir Varron, *Économie rurale*, livre I, éd. J. Heurgon, C.U.F., *Introd.* p. XXXII-XXXVI.

23. Seius était bien connu pour son hospitalité. Varron et Merula avaient séjourné dans une villa de Seius, en l'absence de ce dernier. Il semble que les propriétaires de villas, en particulier celles qui étaient près des grandes routes, tenaient leurs maisons ouvertes à la disposition de leurs amis, qu'eux-mêmes fussent présents ou pas. Beaucoup de ces riches propriétaires avaient plus d'une villa. Il était très pratique pour les amis de pouvoir faire étape, même en l'absence du propriétaire. Cf. ci-dessous 3, 2, 15 mention de la propriété de la tante de Varron, où Axius a l'habitude de faire étape entre Réate et Rome.

À noter les responsabilités confiées à l'affranchi, qui apparaît comme une sorte de fondé de pouvoir du propriétaire.

24. *capere dicebat*: omission du sujet de la proposition infinitive (sous-entendu *eum* à tirer de *patrono*). Il y a là une tendance de la langue parlée, observable depuis Plaute. Cf. dans les *Res Rusticae* 2, 3, 10; 2, 7, 7; 2, 9, 14; 2, 10, 9 et, au livre 3, ci-dessous: 3, 7, 10; 3, 10, 4; 3, 16, 24.

quinquagena milia. Il s'agit de sesterces, unité de base pour les prix. Pour situer cette somme, signalons qu'en 2, 1, 14 un âne reproducteur de Réate a été vendu soixante mille sesterces, en 3, 2, 15 la volière de la villa de la tante de Varron a rapporté également soixante mille sesterces. En 3, 2, 17 nous apprenons que Caton a vendu pour quarante mille sesterces de poissons venant des viviers de Lucullus le fils. En 3, 6, 6 cette même somme correspond au rapport d'un troupeau de cent paons.

L'emploi du distributif *quinquagena* peut être entraîné par *singulos* (cinquante mille sesterces chaque fois l'an).

25. La via Salaria a été mentionnée ci-dessus en 3, 1, 6. La Sabine était traversée par une des principales grandes routes d'Italie, la plus ancienne à l'époque de Varron. C'était la route par laquelle les Sabins descendaient aux marais de l'embouchure du Tibre pour obtenir du sel (cf. ci-dessus 3, 1, 6 et la note 12). Après avoir quitté Rome, la route suivait les bords de la vallée du Tibre et rejoignait Eretum (aujoud'hui Cretona) à la borne 18. Tournant ensuite brusquement vers l'est, et s'éloignant de la rivière, elle passait à côté de Cures et de Trebula Mutusca (bourg sabin). C'est quelque part dans cette région qu'il faut placer la propriété de la tante de Varron, à peu près à mi-chemin entre Rome et Réate. Elle constituait donc pour Axius une halte bienvenue (cf. ci-dessous 3, 2, 15).

26. *qui est ornithon*. Anacoluthe, type même du nominatif *pendens*. Un denier valait quatre sesterces. Il aurait été par conséquent plus facile de donner les grosses sommes en deniers. Mais cela est rare.

Nous constatons que Varron chiffre presque toujours en sesterces ce qui est l'habitude. Les estimations chiffrées ne concernent pratiquement que le livre 3 des *Res Rusticae*. Elles apparaissent 3 fois seulement au livre 2 (2, 1, 14; 2, 1, 14; 2, 3, 10), jamais au livre 1. C'est que les terres étaient d'un maigre rapport comparé à l'élevage de basse-cour. Nous apprenons ici que la volière de la tante de Varron rapportait le double de la propriété de deux cents arpents (cinquante hectares) qu'Axius possédait à Réate.

27. Q. Caecilius Metellus Pius Scipio est déjà cité au livre 1 des *Res Rusticae* (1, 13, 7) sous le simple nom de Metellus. Voir dans la Collection des Universités de France la note de J. Heurgon. Il y est question de ses villas de luxe, semblables à celles de Lucullus. Scipion Metellus sera mentioné une autre fois ci-dessous (3, 10, 1) comme possesseur de grands troupeaux d'oies au même titre que Seius. Mais une question se pose ici à propos du triomphe, qui ne peut concerner le même personnage. En effet, loin de célébrer un triomphe, il fit l'expérience de la défaite des Pompeiens à la bataille de Thapsus (46 av. J.C.). Le triomphe ne peut concerner que son père adoptif, qui triompha dans les derniers jours de 71, d'où l'adverbe *tunc* employé par Varron. Deux personnages sont donc cités, sans que Varron juge bon de préciser davantage. Scipion, Metellus est la tête de turc de César dans le *De bello ciuili*. Une autre hypothèse serait que Varron parle seulement d'un banquet (*epulum*) donné par Scipion Metellus.

Voir Hübner, *R.E.*, 3, col. 1221-1224 n° 98 pour le père adoptif: consul en 80 av. J.C. avec Sylla, il alla en Espagne en 79 et y fut retenu longtemps par la guerre conre Sertorius. À la fin de 71, il rentra à Rome et triompha en même temps que Pompée. Il ne s'appelait pas *Scipio*, il s'agit donc d'une erreur de Varron.

Le *Scipio Metellus* mentionné ici correspond au n° 99 de la *R.E.* Il était passé par adoption de la famille des *Scipion* à celle des *Metelli*.

28. Des associations de toutes sortes jouaient un rôle important dans la société romaine. Les *sodalitates* étaient des collèges religieux tels que ceux des pontifes ou des augures. Les *collegia* étaient composés d'hommes pratiquant la même profession. Sous la république les associations se multiplièrent (*nunc innumerabiles*), mais elles prirent parfois une couleur politique au point d'en venir à être considérées comme dangereuses pour l'État. Beaucoup furent supprimées par un décret du Sénat en 64 av. J.C. Mais il semble bien que malgré l'interdiction, ces clubs recommencèrent à se développer. Il était habituel pour les membres de ces associations de festoyer ensemble à certaines occasions.

excandefaciunt. Verbe très rare en latin: 2 exemples, tous au livre 3 des *Res Rusticae*. Le sens est clair: ici «faire flamber les prix»; en 3, 4, 1: «enflammer l'esprit de quelqu'un». Si *excandefacio* est très rare, la famille du mot est abondante en latin: *excandeo*; *excandesco*: *excandescentia.*

29. *Decoquere* prend le sens de «ruine, banqueroute»: cf. Cic. *Phil.* 2, 44; Pers. 5, 57; Plin. 33, 133. Nous avons essayé de garder l'image culinaire avec «causer la déconfiture».

30. Nous ne savons rien d'autre sur ce L. Abuccius, sinon ce qu'ajoute Varron un peu plus bas (3, 6, 6): le personnage s'occupait également de paons.
Les renseignements chiffrés en milliers de sesterces relatifs au rapport des divers élevages de la villa sont très fréquents au livre 3 (cf. ci-dessus note 26). Cependant la notion de profit (*fructus*) est présente dans l'ensemble des *Res Rusticae*, mais d'autres considérations interviennent, en particulier, au livre 2, la notion de *dignitas*. Nous apprenons en 2, 1, 1 que trois points concernent la science de l'élevage: l'origine; la dignité; la pratique. Il y a un développement sur la dignité en 2, 1, 6: les plus illustres personnages de l'Antiquité étaient des bergers. Plus loin: plusieurs constellations ont des noms d'animaux; certains sites géographiques aussi. Par contre, le mot *dignitas* n'apparait jamais au livre 3.

31. Les Romains avaient l'habitude de construire des viviers marins (cf. ci-dessous chap. 17). Le Lucullus dont il s'agit ici (seule mention dans les *Res Rusticae*) est le fils de L. Licinius Lucullus, dont Varron parle plusieurs fois. Voir à son sujet Varron, *Économie rurale*, livre I, éd. J. Heurgon, C.U.F., *Comment.* p. 111. Il avait laissé son fils, encore jeune, sous la tutelle de Caton d'Utique, l'oncle du garçon.

32. Le *minerval*, mot très rare en latin, désignait un cadeau que les élèves offraient à leur maître à certaines occasions.

CHAPITRE 3

1. Le mot *leporarium* sera employé très souvent au livre 3 des *Res Rusticae*. Quelques lignes après notre passage, Varron va donner la définition du mot chez ses contemporains: il ne s'agit plus, conformément à l'étymologie, de lieux réservés aux seuls lièvres, mais «de tous les enclos ajoutés à la villa, où l'on enferme les animaux à élever» (*omnia saepta, adficta uillae quae sunt et habent inclusa animalia quae pascantur*: 3, 3, 2). En 3, 12, 1 Varron reprend cette définition en la développant: *Neque solum lepores in eo includuntur silua, ut olim in iugero agelli aut duobus, sed etiam cerui aut capreae in iugeribus multis.* Pour avoir du gibier à toute heure, ainsi que pour assurer la vente, les grands propriétaires romains eurent l'idée d'établir sur leurs domaines des réserves de chasse, d'abord limitées aux seuls lièvres, puis, sur des terrains plus importants, on établit des animaux de grande taille. Cf. Colum. 9, 1.
Adficta uillae. Un participe *fictus* de *figō* apparaît plusieurs fois dans les *Res Rusticae*, soit simple (*fictae* 3, 7, 4) soit en composition:

adficta (ici; 3, 9, 7), *defictis* (3, 7, 7). *Fictus* est ressenti en latin classique comme le participe de *fingō*, le participe de *figō* étant *fixus*. Mais *fictus* a été aussi un participe archaïque de *figō*.

2. Le goût de Varron pour les classifications, subdivisions etc est bien connu. On se reportera en particulier au livre 2 des *Res Rusticae* (2, 1, 12) où Varron présente la division de la science pastorale en 81 parties. Cf. aussi Varron, *Économie rurale*, livre I, C.U.F., *Introd.* p. XL. Le désir d'enfermer la matière dans quelques catégories bien rangées amène ici l'auteur à mettre ensemble, dans la même catégorie de la chasse (*uenaticum*), non seulement ce qui est attendu (sanglier, chevreuil, lièvre) mais aussi les abeilles, les escargots, les loirs.

3. Une des activités les plus anciennes et les plus connues des augures était la nourriture des poulets sacrés. L'argument de Varron peut donc être retenu: il y a là un test d'ancienneté concernant l'élevage des poules. Mais peut-on retenir aussi le deuxième «argument»? En effet, s'il est vrai que les pères de famille eurent des poulets à la campagne, ils élevèrent aussi d'autres animaux.

4. *Et propter aluaria.* Valeur adverbiale de *propter* «à proximité». Cet emploi est nettement plus rare que l'emploi prépositionnel, mais il existe: Cic. *Verr.* 3, 107; *Pomp.* 13; *Nat.* 2, 120; etc.

Fieri coeptae. En bonne règle classique, on emploie le passif de *coepi* lorsque le complément est un infinitif passif. Cf. ci-dessous: *greges haberi coepti* (3, 6, 1). Mais cet usage a été rapidement abandonné.

5. *Quos frugalitas antiqua ... quos luxuria posterior adiecit.* Exemple de zeugma. E. de Saint-Denis, *La syntaxe du latin parlé dans les «Res Rusticae»*, *Revue de Philol.* 21, 1947 propose p. 145 de suppléer dans la première relative le verbe *inuenit*. En fait, une vague notion verbale peut se déduire du contexte. S'il fallait absolument ajouter un verbe, ce serait plutôt quelque chose comme *habebat*.

6. Pour le sens agricole de cohors «*enclos*» et ses rapports avec le sens militaire de «cohorte», voir Varron, *Économie rurale*, livre II, éd. Ch. Guiraud, C.U.F., *Comment.* p. 104, note 35.

7. Pour *quod* avec valeur de «alors que», voir: R. Kühner - C. Stegmann, *Ausführliche Grammatik der lateinischen Sprache*, Hannover, 1914, 2/2, p. 321sq. et M. Leumann - J. B. Hofmann, *Lateinische Grammatik*, Beck, München, 1965, 2/2, p. 722sq.

Il a déjà été question ci-dessus de *leporarium* en 3, 3, 1. Voir à ce sujet la note 1. On parlera spécialement des parcs aux gibier aux chapitres 12 et 13 qui leur sont consacrés. Varron citera quelques grands propriétaires. Nous verrons en 3, 13, 2 que Q. Hortensius appelait son parc à gibier *therotrophium*. Au début du 1er siècle après J.C. les *leporaria* prirent le nom de *uiuaria*. Aux animaux de grande taille comme sangliers, cerfs, chevreuils, daims, etc vinrent s'ajouter des animaux exotiques vivant en liberté: cf. Colum. 8, 1, 4; 9, 1, 1-9; Pline 8, 211; Gell. 2, 20, 2-4.

8. M. Piso est cité 3 fois dans les *Res Rusticae*, toujours au livre 3. En 3, 13, 1 on nous rappelle ce qui est dit ici, c'est-à-dire que Varron lui a acheté sa propriété de Tusculum, qui comportait une réserve de chasse. En 3, 6, 2 il est question d'une propriété qu'il avait dans l'île de Planasia et où il élevait des paons.

M. Piso appartenait à la famille des *Pupii*. En 3, 13, 1 il est du reste appelé M. Pupius Piso. C'était le nom d'une famille plébeienne à Rome. Notre personnage fut l'unique consul de la famille (en 61 av. J.C.), après avoir été successivement questeur en 83, préteur en 72. En fait, il était originaire de la famille des *Calpurnii Pisones Frugi*. Il fut adopté par un certain M. Pupius, alors que celui-ci était très âgé (cf. Cicéron, *Pro domo* 35). Avec l'adoption, il prit le prénom et le nom du père adoptif, tout en conservant les cognomina de sa famille d'origine. Son nom officiel était: *M. Pupius M. f. Piso Frugii*. Cf. A. Stein, *R. E.*, vol. 23^2, col. 1987 à 1993, 1, n° 10.

9. Sur le squale, voir Pline 9, 78. Il appartient à la catégorie des poissons plats cartilagineux. Appelé aussi «chien de mer»: *canes marini* (Pline 9, 110); *caniculae* (Pline, 9, 15).

Le mulet (*mugil*) est un poisson de mer élevé aussi en vivier (Colum. 8, 16, 1; 8, 17, 8; Mart. 10, 30, 23). J. André, *L'alimentation et la cuisine à Rome*[2] remarque p. 107 que les poissons d'eau douce «n'ont pas joué un grand rôle dans l'alimentation et c'est tout à fait normal dans une péninsule dont presque aucun point n'est à plus de 100 kms de la mer et où les rivières sont souvent à sec».

10. Passage difficile sinon corrompu. Aux leçons inutilisables des manuscrits Keil a substitué *minthon*. Ce mot se trouve dans certains manuscrits de Columelle 8, 16, 4: *Itaque Terentius Varro nullus est, inquit, hoc saeculo nebullus ac mintho, qui non iam dicat nihil sua interesse, utrum eius modi piscibus an ranis frequens habeat uiuarium.* Le mot *mintho(n)* n'existe pas par ailleurs en latin. En grec, μίνθων se lit et est explicité chez Philodème de Gadara, Περὶ κακιῶν, 21. En gros, dit Philodème, les μίνθωνες sont nommés à partir de la «menthe», pour désigner les gens qui regardent tout le monde de haut. Bien que toutes ces métaphores soient un peu approximatives, nous avons proposé pour *minthon* une traduction par «muscadin».

11. L. Marcius Philippus, fils d'un personnage du même nom, fut préteur en 62 av. J.C., gouverneur de Syrie en 61-60, consul en 56 avec Cn. Cornelius Lentulus. Macrobe, *Sat.* 3, 15, 6 range Philippe, aux côtés de gens comme Lucullus et Hortensius (cf. ci-dessous 3, 3, 10), que Cicéron raillait en les traitant de *piscinarii*, sortes de «maniaques des viviers», disant que leurs établissements piscicoles leur tenaient plus à cœur que le bien de la république (*Att.* 1, 18, 6; 1, 19, 6; 1, 20, 3; 2, 1, 7; 2, 9, 1). Peut-être la déclaration reproduite ici par Varron («que je meure, si...») convient-elle mieux au père de notre Philippe, homme spirituel, mais le fils peut avoir hérité du père le goût pour les agréments de la vie et pour les mots d'esprit. Cf. Münzer, *R.E.*, 14, col. 1568-1571 n° 76.

Le nom de personnage *Ummidius* résulte ici d'une correction de Scaliger, d'après un passage d'Horace qui, dans les *Satires* (1, 1, 95-100) parle d'un riche avare abattu à la hache (mot à mot «coupé en deux») par une de ses affranchies. Peut-être s'agit-il du même personnage. On ne sait rien de plus. Par ailleurs, Cicéron (*Fam.* 16, 14, 1) parle d'un certain Ummius, nom pour lequel Lallemand a proposé la correction Ummidius.

12. Sur le bar ou loup (*lupus*) voir J. André, *L'alimentation et la cuisine à Rome*², p. 99: «Très réputé quand baissa la faveur dont jouissait l'esturgeon. Les connaisseurs savaient distinguer le bar pêché en mer et le bar pêché dans le Tibre, et le plus réputé était celui que l'on prenait à Rome entre les deux ponts, où débouchaient les égoûts et que, pour cette raison, on appelait *catillo* «lécheur de plats» (Hor. *Sat.* 2, 2, 31; Pline 9, 169). On appréciait aussi le bar pris à l'embouchure du Timave. On l'élevait en viviers d'eau de mer et d'eau douce et on allait jusqu'à en peupler les lacs» (Colum. 8, 16, 1; 8, 17, 8).

13. Varron reprend ce sujet ci-dessous chap. 17, particulièrement aux paragraphes 5sq.

14. Sergius Orata est mentionné uniquement ici dans les *Res Rusticae*. Son *cognomen* désigne la daurade, ou poisson doré: *aurata* dont *orata* représente une forme dialectale. Cf. Fest. 196, 26: *Orata genus piscis a colore auri quod rustici orum dicebant, ut auriculas oriculas*. Les daurades étaient élevées dans les viviers marins et même dans les lacs. Les plus estimées venaient du lac Lucrin. Cf. J. André, *L'alimentation et la cuisine à Rome*² p. 98, avec les références: Colum. 8, 16, 2 et 8; Mart. 13, 90.

Le personnage représentait, pendant la jeunesse de Cicéron, dans la première décennie du dernier siècle av. J.C., un type d'homme d'affaires entreprenant, qui, dans la Rome de l'époque, était assez nouveau. Il eut un procès célèbre avec L. Crassus à propos de droits de pêche dans le lac Lucrin (Cic. *De Orat.* 1, 178; *Off.* 3, 67). À côté d'un élevage de poissons et d'huitres auprès du lac Lucrin et du golfe de Baies, il se livrait à des affaires immobilières rentables. Tout concorde pour faire de Sergius Orata un spéculateur adroit et heureux, qui perfectionna la pisciculture et l'ostréiculture grâce à une activité rationnelle et des aménagements techniques, particulièrement le chauffage artificiel des bassins. Il acheta des biens, les remit en état et les revendit avec bénéfice. En outre bon vivant et en bons termes avec les plus hautes personnalités. Cf. Münzer, *R. E.*, Zweite Reihe, 2, col. 1713-1714 n° 33.

Licinius Murena n'est pas mentionné ailleurs dans les *Res Rusticae*. Les Licinii Murenae représentaient une famille originaire de Lanuvium (Cic. *Mur.* 86; 90), installée à Rome au milieu du 2ᵉ siècle av. J.C. Accédèrent à la préture et au consulat (à la 4ᵉ génération). L'origine du *cognomen* serait étrusque (W. Schulze, *Zur Geschichte der lateinischer Eigennamen*[2], 196; A.Walde - J. B. Hofmann, *Lat. etym. Wörterbuch*[3], 2, 128) contrairement à l'interprétation par le nom du poisson. Pline 9, 170 considère notre personnage comme le premier Murena qui installa des viviers et aurait ainsi reçu son surnom des élevages de murènes. Cependant cette tentative de justification du *cognomen* n'est pas pleinement satisfaisante, puisque le père de ce personnage s'appelait déjà *Murena*. Cf. Münzer, *R. E.*, 13, col. 444, n° 121. C'était le grand père du Murena défendu par Cicéron.

15. Sur Philippe cf. ci-dessus note 11.

Q. Hortensius est le membre le plus connu de cette famille d'origine plébéienne. Il était devenu un véritable membre de la haute société romaine et il rivalisait avec l'élite en matière de train de vie princier et de richesse (Cic. *Pomp.* 51). Outre une résidence urbaine sur le Palatin (Suet. *Aug.* 72, 1), il possédait des villas près de la porte Flumentane, à Tusculum (Pline 35, 130; Macrobe *Sat.* 3, 13, 3; Cic. *Verr.* 1, 54; 4, 126), à Laurentum, avec un grand parc animalier (cf. ci-desous *Res Rust.* 3, 13, 2) et à Bauli (ci-dessous 3, 17, 5) avec des viviers célèbres (cf. Cic. *Ac.* 2, 9, 125 et 145; Pline 9, 172; Symm. *epist.* 1, 1, 5; également Cic. *Att.* 5, 2, 2). Puis vinrent des propriétés dans le Picénum et en Sabine (Val. Max. 9, 4, 1).

Sur les *Luculli*, voir Varron, *Économie rurale*, livre I, éd. J. Heurgon, C.U.F., *Comment.* p. 111.

Rappelons (cf. ci-dessus note 11) que Cicéron se moquait de Philippe, Hortensius et les Luculli en les traitant de *piscinarii*. Cf. Vonder Mühll, *R. E.*, 8, col. 2.470-2.481, n° 13.

CHAPITRE 4

1. *post principia* «derrière la première ligne». Cf. Ter. *Eun.* 781: *Tu hosce instrue; ego hic ero post principia* «Toi, mets ceux-ci en ligne; mois, je serai en arrière du front». Dans toute cette page de Térence, il s'agit d'une parodie de style militaire. Sens militaire authentique chez Sall. *J.* 50, 2; Liv. 2, 65, 2. Dans ces conditions, il n'y a aucune raison de ne pas conserver le texte des manuscrits, aucune raison par conséquent d'adopter la correction de Scaliger: *a postprincipiis*, d'autant que *postprincipium* existe à peine en latin: Plaute *Pers.* 452, mais c'est une correction de Saumaise.

Postprincipium donné surtout par Gell. 16, 9, 5 et 16, 18, 6. À l'appui de la comparaison militaire employée ici par Varron, on citera d'autres exemples dans les *Res Rusticae* de style imagé: en 2, 4, 1 «sortir d'un port italien pour traiter la question des porcins»; en 2, 7, 1, métaphore de Luciénus empruntée à la langue des courses: «Moi aussi, je vais, en arrivant, ouvrir les barrières et commencer à lâcher les chevaux». Cf. encore *Res Rust.* 1, 2, 11.

quam superioribus: *quam* est l'équivalent de *potius quam* avec ellipse de *potius*.

2. Que représentent ces soixante mille sesterces «fircelliens» qu'ont rapportés les grives? Il a déjà été question ci-dessus en 3, 2, 2 de Fircellius Pauo Reatinus. Le même personnage interviendra en 3, 5, 18 et en 3, 17, 1 sous l'appellation simplifiée de Pauo. Fircellius Pauo n'est pas connu par ailleurs. Nous ne savons donc pas s'il avait un élevage de grives. Son *cognomen, Pauo,* tendrait à en faire un spécialiste des paons. Mais, au chapitre 6, c'est Merula qui va traiter de ces animaux. Quelle confusion! Par ailleurs, aucun chapitre du livre 3 des *Res Rusticae* n'est consacré spécialement aux grives, Varron en parle épisodiquement. Cependant, ci-dessus, en 3, 2, 14-16, il a été question de la tante maternelle de Varron (*matertera*), dont l'élevage de grives rapportait soixante mille sesterces par an. D'où l'hypothèse (Gesner) suivant laquelle il s'agirait ici de la tante de Varron, baptisée, pour les besoins de la cause, Fircellia. A. Traglia, *Opere di Marco Terenzio Varrone*, Turin, 1974, p. 813 accepte cette hypothèse. Si rien n'infirme cette interprétation du mot employé par Varron, c'est-à-dire l'adjectif *Fircellina*, rien non plus ne vient l'étayer.

Excande me fecerunt. Emploi avec tmèse du verbe *excandefacio*, employé ci-dessus, sans tmèse, en 3, 2, 16 (voir la note).

3. Le Lucullus dont il s'agit ici (deux autres sont mentionnés dans les *Res Rusticae*) est L. Licinius Lucullus, vainqueur de Mithridate, conquérant de l'Asie, qui passa les dernières années de sa vie dans un luxe proverbial. Sa villa de Tusculum est signalé à nouveau ci-dessous en 3, 5, 8. En 3, 17, 9 Varron parlera de sa villa de Naples. Il a été question ci-dessus (3, 2, 17) de son fils. En 3, 17, 8 il sera question de son frère Marcus.

Un certain nombre de gens avaient des villas dans la région de Tusculum: Cicéron, bien entendu (*Att.* 1, 1, 4, etc), mais aussi Varron, qui avait acheté un domaine à M. Piso (*Res Rust.* 3, 3, 8; 3, 13, 1). C'est au point que le mot *Tusculanum* pouvait désigner à lui seul, et de manière générale, une maison de campagne (Cic., *Verr.* 4, 126).

4. En grec, le mot μαζονομεῖον, employé chez les comiques, est une planche pour découper la galette (μάζα). Les deux exemples que nous trouvons en latin (l'autre chez Horace, *Sat.* 2, 8, 86) étant à l'ablatif singulier, on ne peut savoir avec certitude si le mot était masculin ou neutre. En tout cas, le fait que Varron ne prenne pas de précaution pour utiliser ce mot grec tend à prouver qu'il était employé en latin beaucoup plus couramment que ne le laisseraient penser les très rares attestations dans les textes littéraires. Ce terme désignait un grand plat, une sorte de plateau.

CHAPITRE 5

1. *unde, non ubi sumuntur.* Jeu de mots, difficile à rendre en français, sur *sumere*: l'endroit où l'on va prendre (c.à.d. chercher) les grives, et non l'endroit où on les prend (c.à.d. consomme). Ce jeu de mots permet à Varron de nous donner ici une formulation très resserrée.

2. Le mot *testudo* apparaît trois fois dans les *Res Rusticae*, toujours au livre 3 (3, 6, 4 et 3, 7, 3). Il désigne une construction en forme de dôme.

3. *ne ... laborent.* Toujours le soin extrême de Varron pour les animaux.

4. Le sens de *coclia* «porte en escargot» ne paraît pas faire de doute. Le rapport avec le nom de l'animal est évident. En ce qui concerne la graphie, nous avons suivi le manuscrit *b*, Keil[2] et Goetz, en adoptant la forme sans *h*, pour singulariser cette forme de porte par rapport au nom de l'escargot. Cet emploi de *coclia/cochlia* est très rare en latin. Chez Celse 8, 10, 1 *in cochleam* signifie «en spirale» et chez Isidore, *Orig.* 20, 4, 13, le mot désigne un escalier tournant. Si l'on s'appuie sur ce texte de Varron, on en déduit qu'on a affaire ici avec un système de portes en usage dans le cirque de son temps, lorsqu'on y donnait des combats de taureaux. E. Saglio in C. Daremberg, E. Saglio et E. Pottier, *Dictionnaire des antiquités...* I, 2, 1352 a donné à ce propos des documents figurés, mais qui, malheureusement pour notre texte, sont bien tardifs! En tout cas, un problème demeure: quelle pouvait être l'utilité de cette porte pour une volière? Ci-dessus, en 3, 5, 1, Varron parle d'un filet (*rete*) pour retenir les oiseaux. Et en quoi un système en spirale empêche-t-il les oiseaux de passer? Cela peut être valable pour les animaux du cirque, mais pas pour les oiseaux. Il faudrait un sas avec deux portes.

5. Les mots *desiderium* et *marcescere* font évidemment penser à l'affection pour les animaux dont Varron témoigne plusieurs fois: *Res Rust.* 2, 1, 19; 2, 2, 8; etc. Mais le souci d'empêcher les rats ou autres bêtes d'entrer dans la volière fait intervenir un autre point de vue: celui de la rentabilité. Sur *tectorium*, voir ci-dessus 3, 1, 10 et la note.

6. Le mot *cancellus* s'applique à des réalisations très variées: toute clôture à claire-voie, grille, balustrade, barrière, qu'elle soit faite de bois marbre ou métal, de barres assemblées, d'un treillis de fer ou de bronze, ou de tuiles superposées et destinées à entourer un territoire, à protéger un monument, à fermer les différentes parties d'un édifice, ou à interdire un endroit réservé. Des *cancelli* servaient de garde-fou au théâtre et au cirque. Cf. E. Saglio in Ch. Daremberg et Ed. Saglio, *Dictionnaire des antiquités...* tome 1^{II}, pp. 868 et 869a.

7. *Antequam tollere uult.* Dans les *Res Rusticae*, *antequam* est presque toujours construit avec le subjonctif présent. D'où les corrections proposées ici par Merula (*uelis*) et Iucundus (*uelit*). Cependant il y a quelques exemples avec l'indicatif: 1, 29, 1; 1, 40, 4; 2, 2, 16. L'indicatif peut être maintenu ici, sa justification résidant dans le fait qu'il s'agit d'un phénomène d'expérience, d'une chose qui se répète.

8. Une lacune peut être supposée après *auiarium* (il manquerait le sujet de *solet*). Mais on peut penser aussi qu'il se déduit du contexte (l'intendant). Cette précaution illustre la surveillance soigneuse que le propriétaire de la ferme a l'habitude de faire exercer pour avoir la connaissance exacte du nombre d'oiseaux (sur un total de 5.000: cf. ci-dessus 3, 5, 8). Cette affaire macabre (conserver les oiseaux morts) montre une méfiance et une cupidité peu ordinaires de la part du propriétaire. Mais il est vrai que les esclaves dérobaient souvent.

9. Le mot *seclusorium*, hapax en latin, est de sens limpide. Nous pouvons faire désormais le bilan concernant le premier type de volière étudié par Varron: la volière de rapport (*fructus causa*). Si on la compare avec l'autre type de volière, la volière d'agrément (*delectationis causa*: 3, 4, 2), qui sera décrite avec beaucoup de détails dans la suite du chapitre 5, on constate que c'est un édifice très simple, mais grand, puisqu'il peut abriter parfois plusieurs milliers d'oiseaux. C'est un pavillon en forme de dôme (*testudo*), couvert de tuiles ou d'un filet. Toute la volière doit être arrosée par un conduit (*fistula*) et l'eau doit serpenter dans des canaux (*canales*). La porte est basse, étroite, en colimaçon (*coclia*). Peu de jour, peu de fenêtres, car les oiseaux qu'on y engraisse pour la vente ne doivent pas, autant que possible, apercevoir le dehors. Dans le haut, des piquets (*pali*) et des étagères (*tabulata*) fixés aux murs; dans le bas, depuis le sol, des perches (*perticae*) en estrade, reposant sur des supports obliques. La pièce communique avec une autre, plus petite, largement éclairée, où l'on chasse, au fur et à mesure du besoin, les oiseaux que l'on veut tuer. C'est le *seclusorium*, ou antichambre de la mort.

10. Double préoccupation de Varron ici: compassion pour les oiseaux (éviter qu'ils ne «perdent le moral») et recherche du profit («moment désavantageux pour le vendeur»).

11. Ces commentaires sur le genre grammatical de *turdus* et *merula* font penser à un passage correspondant du *De lingua latina* (9, 55): *dici coruum turdum, non dici coruam turdam, contra dici pantheram merulam, non dici pantherum merulum.* On peut se demander cependant ce que de telles considérations font ici.

12. Les *insulae Pontiae* représentent un groupe de petites îles rocheuses appelées maintenant «Îles Pontines» (*Isole Pontine*), sur la côte ouest de l'Italie centrale, dans le golfe de Gaète. Palmaria (l'île aux palmiers), aujourd'hui Palmarola, est la plus occidentale de ces îles. Elle est située devant la côte du Latium, au sud-ouest de Circei.

Pandateria, aujourd'hui Ventotene, a par ailleurs une histoire: là furent réléguées Julie, fille d'Auguste (Tacite, *Ann.* 1, 53), Agrippine, femme de Germanicus (Suet. *Tib.* 53), Octavie, femme de Néron (Tac. *Ann.* 14, 63), Domitilla, petite-fille de Vespasien (Dion Cass. 67, 14, 2). Il est question de l'île de Pandateria également au livre 1 des *Res Rusticae* (1, 8, 5). Varron nous indique que, pour préserver le vignoble des souris, on le remplissait de souricières.

13. À propos de *coieceris* («installer» des oiseaux dans la volière) B. Tilly, *Varro the Farmer*, p. 284 émet une hypothèse: les oiseaux auraient été, non pas élevés sur place, mais attrapés avant d'être enfermés.

Il est question ici de cinq mille oiseaux, sans précision, qui peuvent rapporter soixante mille sesterces. Ci-dessus, en 3, 2,15, on a parlé de la tante de Varron, qui gagnait soixante mille sesterces par an avec un élevage de cinq mille grives. Peut-on en déduire que les cinq mille oiseaux représentent ici des grives?

Ci-dessus, en 3, 2, 16, on a évoqué la nécessité d'un triomphe pour justifier la vente de cinq mille grives. La célébration d'un triomphe se terminait habituellement par un banquet pour les officiels de l'État et pour le Sénat, ce qui pouvait rassembler plusieurs centaines de personnes. La somme de soixante mille sesterces — importante — provoquait l'incrédulité d'Axius en 3, 2, 15. D'où la confirmation que juge bon d'apporter ici Appius.

14. L'addition opérée par Keil[2] (*Tum mihi: tu*) est indispensable pour comprendre la suite des idées, puisque celui qui va parler de la fameuse volière de Casinum est Varron, et non pas Axius.

Au pied de la colline sur laquelle était située la ville de Casinum, se trouvait la villa de Varron, dans la vallée, le long de la rivière (cf. ci-dessous 3, 5, 9). La volière que possède Varron, uniquement pour le plaisir (*animi* ou *delectationis causa*) prend place dans l'évolution de la villa romaine de l'utilité au plaisir. De même que la simple ferme (*villa rustica*) s'est transformée avec le temps en une propriété de campagne luxueuse, constituant une réponse aux influences diverses de la Grèce hellénistique, qui a dirigé et modifié l'amour inné des Romains pour la nature, de même la volière que pouvait contenir la villa, et dans laquelle, au début, les oiseaux étaient conservés pour être vendus au marché ou pour être mangés, devint un agrément qui ajoutait au plaisir du propriétaire.

15. Sur Laenius Strabon, voir Pline 10, 141: *Auiaria primus instituit inclusis omnium generum auibus M. Laenius Strabo Brundisi equestris ordinis.* Un rapprochement a été fait entre notre personnage et M. Laenius Flaccus, ami d'Atticus et de Cicéron, de Brindisi également. Mais il s'agirait de deux personnages différents d'après C. Nicolet, *L'ordre équestre à l'époque républicaine (312-43 av. J.C.),* tome 2: *Prosopographie des chevalies romains,* Paris, De Boccard, 1974, p. 922-923.

Pour rendre cette façon de parler grec en latin (*archetypon ornithotrophion*), pédantisme ordinaire dans la haute société romaine, et pour essayer de transposer en fançais l'aspect insolite d'*ornithotrophion,* hapax en latin, nous avons proposé «archétype voliéresque».

Le mot *exhedra (exedra)* était d'emploi fréquent à Rome. En Grèce, l'ἐξέδρα désignait «une salle de conversation munie de sièges, un parloir ou un salon». À Rome, dès que l'influence grecque se manifesta dans la construction des maisons, comme en toutes choses, les riches citoyens, à la ville comme à la campagne, aimèrent posséder de tels salons. Cicéron les désigne clairement comme des salles de conversation (*Nat. deor.* 1, 6; *de Orat.* 3, 5). Dans sa maison de Tusculum, il avait fait construire une petite exèdre, ἐξέδριον (*Fam.* 7, 23, 3). Cf. P. Paris, in C. Daremberg - E. Saglio - E. Pottier, *Dict. des antiquités...,* tome 2¹, p. 880-883. Ici, il s'agit d'un emploi figuré, sorte de «salon pour oiseaux».

La comparaison avec Lucullus, plusieurs fois cité au livre 3 des *Res Rusticae* (cf. ci-dessus 3, 4, 3 et la note 3) constitue la meilleure des références en matière de somptuosité.

16. Pour la forme *quoi,* cf. ci-dessus 3, 2, 9 et la note 17.

Cum habeam. La subordonnée reste en l'air, il n'y a pas de principale correspondante. Elle est développée par plusieurs relatives et la description suit son cours, malgré l'absence de rigueur grammaticale.

La description de la volière de Varron comporte beaucoup d'indications chiffrées, d'abord, en ce qui concerne la rivière, sa longueur (281 m) et sa largeur (près de 17 m). Le *museum* désigne une sorte de bureau, un cabinet de travail, un lieu de retraite et de réflexion, peut-être de discussion avec des amis.

17. *L'ambulatio* représente ici une promenade en plein air (*sub dio*). Cette expression est employée plusieurs fois dans les *Res Rusticae*: en 1, 11, 2, *lacus sub dio* désigne un réservoir à l'air libre; en 1, 13, 2 Varron nous dit que le matériel agricole ne doit pas être gardé en plein air. Il y avait des *ambulationes* qui comportaient des portiques.

Mais l'idée courante était qu'elles étaient moins favorables à la santé. Celse (1, 2) nous dit: *ambulatio melior est sub dio quam in porticu*. Cf. Vitruve 5, 9, 5. Les promenades à découvert étaient bordées de haies, peut-être de bois ou de plantes odorantes. Celle de Varron, vu qu'elle était située au bord de l'eau, devait être particulièrement plaisante. *Sub dio* ne signifie sans doute pas que la promenade était sans ombrage, chose difficile à concevoir dans un pays méditerranéen. Mais la charmille devait être taillée de façon à ce qu'on puisse toujours voir le ciel.

Varron nous dit que cette promenade était large de dix pieds (2 m 96): *pedes lata denos*. B. Tilly, *Varro the Farmer*, p. 286, prêtant attention à l'emploi du distributif *deni*, se demande, à titre d'hypothèse, s'il ne faut pas prendre cet emploi au pied de la lettre et supposer qu'il y avait une promenade des deux côtés de la rivière. Mais une recherche d'ensemble sur l'emploi des distributifs dans les *Res Rusticae* amène à beaucoup de prudence: les distributifs sont souvent l'équivalent de simples cardinaux. On peut penser que Varron, au vu de la précision qu'il apporte dans l'ensemble à décrire sa volière, signalerait, si c'était le cas, la présence de deux promenades dans sa propriété.

18. La comparaison avec la tablette à écrire est nette et nous renvoie à des exemples connus de la tablette des écoliers romains. C'est une planche rectangulaire, qui a sur le dessus, en guise de poignée, une boucle ou un anneau pour la porter. Horace, *Sat.* 1, 6, 74 nous parle des enfants nobles qui portaient leur *tabula* suspendue à l'épaule gauche. La partie circulaire (*capitulum rutundum*) correspond, comme nous le verrons ci-dessous en 3, 5, 12 et 13, à la tholos.

19. Passage difficile et texte vraisemblablement corrompu autour de *plumula*. Certes, ce mot existe en latin et sa formation, ainsi que son sens, sont clairs: «petite plume, duvet» (Colum. 8, 5, 19; Apulée, *Flor.* 12). Mais aucun emploi architectural n'est attesté. Certains érudits ont voulu lui substituer un autre mot (voir, en particulier, Ch. Des Anges - G. Seure, *La volière de Varron*, *Revue de Philol.*, LIX (VI), 1932, p. 232) mais sans parvenir à des résultats probants. On peut soutenir l'hypothèse suivant laquelle il s'agirait d'un emploi imagé, une sorte de jeu de mots bien dans la manière de Varron. Mais quelle réalité recouvre cette *plumula*? Keil (*Comment.* p. 243) propose sans se compromettre une «sorte de bâtiment» (*species quaedam aedificii*). Une hypothèse récente est due à L. Deschamps, *La salle à manger de Varron à Casinum ou «Dis-moi où tu manges et je te dirai qui tu es»*, *Bulletin de la Société toulousaine d'études classiques*, 1987, p. 75: «Avec l'humour qui lui est habituel, voulant employer l'équivalent de *pteron* qui en grec désigne la colonnade qui se trouve devant un temple et sachant que *pteron* désigne aussi dans cette langue une plume de l'aile d'un oiseau, l'auteur forge le terme *plumula*, diminutif de *pluma* «plume», qui n'apparaît pas ailleurs avec ce sens en latin, mais qui doit lui sembler une fine plaisanterie dans ce contexte ornithologique».

Un problème — moins aigu — se pose aussi pour *caueae* «cages». Nous avons adopté la traduction le plus communément retenue. En fait *cauea*, comme la plupart des mots désignant des réalités d'une certaine forme, prend des sens divers en latin: «amphithéâtre» ci-dessus en 3, 5, 3; «cage» ci-dessous en 3, 9, 6; 3, 9, 14; 3, 9, 16; éventuellement «treillage dont on entoure un jeune arbre»; «intérieur de la bouche»; «orbite de l'œil». Ici le contexte oriente vers le sens de «cage». Une question se pose cependant: pourquoi des cages, puisque la suite du texte décrit des portiques à filet «pleins d'oiseaux de toute espèce»? C. Des Anges et G. Seure, *La volière de Varron* ont prêté attention à ce problème et envisagent, avant de les réfuter, plusieurs hypothèses: ces cages pourraient contenir des réserves d'oiseaux, ou des oiseaux à acclimater, ou des sujets de choix. Finalement, ces auteurs traduisent par «barrières mobiles». En fait, on ne sort pas des hypothèses. Nous considérons comme plus vraisemblable que Varron, pressé par le temps, n'a pas donné toutes les précisions que le lecteur est en droit d'attendre au sujet de ces cages.

20. On notera que, en ce qui concerne les deux rangées de colonnes du péristyle, l'une est en pierre mais l'autre est remplacée par des arbustes.
Omnigenus. Il s'agit d'oiseaux de toutes sortes, Varron ne précise pas davantage. Il sera un peu plus explicite ci-dessous en 3, 5, 14: «oiseaux de toutes sortes, mais surtout des chanteurs» (*maxime cantrices*). *Omnigenus* est ici un adverbe.

21. Les deux bassins (*piscinae*) posent quelques problèmes. D'abord leur dimension et leur situation. Varron précise leur nombre (2) et leur forme (rectangulaire). Nous avons appris ci-dessus que la largeur totale de l'*area* est de 48 pieds, soit 14 m, 20 (3, 5, 10). Il faut retrancher à cela d'une part les deux portiques, d'autre part le sentier qui mène à la tholos. Combien reste-t-il pour les deux bassins? On peut tabler sur 3 mètres pour chaque portique, soit 6 mètres. Pour le sentier, un maximum de 2 mètres. Cela ferait pour les deux bassins un peu plus de 6 mètres, soit environ 3 mètres chacun. Varron nous dit que les bassins font face aux portiques (*ad porticus uersus*), ce qui est vague. Sont-ils parallèles aux portiques ou perpendiculaires? Le chiffre (3 mètres) incline à penser qu'il s'agit de la largeur (l'*area* présente une longueur de 21 m, 30 à occuper). Les bassins étaient donc parallèles aux portiques, ce qui ressort des schémas proposés par les commentateurs. Comme ils partent du centre (*a medio*), leur longueur était de 10 m, 65.
Même «flou artistique» à propos de la destination de ces deux *piscinae*. S'agit-il, conformément à l'étymolgoie, de réservoirs à poissons? Poissons d'ornement? L'eau pouvait-elle servir éventuellement à abreuver les oiseaux? Mais Varron nous dit ci-dessus (3, 5, 11) qu'il y avait à cet effet un ruisselet. On sait que les Romains avaient plaisir à posséder des étendues d'eau sur le terrain de leurs villas.

22. La tholos correspond, on se le rappelle, à l'anneau de la tablette à écrire (cf. ci-dessus 3, 5, 10). C'était une construction ronde, en forme de dôme, de type hellénistique dans sa conception, qui servait surtout de petit autel consacré à quelque divinité du jardin. Elle était habituellement entourée d'un mur. Le «temple de Catulus» (*aedes Catuli*) a été identifié par P. Boyancé, *Aedes Catuli, MEFR* 1940, p. 64-71 (repris dans *Études sur la religion romaine*, Rome 1972, p. 187-193). Il s'agit du temple B découvert dans la zone archéologique du Largo Argentina à Rome. Cet édifice avait été voué par le consul Q. Lutatius Catulus, collègue de Marius, à la «Fortune de ce jour» (*Aedes Fortunae Huiusce Diei*), lors de sa victoire sur les Cimbres en 101 av. J.C. à Verceil. Cf. F. Coarelli, *Guida archeologica*, Laterza[5], Rome-Bari, 1988, p. 281-284 et K. de Fine Licht, *The Rotunda in Rome*, Copenhague, 1968. Ce sanctuaire circulaire était entouré d'un mur intérieur concentrique et d'une colonnade extérieure, ce qui ne correspond pas tout à fait à la description de Varron, qui parle de deux murs (*parietes*).

23. Les arbres qui entourent la tholos donnent de l'ombre, très nécessaire pendant l'été en Italie, mais la grandeur de ces arbres fait que le jour pénètre tout de même par le bas. À la suite de Keil[2] nous avons supprimé *tecta*, inutile ici.

24. Il est plusieurs fois question de filets à oiseaux au livre 3 des *Res Rusticae*: sans précision, comme ici (*rete auiarium*) ou, au contraire, avec des indications techniques sur la matière: *retis cannabina* «filet de chanvre» (3, 5, 11); *reticuli e neruis* «filets de cordes de boyau» (3, 5, 13). *Nerui* indique une matière animale, peut-être des tendons. Ce filet, qui tient lieu de mur (*pro pariete*), est plus solide et plus serré que les autres, mais Varron nous assure que les oiseaux pouvaient tout de même voir au travers.

25. Le mot *theatridion* est un hapax. Toujours la grécomanie, le pédantisme du Romain cultivé qui sait le grec. Varron a déjà employé l'image du théâtre en 3, 5, 4 (description, en général, des volières crées pour le profit): le système de perchoirs forme une gradation «à la manière de balustrades de scène et d'un théâtre».

Les *mutuli* désignent des saillies de pierre ou de bois s'avançant au-delà de l'alignement d'un mur. Ces consoles concerneront plus bas les tourterelles (3, 8, 2), ainsi que les ruches, posées sur des consoles murales (*mutuli parietis*) en 3, 16, 16.

26. D'après ce passage, le rossignol paraît avoir été élevé pour son seul chant, mais il se mangeait aussi: cf. Horace, *Sat.* 2, 3, 245: *luscinias soliti inpenso prandere coemptas.* À remarquer cependant que les spécialistes de ces repas étaient les jumeaux fils d'Arrius, célèbres pour leurs extravagances. Ci-dessus, en 3, 5, 1, le merle était rangé parmi les animaux à profit.

27. Le statut du mot *falere* est à la fois clair et obscur: clair dans la mesure où ce mot existe en latin, puisque Varron l'emploie ici 4 fois en quelques lignes: une fois comme ablatif (*a falere*), une fois comme nominatif (*ipsum falere*), deux foix comme accusatif (*intra falere*; *circum falere*). Enfin, un génitif *faleris* se lit en 3, 5, 16 (*ex suggesto faleris*). Dans aucun de ces passages on ne voit apparaître d'hésitation au nivau des manuscrits. Par ailleurs, le sens de «plate-forme, socle» se dégage assez bien. Mais statut moins clair dans la mesure où *falere* sert à la fois de nominatif-accusatif (il s'agirait donc d'un neutre) et d'ablatif (mais alors pourquoi pas **faleri*?). Pourquoi aussi ce mot, normal semble-t-il chez Varron, n'apparait-il pas ailleurs? Enfin, l'étymologie: un rapprochement est évidemment tentant avec *fala*, employé au pluriel («tours»), que Festus nous signale comme étant d'origine étrusque: *falae dictae a falado quod apud Etruscos significat caelum* (P.F. 78, 3).

Mais les sens de *falae* «tours» et de *falere* «plate-forme» divergent fortement. D'où l'embarras qui subsiste chez certains éditeurs modernes (Traglia).

28. Keil, *Comment.* p. 245-246 soutient de façon curieuse que les *conuiuae* dont il s'agit ici sont les oiseaux, nommés «convives» de façon plaisante. Ce serait une pierre de plus à ajouter à l'édifice de l'humour varronien. En fait, les convives sont des hommes invités dans la fameuse salle à manger de la volière.

29. Jeu de mots évident à propos des *naualia ... stabula*. Varron, qui a été amiral, s'amuse à annoncer un équipement naval à propos des canards. On s'attend à voir apparaître des abris pour bateaux, des cales sèches. En fait, le mot *stabula* réduit ces abris à leur juste proportion: stalles.

30. C'est un peu le service du «buffet», mais perfectionné dans la mesure où les convives sont servis à domicile. Les plats et les boissons sont déposés en une fois, si bien que les invités peuvent se servir eux-mêmes, chaque fois que la table, en tournant, leur présente les mets.

31. Il n'y a qu'à tourner des robinets pour que chacun puisse se servir soi-même. Ordinairemnt, c'est un esclave qui distribue les eaux, chaude et froide. Ici il y a bien un esclave, mais il est préposé au service de la roue, qu'il fait tourner (ci-dessus 3, 5, 15). Les convives se servent eux-mêmes, soit pour la nourriture, soit pour les boissons, sans doute en raison du manque de place dans cette salle à manger si spéciale.

32. L'étoile que les Romains appelaient, selon les heures, Lucifer ou Hespérus, était une étoile unique. L'horloge d'Athènes appelée «Tour des Vents» avait été construite par Andronicus de Cyrrhus au premier siècle avant J.C. On peut la voir encore de nos jours. C'est une tour octogonale en marbre contenant une clepsydre sur un mur extérieur. Sur chacun des huit côtés il y a en haut un relief montrant une représentation figurative de l'un des huit vents et le nom est écrit en grec. Sur le haut du dôme, côté extérieur, était un triton de bronze tenant une baguette. Il était attaché à un axe, si bien qu'il tournait dans le vent et indiquait avec sa baguette le vent qui soufflait. En ce qui concerne le système varronien, il faut faire la remarque suivante: pour qu'une girouette puisse fonctionner à l'intérieur de la tholos, il faut que l'air circule, c'est-à-dire que la tholos ne soit pas entourée de murs. C'est le cas et Varron le signale expressément en 3, 5, 12, où la tholos est décrite comme un «bâtiment rond entouré de colonnes, comme dans le temple de Catulus, à condition de remplacer les murs par des colonnes». Et l'indication est reprise deux fois en 3, 5, 13: à propos des colonnes extérieures: *inter columnas exteriores pro pariete reticuli e neruis sunt*; à propos des colonnes intérieures: *intra interiores columnas pro pariete rete auiarium est obiectum*.

33. Ici se termine la description de la fameuse volière-salle à manger de Casinum. Faut-il s'en tenir là et ranger cette création varronienne parmi les réussites architecturales des villas romaines? Faut-il considérer cette salle à manger comme un idéal? L. Deschamps, *La salle à manger de Varron à Casinum ou «Dis-moi où tu manges, je te dirai qui tu es»*, *Bulletin de la Société toulousaine d'études classiques*, 1987 propose une autre interprétation. Cette salle à manger pourrait avoir une valeur mystique, Varron étant néopythagonicien. Ici il est interrogé par Appius Claudius Pulcher, un autre néopythagoricien. Peut-être cette salle à manger servait-elle à des réunions d'initiés. Mais pourquoi se réunir dans un endroit aussi exigu?

34. *Athletae* représente une correction de Iucundus, face à des leçons inutilisables des manuscrits. Le seul autre emploi de ce mot dans les *Res Rusticae* se trouve en 2, 1, 2, où c'est également une correction (de Keil[2]).

35. Pantuleius Parra n'est pas connu par ailleurs. C'est sa seule intervention dans les *Res Rusticae*. Il faut l'ajouter aux autres personnages qui ont au livre 3 des noms d'oiseaux (cf. ci-dessus, 3, 2, 2). On se reportera à la note 7 concernant ce chapitre. Quatre personnages ont des noms d'oiseaux: Merula, Pauo, Pica et Passer. Quel oiseau désigne exactement *Parra*? Il y a plusieurs hypothèses: cf. à ce sujet F. Capponi, *Ornithologia latina*, Gênes, 1979, *s.u. Parra* pourait désigner un oiseau nocturne de mauvais augure. Son apparition éphémère serait en liaison avec la fraude électorale signalée ici. Cependant, il est important de rappeler (cf. note 7 sur 3, 2, 2) qui ni Monsieur Merle ni Monsieur Paon, ni Monsieur Pie ni Monsieur Moineau n'introduisent des chapitres relatifs à l'oiseau qu'il représente. Pourquoi n'en serait-il pas de même pour Parra? Nous nous étions posé la question de savoir si ces interlocuteurs avaient existé. Réponse affirmative pour certains, douteuse pour d'autres. En ce qui concerne Parra, Varron le rattache à la gens Pantuleia, qui a existé; cela pourrait faire penser que l'introduction de ce personnage par Varron n'est pas complètement gratuite. Cependant le fait qu'une traduction couramment retenue pour l'oiseau *parra* est «engoulevent» rend sceptique sur un rapport entre le nom de cet oiseau et la fonction que le personnage serait supposé remplir ici. Sur *parra* «engoulevent», voir J. André, *Les noms d'oiseaux en latin*, Paris, 1967, p. 118.

La description de la fraude dans l'urne contribue à renforcer le caractère vivant du dialogue. Le coupable a probablement été corrompu pour glisser furtivement quelques bulletins étrangers dans l'urne pendant qu'était détournée l'attention du scrutateur. L'on sait qu'en 54 av. J.C. Caton d'Utique avait fait un effort déterminé pour mettre en échec la corruption qui était courante pendant les élections. Plutarque, dans sa *Vie de Caton*, parle d'un certain Favonius, qui était candidat au poste d'édile et fut battu, mais Caton, en examinant les votes, trouva plusieurs bulletins de la même écriture et fit casser l'élection. Cicéron (*Att.* 4, 15, 7) raconte comment Caton a embarrassé les candidats au point qu'ils ont décidé de déposer 500.000 sesterces chacun. Celui qui serait convaincu de fraude perdrait cette somme et elle serait distribuée entre ses concurrents. Favonius devint l'un des adjoints de Caton dans la lutte contre la corruption. Cf. Cic., *Att.* 1, 14, 5: «Les bandes de Clodius avaient occupé les passerelles donnant accès au bureau de vote; on s'arrangeait, en distribuant les bulletins, pour n'en donner aucun qui portât approbation du projet. Alors, voici Caton qui bondit à la tribune...» (Coll. des Universités de France, trad. L. A. Constans).

CHAPITRE 6

1. Sur Fircellius — et le peu que l'on peut en dire — voir ci-dessus 3, 2, 2 et la note 7. Lors de sa première mention dans le livre 3 des *Res Rusticae*, en 3, 2, 2, il est appelé *Fircellius Pauo Reatinus*, puis tantôt *Fircellius* (ici), tantôt *Pauo* (3, 5, 18; 3, 17, 1). Malgré son *cognomen*, il ne présente pas le chapitre sur les paons. Pourquoi? Une pseudo-explication est proposée par Varron ici-même: en l'absence de Pavo, qui vient de partir, Merula pourra parler librement des paons. Mais que vient faire la liberté là-dedans? Dans les trois livres des *Res Rusticae*, les interlocuteurs traitent leur sujet de manière objective, technique, scientifique. De deux choses l'une: ou bien Pavo est compétent pour parler des paons et, dans ce cas, pourquoi ne revient-il pas après l'incident des urnes? Ou bien il s'agit d'un personnage inventé, à la limite une sorte de «canular».

Serram cum aliquo ducere. Proverbe que l'on peut traduire par «avoir une prise de bec avec quelqu'un».

2. Sur la forme *quoi*, voir ci-dessus 3, 5, 9 et la note 17. Aufidius Lurco, ou Aufidius «le glouton». Seule attestation dans les *Res Rusticae*. Aufidius était le nom d'une gens plébéienne, assez bien représentée dans l'onomastique latine. Ici la tradition manuscrite a *lyrcho* ou *lurcho*. La forme *lurco* peut être restituée ici d'après Pline 10, 45: *Pauonem cibi gratia Romae primus occidit orator Hortensius aditiali cena sacerdotii. Saginare primus instituit circa nouissimum piraticum bellum M. Aufidius Lurco exque eo quaestu reditus sestertium sexagena milia habuit.*

La somme — considérable — de soixante mille sesterces a déjà été évoquée ci-dessus en 3, 2, 15: c'est le rapport annuel de la volière de la villa de la tante de Varron. En 3, 6, 6, c'est la somme que l'on peut arriver à tirer d'un troupeau de cent paons. L'emploi ici du distributif *sexagena*, leçon de certains manuscrits (d'autres ont *sexaginta*), peut se justifier par *in anno*. Souvent, dans les *Res Rusticae*, les distributifs n'ont pas de valeur particulière et équivalent à un cardinal.

3. *Planasia*. Île en mer Tyrrhénienne, entre la Corse et l'Italie, à 12 kilomètres au sud-ouest de l'île de l'Elbe. Aujourd'hui Pianosa. Les Romains l'avaient ainsi appelée en raison de son relief peu élevé. Pline 3, 80 dit que, pour cette raison, elle était dangereuse pour la navigation. Était connue également comme lieu de bannissement d'Agrippa Postumus et pour la visite d'Auguste aux bannis peu de temps avant sa mort (Tacite *Ann.* 1, 3, 4; Suétone, *Aug.* 65). À propos des paons, Columelle 8, 11, 1 parle aussi de «petites îles» adjacentes à l'Italie: *hoc genus alitum nemorosis et paruis insulis, quales obiacent Italiae, facillime continetur.*

Sur M. Piso, voir ci-dessus 3, 3, 8 et la note 8

4. *Haec*: forme de nominatif pluriel féminin. Cf. 3, 9, 18; 3, 16, 6; 3, 16, 17. Mais *hae* dans le même emploi en 3, 1, 1; 3, 5, 11; 3, 9, 4; 3, 9, 19; 3, 14, 5; 3, 15, 2; 3, 16, 19 (pour s'en tenir aux exemples du livre 3). *Grosso modo* les formes en *-c*, fréquentes dans la langue des comiques, sont des archaïsmes. Souvent, du reste, il y a flottement dans les manuscrits.

Pour Aristote, le paon vit à peu près vingt cinq ans, il ne conçoit plus au-delà de trois ans (Aristote, *H. A.* 6, 9, 47). Pour Columelle, 8, 11, 5, cet animal conçoit le mieux à trois ans. Renseignements très précis chez Pline 10, 161: *Pauo a trimatu parit primo anno ... sequenti ... ceteris* etc, avec tous les détails.

Chiffre de trois ans également dans les *Géoponiques* 14, 18, 3.

5. Le fait d'augmenter la dose de nourriture pour les mâles avant l'accouplement a été souvent mentionné au livre 2: 2, 2, 13; 2, 5, 12; 2, 8, 4.

6. *Excudere* «faire éclore» se dit des œufs ou des petits (cf. 3, 9, 2; 3, 9, 10; 3, 9, 13; 3, 10, 3; 3, 10, 4). Terme employé souvent chez Columelle au livre 8.

Sur la *testudo*, voir ci-dessus 3, 5, 1 et la note 2. Troisième attesta-tion du mot dans les *Res Rusticae*: 3, 7, 3. En 8, 11, 3 Columelle donne une description détaillée de ce type de bâtiment.

7. *Tectorium.* Mot fréquemment employé dans les *Res Rusticae*, surtout au livre 3. Son sens le plus habituel est celui que nous avons ici: enduit de protection contre les nuisibles. Cf. 3, 5, 3; 3, 8, 1; etc. Voir ci-dessus 3, 1, 10 et la note 16.

8. Sur Hortensius, voir ci-dessus 3, 3, 10 et note 15. Son luxe était légendaire. Si Q. Hortensius fut le premier à faire servir des paons sur la table lors d'un repas augural, c'est M. Aufidius Lurco qui le pre-mier, en 67 av. J.C., se mit à les engraisser (cf. ci-dessus 3, 6, 1).

9. *grex centenarius ... ut reddat.* On notera l'anastrophe de *ut* qui est à la 7e place!

Sur Abuccius, personnage obscur, voir ci-dessus 3, 2, 17 et note 30. En ce qui concerne le rapport d'un troupeau de paons, la fourchette 40.000/60.000 sesterces le situe au niveau des revenus de la vente de poissons venant des viviers du fils Lucullus (3, 2, 17), des revenus de la villa de Seius (3, 2, 14), du rapport d'une volière de 5.000 oiseaux (3, 2, 15; 3, 5, 8). Il s'agit donc d'une somme considérable.

CHAPITRE 7

1. Le mot «appariteur» désigne, de manière assez vague, un agent mis à la disposition des magistras romains pour leur rendre divers ser-vices. Les *apparitores* se recrutaient fréquemment parmi les affranchis.

2. Le premier mot qu'emploie Varron pour désigner le «pigeon-nier» est *peristerotrophion*, avec la forme de flexion grecque en *-on*. Suivra le mot grec également, *peristeron* (3, 7, 2; 3, 7, 3; 3, 7, 6; 3, 7, 8; 3, 7, 11). Dans les *Res Rusticae*, *peristerotrophion* est employé 3 fois, *peristeron* 5 fois. Le mot latin *columbarium* désigne la «niche à pigeons», le «boulin». Même sens de «boulin» chez Columelle 8, 8, 3. Avec le sens de «pigeonnier»: *columbarium* chez Palladius 1, 24. Le modèle des pigeonniers vient sans doute de Grèce, où les pigeons domestiques apparurent à la fin du 5e siècle av. J.C.

3. L'usage de tours pour les pigeons sauvages semble bien remonter à des pratiques connues en Orient, passées en Italie par l'intermédiaire de la Grèce. On remarquera que les pigeons sont les seuls oiseaux qui aient des maisons, les autres étant élevés dans des cages ou des volières.

Le rapprochement entre *columba* et *columina* constitue une étymo-logie fantaisiste.

4. *In locum unum, quod...* Relatif au neutre avec un antécédent masculin. Le cas est très rare dans les *Res Rusticae*, où le relatif s'accorde en principe avec l'antécédent. On citera cependant 1, 8, 6: *uinctu, quod antiqui uocabant...*

5. Sur *testudo* voir 3, 5, 1 et 3, 6, 4. La *camara* désigne une voûte d'édifice: en 1, 59, 2, les voûtes des fruitiers, enduites, comme ici, de poussière de marbre; plus bas, en 3, 8, les voûtes des batiments pour tourterelles.

6. On ne sait pas ce que Varron entend ici par fenêtres «carthaginoises». Puisqu'elles alternent (*aut*) avec des fenêtres plus larges et grillagées, on peut en déduire qu'elles étaient étroites et sans grillage. Cependant, si l'étroitesse peut empêcher la plupart des animaux nuisibles de passer, elle ne saurait suffire pour barrer la route à un serpent. Il y faut un grillage.

7. En ce qui concerne le *marmoratum* (forme complète: *opus tectorium marmoratum*), voir Varron, *Res Rust.* 1, 57, 1, avec la note de J. Heurgon (Coll. des Univ. de France) qui renvoie, pour plus de détails à Vitruve 7, 3.

8. La *palme* est une mesure de longueur de 7 cms environ. Le mot se présente sous la forme *palmus, i,* masc. Il y a donc lieu de suivre ici Iucundus qui a corrigé en *ternorum palmorum* la leçon des manuscrits *ternarum palmarum*. Du reste, ci-dessus en 3, 5, 15, les manuscrits ont *palmum*.

Sur *fictus* «fixé» participe archaïque de *figō*, voir ci-dessus 3, 3, 2 et la note 1.

9. En ce qui concerne l'arrivée d'eau, cf. ci-dessus 3, 5, 2. Voir aussi *Geop.* XIV, 6, 4.

10. Le nominatif *quae fetae sunt* n'est pas exactement un nominatif «en l'air» (*nominatiuus pendens*). C'est en fait le sujet de *transferantur*. Mais la syntaxe est un peu rude, étant donnée la distance qui sépare le sujet du verbe.

11. Les conseils donnés par Varron dans ce paragraphe 6 se retrouvent, en termes différents, chez Columelle 8, 8, 4. Une fois de plus, chez Varron l'attention est portée sur le psychisme des animaux. Quant à Columelle, il va même plus loin, puisqu'il parle des femelles couveuses qui se rééquilibrent en quelque sorte dans la joie (*exhilaratae recreantur*).

12. Sur la forme archaïque du participe *defictus*, voir ci-dessus 3, 3, 2 et la note 1.

13. Deux enallages de nombre: du pluriel (*columbis*) au singulier (*concipit, parit, incubat, educat*); puis retour au pluriel (*faciunt*).

14. Trois prix nous sont indiqués ici: le prix normal, qui est de 200 sesterces la paire (c'est le prix d'un paon: 3, 6,6); le prix exceptionnel, mille sesterces l'unité; le prix demandé par Axius: 400 deniers, c.à.d. 1.600 sesterces.

L. Axius, chevalier romain, ne doit pas être confondu avec l'interlocuteur du dialogue, Q. Axius senator, mentionné 25 fois dans les *Res Rusticae*. Nous ne savons rien d'autre sur ce personnage.

daturum negauit. Omission du sujet de la proposition infinitive, ici *se.* Voir à ce sujet ci-dessus 3, 2, 14 et la note 24.

15. Sur Pica, voir ci-dessus 3, 2, 2 et note 7.

Le datif singulier *tibe* (*tibi*) mérite autre chose que le silence de Keil dans son *Commentaire*. La forme courante dans les *Res Rusticae* est *tibi* (un seul autre *tibe* dans l'ensemble de l'œuvre: 3, 16, 9). *Tibe* est d'une part surprenant (Iucundus propose de corriger en *tibi* en 3, 16, 9), d'autre part justifiable par un certain niveau de langue: *tibe* se lit en effet dans une inscription du 2e siècle avant J.C. (*C.I.L.* I², 10). On pourra rapprocher *mihe* (*C.I.L.* I², 1049). À l'époque de Varron, la forme courante était *tibi* et le mécanisme de l'introduction de *tibe* dans les manuscrits reste obscur.

16. *Assem semissem* doit être traduit littéralement: «un as et demi». Cela correspond en gros à un demi-sesterce. Il y a ici un problème: comment, en économisant un demi-sesterce par jour, peut-on acheter une installation de 100.000 sesterces? Comment, par ailleurs, peut-on caractériser de «bénéfice» (*lucrum*) une économie aussi dérisoire? Deux interprétations peuvent être données:

1° Il y aurait là un exemple d'humour varronien. Axius, dans ce livre 3 des *Res Rusticae*, est hanté par le profit. Pica, ironiquement, lui conseille d'apprendre auprès d'un citadin une chose ou deux concernant de gros profits, avant de se lancer dans les affaires à la campagne. Dans ces conditions, mettre tous les jours quelques pièces dans la cagnotte, cela reviendrait à économiser «sou par sou» pour construire le fameux pigeonnier à la campagne.

2° On pourrait suivre une conjecture de Iucundus, supposant que chaque as peut rapporter un demi-as de profit, c'est-à-dire «faire» du cinquante pour cent. Mais le texte dit simplement «faire un gain journalier d'un as et demi».

Ce sont là deux tentatives d'explication. Mais l'expression reste obscure.

CHAPITRE 8

1. *Locum constituendum. Constituendum* est ici un gérondif (en phrase nominale) accompagné d'un complément d'objet direct (*locum*).

2. *Tegeticulae cannabinae.* Le mot *tegeticula* est employé une autre fois dans les *Res Rusticae* (2, 11, 8): il s'agit d'une natte que les gens soigneux mettent sous les moutons pendant la tonte, pour éviter qu'aucun flocon de laine ne se perde. En ce qui concerne le chanvre (*cannabis*), il est mentionné en 3, 5, 11 à propos d'un filet pour oiseaux. Les tourterelles sont ici traitées avec égard.

Varron nous donne des renseignements très précis sur l'organisation des perchoirs: trois pieds de distance entre la rangée inférieure et le sol, trois quarts de pied entre les autres rangées, un demi-pied entre la rangée supérieure et la voûte. Chez Columelle (8, 9, 3), les choses sont présentées de manière beaucoup moins précise, mais Columelle mentionne des filets (dont ne parle pas Varron) destinés à empêcher les tourterelles de s'envoler.

3. Columelle 8, 9, 2 et 8, 9, 4 parle aussi de la moisson comme l'époque la plus favorable pour l'engraissement de la couvée.

CHAPITRE 9

1. Le texte des manuscrits, en ce début de paragraphe 1, est étonnamment vide de sens. Il comporte deux mots qui n'existent pas en latin: *sarsurae* et *assurae*. On comprend mal, dans ces conditions, comment l'édition de Keil[1] a pu les maintenir. Les bons choix sont heureusement faits à partir de Keil[2], qui procure le texte correct.

Ratiocinari: leçon de Merula, corrigé par Politien, les manuscrits donnant ici des mots inutilisables. *Ratiocinari* (aucun autre exemple dans les *Res Rusticae*) est, au départ, un terme technique du langage de la comptabilité: «calculer».

Trois catégories de poules seront envisagées successivement dans le chapitre 9: les domestiques (*uillaticae*); les sauvages (*rusticae*) et les africaines (*africanae*). En ce qui concerne les *uillaticae*, B. Tilly, *Varro the farmer* p. 290 glose un peu: il s'agirait de poules élevées «autour des bâtiments de ferme» et non pas concentrées dans un type d'élevage «ramassé». Si l'on peut hasarder une comparaison avec le monde contemporain, fausse du reste sur un point, il ne s'agirait pas de poules élevées «en batterie» (c'est sur ce point que la comparaison avec l'Antiquité est fausse), mais d'animaux courant dans les champs autour de la villa (les poulets «fermiers» de notre époque).

En fait, il n'y a rien de tel dans le texte de Varron, qui dit seulement (3, 9, 2): *Gallinae uillaticae sunt quas deinceps rure habent in uillis* «Les poules domestiques sont celles que l'on a depuis toujours dans les fermes». Sorte de vérité d'évidence qui ne fait guère progresser l'analyse!

Les poules domestiques font l'objet de longs développements (paragraphes 2 à 16). Inversement, les poules sauvages sont traitées en un paragraphe et demi (16-17), les poules africaines en un paragraphe (18). Et, en 19, 20 et 21, Varron revient aux poules domestiques.

Il est très rare, dans ce livre 3, que Varron oppose espèce domestique et espèce sauvage. L'opposition apparaît pour les pigeons (chap. 7): une espèce est sauvage (*agreste*: paragr. 1), l'autre, «plus sociable, se contente de la nourriture de la maison» (paragr. 2). On peut aussi retrouver un peu de cette opposition au chapitre 17, entre les viviers d'eau douce (dans la villa) et les viviers d'eau salée.

2. *Ornithoboscion*. Mot passé directement du grec au latin, où il ne fait l'objet que d'une seule attestation, la nôtre. Comment dit-on le «poulailler» en latin? Le mot le plus précis est *gallinarium* (Pline 17, 51). Mais il est inconnu de Varron, qui emploie seulement une fois *gallinarius* (3, 9, 7) au sens de «gardien chargé des poules». Le terme le plus fréquent est *auiarium* (Cicéron, *ad Q.* 3, 1, 1), mais, chez Varron, il désigne la volière en général (3, 4, 3; 3, 5, 5; 3, 5, 5; 3, 3, 6).

La poule était originellement native d'Asie. De là, son usage comme animal de ferme s'est étendu à la Grèce à l'époque des guerres médiques et, éventuellement, à l'Italie et à toute l'Europe. Comme l'élevage des abeilles, celui des poules semble avoir été appris des Grecs. La poule n'est pas mentionnée chez Homère et Hésiode, mais apparaît très souvent chez Aristophane.

On remarquera l'enallage de nombre: *qui ... uult ... capiant ... animaduertant.*

Les habitants de Délos excellaient dans l'élevage de la volaille, mais ils élevaient surtout des coqs de combat, d'après Columelle 8, 2, 5, qui leur en fait reproche, à cause des grosses pertes d'argent consécutives au jeu. Pline 10, 139 dit que Délos était le premier élevage pour les poules destinées au marché.

3. L'étrange castration consistant à brûler les ergots des coqs est confirmée par Columelle 8, 2, 3. La castration des coqs se fait, non pas en leur retirant les parties génitales, mais en brûlant les ergots (*calcaria*) et en enduisant la plaie avec de l'argile de potier (cf. Pline 10,50).

D'après J. André, *L'alimentation et la cuisine à Rome*[2], p. 128 les chapons étaient très appréciés à Rome. Le chaponnage était alors une nécessité, parce qu'on ne pouvait produire des poulets en toute saison, comme le permet aujourd'hui l'incubation artificielle, que l'Antiquité cependant avait déjà tentée. C'était une invention récente à l'époque de Pline (10, 154).

4. Description assez détaillée de la poule idéale: plumes rouges, ailes noires, etc... Cela rappelle les schémas de description de l'animal idéal au livre 2, où Varron donnait une description détaillée pour presque toutes les catégories d'animaux.

Au livre 3, c'est la première fois que Varron procède ainsi. Pour les paons (3, 6, 2) Varron recommande seulement de les «prendre d'âge convenable et de belle apparence». Il ne dit rien de spécial ni pour les pigeons, ni pour les tourterelles.

5. La description des meilleurs coqs de reproduction (*salaces*) est également très détaillée, comme celle de la poule idéale. On retrouve ici les *oculi raui* «yeux gris jaunâtre» du livre 2 (béliers en 2, 2, 4; chiens en 2, 9, 3).

L'expression *Gallos salaces qui animaduertunt, si sunt lacertosi...* est fortement elliptique, mais compréhensible: «Ceux qui cherchent ... les reconnaîtront ainsi: musclés», etc. Le texte peut être maintenu, il est bien dans la manière de la syntaxe parfois heurtée de Varron.

6. Sur la forme *melicos*, voir ci-dessous *medicam melicam* (3, 9, 19) avec le commentaire.

Steriliores: bien que Varron ne recommande pas ces races grecques pour l'élevage, Columelle (8, 2, 13) dit qu'elles doivent être croisées avec des poules italiennes.

7. On remarquera le soin qu'apporte le *gallinarius* à tenir propre le nid des poules.

Le nombre d'œufs à couver préconisé ici (25) semble plus élevé que l'usage. Columelle 8, 5, 7-8 recommande des quantités différentes selon les mois: 15 en janvier, 19 en mars, 21 en avril et pendant les mois suivants, jusqu'en octobre.

8. En ce qui concerne la période la plus favorable pour la ponte, nous sommes en présence d'une tradition abondante, mais pas toujours unanime. Voir à ce sujet Colum. 8, 5, 8; Pline 10, 150; *Geop.* 14, 7, 14.

Les poules qui n'ont pas le bec ou les ongles pointus sont préférées parce qu'elles ne risquent pas d'abimer les œufs.

9. *Subicere*. Deux interprétations grammaticales sont possibles pour cet infinitif: on peut y voir un infinitif jussif ou sous-entendre un verbe comme *oportet*. L'infinitif jussif, pratiquement inconnu du latin littéraire, est par contre usité chez les auteurs techniques (Caton, Varron, Celse). Mais une 2ᵉ personne d'impératif n'est pas conforme ici au mouvement du texte de Varron. Par contre, il flotte incontestablement un parfum d'*oportet* (3, 9, 8; 3, 9, 10).

Bis deni dies ... ter noueni. L'emploi du distributif peut se justifier ici: tant de jours pour une catégorie, tout pour une autre. Les renseignements que donne Columelle (8, 5, 10) sur le nombre de jours correspondent pratiquement à ceux de Varron: 3 fois 7 pour les poussins, 3 fois 9 pour les paons. Columelle ajoute: il faut mettre à couver 4 œufs, 5 au maximum.

10. *Curator oportet circumeat ... ac uertere.* Anacoluthe dans la construction de *oportet*. Le sujet *curator* est en tête, en facteur commun. Il est suivi 1° d'un subjonctif seul (assez nombreux exemples de cette construction en latin); 2° d'un infinitif, dont le sujet est à tirer de *curator*. L'infinitif *uertere* a choqué certains commentateurs (Ursinus; Schneider). Mais il n'y a aucune raison de corriger en *uertat*. La syntaxe de Varron est souvent assez heurtée, en particulier au livre 3.

«Les veines vitales» (*uitales uenae*). Les Anciens croyaient qu'il y avait une goutte dans l'œuf, qui développait à l'intérieur le poussin. Aristote, *HA* 6, 3, 10 croyait que cela se trouvait dans le blanc de l'œuf et que la nourriture était fournie à l'embryon à partir du jaune. Pline 10, 148, 151 dit que les œufs ont dans le centre du jaune une goutte de sang, dont certaines autorités pensent que c'est le cœur de l'embryon du poulet.

Un œuf transparent est un œuf vide (cf. Pline, 10, 148, 151).

11. Le *sal minutus* est du sel «égrugé». Les Anciens connaissaient le gros sel et le pilaient pour avoir du sel fin. Sur la pratique de conservation des œufs, on se reportera à J. ANDRÉ, *L'alimentation et la cuisine à Rome*[2], p. 149: «On conservait les œufs en hiver dans la farine de fèves ou la balle de céréales, en été dans le son, en prenant soin de les frotter de sel ou de les laisser quelques heures au préalable dans la saumure». Cf. Col. 8,6; Pline 10, 167, *Geop.* 14, 11, 6. «On les faisait aussi tremper dans la saumure chaude jusqu'à ce qu'ils deviennent durs, comme font les Chinois qui les conservent pendant des années». Cf. Col. 8, 6. Il n'y a pas si longtemps, dans les campagnes françaises, on avait un système de conservation des œufs à partir d'un produit à base de calcaire.

12. En ce qui concerne les poussins enlevés à chaque nid et mis sous une poule qui a un petit nombre de petits, cf. Columelle 8, 5, 7-8, qui recommande que deux ou trois couvées nouvellement nées, jusqu'à trente poussins, soient mises sous une poule le jour de la naissance.

Au sujet des œufs enlevés à une poule qui couve et donnés à couver à d'autres poules qui n'ont pas encore fait éclore leurs petits, on peut s'interroger. Que signifie cette manipulation? Cela semble indiquer que les couvées d'œufs sur le point d'éclore doivent être mises ensemble, et cela pour deux raisons: 1° libérer quelques poules de manière à ce qu'elles puissent recommencer à couver, aussi tôt que possible; 2° protéger les poussins nouveau-nés.

13. L'histoire du «lit de poussière» (*subiecto puluere*) témoigne de l'attention portée au détail par un propriétaire précautionneux.

La *polenta*, mentionnée plusieurs fois au livre 3 (à propos des oisons, nouveau nés (3, 10, 6) puis à engraisser (3, 10, 7) est une bouillie de farine d'orge (Caton, *Agr.* 108; Colum. 6, 17, 8). Pline 18, 73 parle d'une adjonction de 3 livres de lin pilé à 20 livres d'orge. Mais peut-être s'agit-il d'une pratique grecque.

Le cresson (*nasturtium*) est recommandé aussi pour l'alimentation des oisons (3, 10, 6), à la suite de la polenta.

Certains auteurs parlent aussi de vin: Colum. 8, 5, 17; *Geop.* 14, 9,2.

14. L'épouillement doit avoir été une tâche fatigante pour le *gallinarius*. Faute d'insecticides, les Romains avaient simplement cette méthode d'épouillement à la main comme méthode de protection contre la vermine. Un unique épouillement n'était sans doute pas suffisant, d'où la nécessité d'une surveillance constante (*crebro*).

L'odeur des serpents fait-elle vraiment mourir les poulets? On peut supposer plutôt que leur vue les terrifie.

15. Neque pullos, sed omne *ornithoboscion* .... Cet accusatif, anacoluthique, est évidemment à tirer de *prodigendae* quelques lignes plus haut. *Prodigendae* se lit alors implicitement *prodigere oportet* mais que de heurts syntaxiques!

La même idée d'obligation court dans le paragraphe et cautionne l'accusatif *euitantem*. Si le sens reste clair, il est évident que la rédaction de ce livre 3 devient de plus en plus relâchée. Varron transcrit presque directement ses notes.

16. L'histoire de la nouvelle lune ressemble bien à une superstition. L'idée sous-jacente est peut-être que la lune, en se développant, avait des effets sur la croissance de l'embryon de l'œuf.

Les poules à Rome étaient non seulement gardées en cage, mais exposées parfois dans des solennités publiques, avec des oiseaux rares (cf quelques lignes plus bas au paragraphe 17).

17. Les auteurs anciens (Colum. 8, 2, 2-9 et 8,12) signalent l'existence d'une *gallina rustica* «poule sauvage», qu'ils conseillent d'engraisser en basse-cour, à côté des poules et des pintades, et qui ne se reproduisait pas en captivité. Mais les textes sont contradictoires: Columelle la compare à la poule de basse-cour et Varron à la pintade. Au temps de ce dernier, elle était aussi rare à Rome qu'un perroquet ou un merle blanc.

C'est ici la seule intervention du perroquet dans les *Res Rusticae*. Le mot *psittacus* est emprunté au grec. Il n'y a pas de nom latin pour ce produit exotique d'importation. Quant aux merles blancs, ils sont signalés par Aristote *H.A.* 617a, 11-14.

18. Le nom moderne de *Gallinaria* est *Isola Albenga*, face à *Album Ingaunum* (actuellement *Albenga*) et à Vintimille.

19. La pintade, originaire d'Afrique, et qui porte pour cette raison le nom de «poule africaine», «poule numidique» vint à Rome après la prise de Carthage, car elle paraît y avoir été inconnue au temps des guerres puniques (Mart. 13, 73). La description qu'en fait Columelle (8, 2, 2) permet d'en préciser l'espèce: c'était la pintade à barbillons rouges. Pour l'étymologie, le nom *meleagris* (Pline 10, 74), emprunté au grec μελεαγρίς, a été rapproché de Μελέαγρος, dont les sœurs furent transformées en pintades. Pour F. CAPPONI, *Ornithologia latina*, Gênes, 1979, p. 322, il y aurait lieu de distinguer entre la pintade d'Afrique occidentale et la sous-espèce d'Afrique orientale, distinction qui n'est faite ni par Varron, ni par Pline (10, 74; 10, 132). Manifestement, vers la fin de la République, la pintade est un oiseau encore très rare et très cher, qu'on commence à élever et qui fait alors seulement son apparition sur les tables, à cause, dit Pline 10, 74, de son fumet désagréable.

20. D'après J. André, *L'alimentation et la cuisine à Rome*[2], p. 127 «L'engraissement des volailles, *gallinae altiles*, *gallinae pastae* est déjà pratiqué par Caton, *Agr.* 89. Cf. Colum. 8, 7, 1 sq. Pline 10, 139-140; Mart. 13, 62; Pallad. 1, 27». Selon Pline, ce sont les Grecs, et plus précisément les Déliens, qui ont les premiers engraissé les poules.

21. Ci-dessus, en 3, 9, 6, Varron emploie la forme *melicos*. Ici, nous avons droit à quelques explications du Varron linguiste: la forme fautive est *melica*. C'est, dit l'auteur, une faute de nos ancêtres (*falso ... antiqui ... dicebant*). Cela dit, chez les divers auteurs latins qui ont employé ce mot, il y a doublet: tantôt *medicus* et tantôt *melicus*. Cela fait penser au flottement de type *d/l* dans *dingua/lingua*, *dacruma/lacruma*, *odor/oleo*.

22. Le mot *turunda*: la pâtée pour engraisser les poules; mais aussi une sorte de gâteau sacrificiel de *far*; mais encore la charpie (Caton, *Agr.* 157, 14).

L'ivraie avait des propriétés toxiques bien connues des Anciens. Malgré cela, le blé et l'orge mal triés pouvaient être mêlés d'ivraie. C'est le cas ici. Cf. Pline 18, 153; 18, 156; 22, 160.

Columelle 2, 7, 1 rangeait le lin parmi les nourritures les plus agréables, même pour l'homme. Concassé au mortier, il entrait dans la fabrication de bouillies.

23. Nous avons ici la seule attestation des ramiers dans les *Res Rusticae*.

CHAPITRE 10

1. *piscinas amphibium.* Varron emploie souvent le mot *piscina*, en particulier (infra) pour désigner les viviers des poissons. Le mot *amphibium*, écrit dans les manuscrits à la latine, est rarissime, au point que Varron le laisse ici aux érudits en langue grecque. Columelle cite la forme grecque: *eas aues quas Graeci ἀμφιβίους uocant quia non terrestria sed aquatilia quoque desiderant pabula nec magis humo quam stagno consuerunt.* (8, 13, 1)

nomine alieno. Les manuscrits ont simplement *nomine*. Goetz a ajouté *alieno*, Keil[2] proposait *graeco*.

Chenoboscion, mot grec écrit à la latine, est employé une seule fois dans les *Res Rusticae*. Columelle connaît également ce mot: *qui uero greges nantium possidere student, chenoboscia constituunt, quae tum demum uigebunt, si fuerunt ordinata ratione tali.* (8, 14, 1).

2. Sur Scipion Metellus, voir ci-dessus, chap. 2, 16 et la note. Pour M. Seius, fréquemment cité au livre 3 des *Res Rusticae*, voir sous sa première citation en 3, 2, 7.

3. *A Kalendis Februariis uel Martiis.* Keil[2] a fait cet important ajout au texte de Varron en s'appuyant sur Columelle 8, 14, 3. Sans cette addition, le texte de Varron est incompréhensible. On est d'autant plus fondé à suivre Keil que, par ailleurs, sur tout ce passage, Columelle 8, 14, 3 a suivi de très près Varron.

Non plus quam ter. Le leçon des manuscrits, *non plus quater* ne donne rien du point de vue du sens. D'où la correction d'Ursinus, *non plus quam ter* qui s'appuie sur Columelle: *singulae ter anno pariunt.* On trouvera de même dans les *Géoponique*: τρίτον τοῦ ἔτους.

Hara est employé au livre 2 des *Res Rusticae* pour désigner des étables à porcs (2, 4, 13). Ici il s'agit de cages pour les oies. Les parcs à oies de Columelle (8, 14, 1) sont entourés de murs hauts de neuf pieds, avec des cages de trois pieds construites à l'intérieur des murs.

4. On peut se demander pourquoi les oisons ont droit à deux sortes de cages; au-dessus du sol ou en dessous. Le but recherché étant qu'il n'y ait pas d'humidité sur le sol de ces cages, sans doute des considérations de terrain guident-elles les choix de l'éleveur.

En plusieurs passages, Varron parle de la nécessité d'interdire l'accès aux divers animaux nuisibles. Dans tous les cas on le fait en passant un enduit (*tectorium*): en 3, 5, 3, il s'agit de passer un enduit autour des portes et fenêtres de la volière; en 3, 6, 4, même remarque à propos de la volière des paons. Il en sera de même plus bas (3, 11, 3) pour les canards. Ici l'auteur, sans doute pressé par le temps, ne donne pas de détails sur le système de protection qu'il préconise.

5. Dans ce paragraphe, l'auteur nous éclaire sur la nourriture à donner aux oies en temps «normal» (au paragraphe suivant, il sera question de la nourriture pendant la période de couvaison): de l'orge, de la dragée (*farrago*) lorsque c'est la saison et, surtout la *séris* (*herba quae uocatur seris*). J. André, *Les noms de plantes dans la Rome antique*, Paris, Belles-Lettres, 1985, traduit *seris* par «endive, escarole, chicorée frisée». Ce terme, emprunté au grec σέρις, n'était connu que des spécialistes, d'où la périphrase varronienne: «cette herbe que l'on appelle 'séris'». Le mot est employé deux fois par Varron (dans notre passage) et l'on remarquera que, dans les deux cas, *seris* résulte d'une correction des manuscrits: par Iucundus pour le premier exemple et par Keil pour le second. Cette correction s'appuie sur l'attestation du mot chez Columelle 8, 14, 2 et Pline 20, 73. Columelle confirme les indications données par Varron: le pacage des oies doit être situé dans un endroit marécageux, mais herbeux; l'essentiel de la nourriture est constitué par la séris. Mais Columelle ajoute d'autres plantes fourragères semées, telles que vesce ou trèfle.

6. Les *speluncae*, façon de désigner les cages souterraines s'opposent aux *harae*, cages extérieures. La même opposition avait été rendue ci-dessus, en 3, 10, 4, par *haras supra terram aut suptus*. *Viceni* a ici le sens distributif et est donc tout à fait dans son emploi. Ce n'est pas toujours le cas (passim) et le distributif perd alors toute valeur propre pour devenir l'équivalent d'un simple cardinal.

7. Dans *sesquimensem*, le *m* est dû à une adjonction de Keil[2]. Adjonction justifiée par la construction de *natus* avec l'accusatif. Le mot *sesquimensem* pose un autre problème. En effet, pour cet engraissement, Columelle 8, 14, 10 parle d'oisons de quatre mois. Ce qui fait que Keil, dans son *Commentaire*, dit qu'il vaudrait mieux écrire *circiter sex menses*. Mais «six» ce n'est toujours pas «quatre». Cette correction ne s'impose donc pas. D'ailleurs, Keil lui-même ne l'a pas retenue dans sa deuxième édition.

Ter die. La correction, due à Ursinus, s'appuie sur Columelle 8, 14, 11. Cf. *Geop.* 14, 22, 7. Des adverbes comme *ter* ou *bis* se trouvent en latin devant un substantif tantôt précédé de *in*, tantôt non-prépositionnel.

Exemples avec *in* dans les *Res Rusticae*: *bis in anno* (2, 4, 14; 2, 11, 8); *ter in anno* (3, 10, 3); *ter in mense* (3, 16, 17; 3, 6, 1).

Exemples sans *in*, devant *die*: *bis die* (2, 4, 17; 2, 7, 7; 2, 7, 8; 3, 9, 20). Mais *bis in die* chez Cicéron, *Tusc.* 5, 100.

8. L'oie a occupé une large place dans l'intimité des Anciens, surtout dans la vie des femmes (Homère). On voit par les monuments que les oies, également les canards et les cygnes, étaient sans cesse dans la société des femmes, des enfants. Sur l'oie, nous avons des développements érudits de Pline au livre 10. L'oie passait pour l'image de la femme vigilante, soigneuse gardienne de la maison (Pline 10, 51 et suiv.). Varron ne s'intéresse ici à aucun de ces sujets; le Varron antiquaire n'apparaît pas. Or, il se manifeste plusieurs fois au livre 2, à propos d'animaux de la ferme ou de la dignité de l'élevage (2, 1, 6). On se reportera au chapitre sur le porc, avec les paragraphes érudits 9 à 12; au chapitre sur les bovins avec les considérations sur les origines du nom de l'Italie (2, 5, 3).

Quelles conclusions en tirer, pour ce chapitre sur les oies et peut-être, de manière plus générale, sur le livre 3? Varron s'intéresse particulièrement au profit dans cette dernière partie de l'œuvre, c'est l'idée-force pour ce propriétaire-éleveur. Peut-être aussi le manque de temps a-t-il amené l'auteur à rester au niveau de la mise en forme de fiches techniques.

CHAPITRE 11

1. *Nessotrophion* «lieu pour élever les canards». On rapprochera, sur le plan linguistique, d'autres mots grecs pris tels quels par Varron et présentant ce caractère particulier d'être attestés en latin, mais pas en grec. Voir ci-dessus *ornithoboscion* (3, 9, 2) avec la note. On peut interpréter cet emprunt au grec de plusieurs façons. Étant donné que le canard n'est pas mentionné chez Caton, peut-être son élevage est-il un emprunt relativement récent aux Grecs. Telle est la position de Olck, *RE*, 10 col. 2641. Avis différent chez J. André, *L'alimentation et la cuisine à Rome*², p. 130, qui pense que le canard a été domestiqué à Rome à date très ancienne. Le recours à un mot grec témoigne, une fois de plus, du pédantisme de Varron dans ce domaine.

Sur la forme *quoi*, cf. ci-dessus 3, 2, 9 et la note.

2. En ce qui concerne la protection des canards on retrouve (cf. ci-dessus à propos d'autres animaux) non seulement le fameux enduit (*tectorium*) destiné à empêcher les bêtes nuisibles d'entrer, mais on voit apparaître un filet à grandes mailles (*rete grandibus maculis*) qui a une double fonction, comme nous l'explique Varron dans son style très resserré: empêcher les attaques de l'aigle et aussi éviter que les canards ne s'envolent à l'extérieur (cf. Colum. 8, 15, 1).

Ce mot *cammarus* désigne ici des écrevisses. Cf. J. André, *L'alimentation et la cuisine à Rome*², p. 103 et note 123: «Dans les textes de Varron *Res Rust.* 3, 11, 3 et Columelle 8, 15, 6 les *cammari* donnés en pâture aux canards avec des poissons d'eau douce sont vraisemblablement des écrevisses... Dans Martial 2, 43, 12, il est impossible de choisir entre crevettes et écrevisses».

3. La sarcelle est un canard sauvage. Les foulques sont des échassiers différents du canard, les perdrix des gallinacées, également différentes du canard. La classification de Varron («espèces qui ressemblent aux canards») est donc approximative. Ci-dessus, en 3, 3, 3 l'auteur distinguait deux catégories d'oiseaux: ceux qui se contentent de la terre (paons, tourterelles, grives) et ceux qui ne se contentent pas de la terre mais ont aussi besoin de l'eau (oies, sarcelles, canards).

4. Sur Archelaüs de Chersonèse (vers 300 av. J.C.) connu pour avoir collectionné des faits extraordinaires, voir Varron, *Économie rurale*, livre II, éd. Ch. Guiraud, Collection des Universités de France, note 16 sur 2, 3, 5. En ce qui concerne les perdrix, qui concevraient après avoir entendu la voix du mâle, la même histoire est racontée par Aristote *H.A.* 5, 2. Archelaüs intervient plusieurs fois dans les *Res Rusticae*: en 2, 3, 5, à propos des chèvres qui respirent par les oreilles; en 3, 12, 4, on nous apprend que certains lièvres femelles ont plus d'orifices naturels que d'autres, d'où la possibilité de savoir leur âge; en 3, 16, 4, c'est la bougonie.

5. Pour comprendre l'expression «le premier acte des élevages de basse-cour», il faut se reporter au début du chapitre 3 du livre 3: «Cette science [c'est-à-dire la connaissance des espèces qui peuvent être nourries et élevées dans la villa ou autour d'elle] se divise en trois parties: les volières, les parcs à gibier, les viviers». On va maintenant pouvoir traiter des parcs à gibier.

CHAPITRE 12

1. Sur le *leporarium*, voir ci-dessus 3, 3, 1 et la note.

2. Quintus Fulvius Lippinus appartenait à la gens des *Fuluii*, très bien représentée à Rome. Le personnage était un gros propriétaire terrien. Cf. Pline 8, 211; 8, 224; 9, 173. Quarante arpents correspondent à peu près à dix hectares.

Les ovins sauvages (*oues ferae*) semblent avoir été assez répandus dans l'antiquité. On en signale des troupeaux en Phrygie (*Res Rust.* 2, 1, 5).

Statonia est une ville d'Etrurie. Cf. Pline 2, 209; 3, 52. Signe, une fois encore, de rédaction rapide: Varron ne nous donne pas le nom du propriétaire de Statonia et ne précise pas davantage les «autres parcs en d'autres lieux».

3. T. Pompeius (Beginus) devait avoir été de rang sénatorial et tribun militaire.

Les chiffres donnés par les manuscrits pour la surface de la réserve de chasse de T. Pompeius sont manifestement à revoir. Si l'on s'en tenait aux 4.000 pas (carrés) de la tradition manuscrite, cela donnerait à peu près 0,88 hectares, ce qui est vraiment peu pour une «grande» réserve de chasse! Aussi avons-nous proposé de corriger *circiter* en *centies*. La superficie serait alors de 88 hectares.

4. La fécondité des lièvres était bien connue dès l'Antiquité (Aristote, *H.A.* 3, 1; 5, 9).

Sur Archelaüs de Chersonèse, se reporter à *Rest. Rust.* 2, 3, 5 et la note 16. Autres attestations d'Archelaüs au livre 3: 3, 11, 4; 3, 16, 4.

5. Pour l'engraissement des lièvres dans des cages avant de les manger: cf. Colum. 9, 1, 8.

6. Trois espèces de lièvre chez Varron: l'italien; le gaulois (près des Alpes); l'espagnol. Mais ce dernier n'est pas un lièvre, c'est le lapin (*cuniculus*). J. André, *L'alimentation et la cuisine à Rome*[2], Paris, Klincksiech, 1981, p. 118 distingue effectivement deux sortes de lièvres: «Les Romains connaissaient deux espèces de lièvre, le lièvre commun (*lepus europaeus*) et le lièvre variable des Alpes (*lepus uariabilis*), qui blanchit en hiver et dont peu d'exemplaires parvenaient à Rome». Cf. Pline 8, 217.

7. Seule attestation dans les *Res Rusticae* du grammairien L. Aelius Stilo.

Pour les indications étymologiques concernant le lièvre et le lapin, on remarquera tout d'abord que Varron propose très rarement des étymologies au livre 3, au contraire du livre 2, où les étymologies sont fréquentes. Pour le lièvre, Varron propose la théorie d'un grammairien latin, mais c'est pour la réfuter. Sa thèse d'un emprunt au grec apparaît aussi dans le *De lingua latina* 5, 101: *lepus, quod Sicu<li ut Aeo>lis* *quidam Graeci dicunt* λέπoριν. Mais l'emprunt a pu se faire en sens inverse, la forme sicilienne peut provenir du latin. Ernout-Meillet, *Dictionnaire étymologique de la langue latine, s.u.* propose un emprunt à une langue très vaguement étiquetée «méditerranéenne». Si l'on admet le rapprochement entre le latin *lepus* et le grec λεβηρίς, on peut y voir des mots d'origine ibère (cf. P. Chantraine, *Dictionnaire étymologique de la langue grecque*, s.u.).

En ce qui concerne le lapin, il est certain qu'un même mot *cuniculus* désigne le lapin et le souterrain. Mais un problème se pose: lequel des deux emplois est primitif? Varron tranche en faveur de la priorité du sens «souterrain». Mais rien ne le prouve. Le *cuniculus* «souterrain» peut être aussi le fruit du travail du lapin. L'étymologie ne permet guère de trancher. D'après Elien, *NA* 13, 15, le grec κόνικλος est une transcription du latin *cuniculus*, lui-même mot ibère.

J. André, *L'alimentation et la cuisine à Rome*[2], p. 119 paraît confirmer cette explication par l'ibère: «Le lapin, *cuniculus* était loin d'être aussi apprécié [que le lièvre] et valait quatre fois moins cher. L'animal, originaire d'Espagne, où il pullulait, paraît avoir été introduit en Italie après 218 avant J.C., et le mot doit être ibère».

8. Les lapins qui «t'ont poursuivi depuis l'Espagne» (*inde te cuniculos persecutos*): cela constitue une façon imagée de présenter les choses. Varron a souvent recours dans son dialogue à ce style vivant. On a l'impression d'assister à cette conversation entre amis.

CHAPITRE 13

1. *Quem fundum ... uidisti*: on notera l'omission de l'«antécédent» *is* du relatif, alors que ce démonstratif serait précédé d'une préposition (*in eo*).

Sur l'achat à M. Pupius Pison de sa propriété dans la région de Tusculum, voir ci-dessus 3, 3, 8 et la note 8.

Le mot *palaestra* n'a pas ici son sens habituel. Il s'agit d'un espace à découvert, une plate-forme ou terrasse, sur laquelle les invités se tenaient en attendant le repas.

Aliut (qui alterne avec *aliud*) se lit aussi en 3, 16, 23 et 3, 16, 26.

2. Pour Q. Hortensius, voir ci-dessus 3, 3, 10 et note 15. θρᾳκικῶς est une correction de Keil[1], les leçons des manuscrits étant inutilisables. Pourquoi à la manière «thrace» et non pas «tragique»? Parce qu'il s'agit du chant d'Orphée (cf. ci-dessous) et non par de l'art de la tragédie.

Pour *istuc*, on retiendra l'explication par un archaïsme, les formes où la particule démonstrative -*ce* est attestée étant nettement plus nombreuses chez Plaute et Térence que dans la langue classique. Autres exemples: 1, 2, 18; 1, 2, 21; 1, 12, 2; 3, 14, 1. Parallèlement on citera la forme d'accusatif pluriel neutre *istaec* (1, 37, 2).

L'hapax *therotrophium* est bien attesté, avec des variantes de graphie sans grande signification, dans les divers manuscrits. On constate que la finale -*ium* est latinisée, alors que, dans d'autres cas on trouve la finale grecque écrite à la latine: -*ion*. Pourquoi Hortensius appelait-il le «parc à gibier» non pas *leporarium*, mais *therotrophium*? Deux explications sont possibles: 1° il y aurait une différence sémantique, le *therotrophium* serait plus vaste que le *leporarium*; 2° le pédantisme hellénisant d'Hortensius, attitude qui apparaît souvent dans les *Res Rusticae*. La deuxième hypothèse nous semble préférable, d'autant plus que la suite parle d'Orphée.

3. Il est évident qu'il ne s'agit pas d'Orphée lui-même, mais d'un musicien déguisé en Orphée, qui séduit les animaux par sa musique. Pline 8, 64 nous dit qu'il y avait un vieux décret du Sénat interdisant d'introduire des panthères en Italie et que Cn. Aufidius, tribun de la plèbe, avait fait passer une loi permettant leur importation pour l'usage du cirque.

À Rome, les grands seigneurs - hommes d'affaires ne négligeaient pas tout ce qui pouvait charmer leurs loisirs. On se rappellera que ci-dessus (3, 4, 3) Varron décrit la salle à manger que Lucullus s'était fait faire dans la région de Tusculum, au milieu de la volière «où il pourrait à la fois dîner en gourmet et voir les oiseaux ou bien cuits et disposés sur un plat, ou bien voletant, captifs, autour des fenêtres». Mais le Romain pratique qu'est Merula fait la fine bouche en parlant de l'odeur désagréable de la volière.

Il est certain que le «fin du fin» en la matière était constitué par les repas musicaux donnés au milieu des bêtes, malgré l'absence, regrettée semble-t-il, des bêtes africaines, par Q. Hortensius.

CHAPITRE 14

1. Pour le «second acte», voir ci-dessus 3, 3, 1 et 3, 12, 1. La première escargotière a été créée à Rome par Fulvius Lippinus, cité ci-dessus en 3, 12, 1 comme propriétaire, dans le territoire de Tarquinies, d'un grand *leporarium*. Voir à ce sujet J. André, *L'alimentation et la cuisine à Rome*[2], p. 125-126: «L'escargot est attesté dans l'alimentation des Grecs dès le Ve siècle avant J.C., à Rome seulement à partir de Varron, bien que ce soit un reste de la pratique primitive du ramassage. Peu avant 50 avant J.C. fut créée par Fulvius Lippinus la première des escargotières (*cochlearia*) où les Romains engraissaient de vin cuit et de farine des espèces importées d'Illyrie ou d'Afrique». Cf. Pline 9, 173-174.

Relicum: forme phonétique (traitement de *qu-* devant *u-*). Cf. 3, 16, 10.

Molimentum «effort» résulte d'une correction de Palmerius. Les manuscrits ont *emolumentum*. Mais on ne voit pas pourquoi l'élevage des escargots ne rapporterait pas de gros profits, toutes les activités du livre 3 tendant au contraire vers la rentabilité.

Istuc. Cf. ci-dessus 3, 13, 2.

2. L'emploi de *liberi* pour désigner les petits d'animaux n'est pas innocent. Il y a là sans doute un nouveau signe de l'affection de Varron pour les animaux, assimilés à des humains.

L'emploi de *fugitiuarius*, mot rare en latin, est fort intéressant, car c'est une façon très imagée de présenter les choses: les escargots ont tellement tendance à se sauver qu'il faudrait presque prévoir pour eux un spécialiste de la recherche d'esclaves fugitifs.

3. *Si naturalis non est ... neque habeas.* On remarquera le changement de mode (indicatif/subjonctif) dans la conditionnelle. Plutôt que de parler de négligence syntaxique, il vaut mieux trouver à cet emploi une justification, ce qui est faisable en se référant à la valeur fondamentale des modes concernés: «Si réellement un tel lieu n'existe pas ... et au cas où on ne pourrait...».

On notera l'astuce technique pour créer une humidité artificielle: monter un tuyau pour l'adduction d'eau et brancher dessus de petites tétines (emploi très imagé de *mammilla*). Nous avons gardé dans la traduction l'image de *eructare* «vomir l'eau».

4. Énallage de nombre avec d'une part *iis* et d'autre part *serpit, reperit, inuenit.*

La «rumination» des escargots peut surprendre. Mais le texte des manuscrits, *exgruminantes*, est inutilisable. Aussi les éditeurs modernes ont-ils suivi la correction de Keil[2].

cocus: cf. ci-dessus *relicum* (3, 14, 1).

5. Réate, signalée ici pour produire des escargots de petite taille, blanchâtres, est connue, au livre 2 des *Res Rusticae*, pour ses ânes (2, 1, 14), ses chevaux (2, 7, 6) et ses mulets (2, 8, 5).

Le mot *disperiles* est ici par la grâce des «meilleurs» manuscrits. La forme la plus fréquente en latin est *disparilis*, avec une famille: *disparilitas, dispariliter.* L'édition Keil[1] a encore *dispariles.* La forme *disperiles* est choisie à partir de Keil[2] et figure dans les éditions postérieures.

Solitanna est un mot spécifique pour désigner les escargots d'Afrique. En 9, 173 Pline parle des escargots de Solita (sans plus de précision) qui sont les plus réputés. En 30, 45, ce sont les *Iolitanae* (correction: *solitanae*), Iol désignant Césarée de Mauritanie (Cherchell). 80 quadrantes correspondent à environ 11 litres. Cette indication, un peu surprenante, est confirmée par Pline 9, 174, mais sous l'autorité de Varron. Cette exagération manifeste fait penser aux histoires d'Archelaüs de Chersonèse (*passim*), mais, cette fois, l'affirmation est le fait de Varron lui-même. *In eas* surprend; on attendrait *in singulas.*

6. Sur *bolus*, voir Cl. Moussy, *Bolus et iactus*: de l'emprunt au calque sémantique (*Rev. des ét. lat.*, tome 83, p. 227-241).

La *sapa* est un vin cuit obtenu par réduction du moût des deux tiers à la cuisson (Pline, 14, 80; Pallad. 11, 18, 2) ou de moitié seulement (Colum. 12, 19, 1). Voir à ce sujet J. André, *L'alimentation et la cuisine à Rome*², p. 164, qui cite deux autres sortes de vin cuit: le *defrutum* et le *caroenum*. Ces vins, très concentrés en sucre, pouvaient remplacer le miel.

CHAPITRE 15

1. Peu connus des Grecs, les loirs étaient au contraire très recherchés par les Romains. Sous le consulat de M. Aemilius Scaurus, en 115 av. J.C., une loi somptuaire en interdit l'usage (Pline 8, 82 sq.; 36, 2). Malgré cette loi, Q. Fulvius Lippinus (cité ci-dessus en 3, 12,1) s'avisa d'en élever. Varron nous donne ici d'abondants renseignements sur l'élevage des loirs, mais il omet de nous dire qu'ils étaient engraissés pour être mangés et qu'ils constituaient un plat de choix. Cf. J. André, *L'alimentation et la cuisine à Rome*², p. 119: «Les Anciens ont considéré le loir non comme une nourriture de disette, mais comme un régal. Dès le temps de Plaute, ils étaient rassemblés en troupeaux et engraissés... On recherchait les grosses pièces... On le mange rôti, enduit de miel et saupoudré de pavot ou bien farci, au four».

2. La *nux iuglans* désigne typiquement la noix. *Nux* est plus général: «noix», «noisette», tout fruit à amande. On citera, pour l'étymologie de *iuglans*, Varron, *de ling. lat.* 5, 21, 102: *quod cum haec nux antequam purgatur similis glandis, haec glans optima et maxima a Ioue et glande est appellata.* Le mot vient de *Iouis glans*: cf. grec Διὸς βάλανος «le gland de Iupiter».

Cum operculum inpositum. Passage où la leçon des manuscrits (*cumularim positum*) est manifestement inacceptable. On trouvera dans le commentaire de Keil le détail des corrections qui ont été proposées. Celle de Keil², que nous retenons, n'a pas eu l'heur de plaire à Goetz qui, dans ses deux éditions, s'en tient au texte des manuscrits, qu'il contente de marquer d'une croix.

CHAPITRE 16

1. Rappelons que la *pastio villatica* se divise en trois parties: les volières; les réserves de chasse; les viviers. Le deuxième acte (chasse) a été rapidement expédié (cf. 3, 14, 1: *breuiter secundus trasactus est actus*). Appius identifie le troisième acte aux viviers, ce qui effacerait le long chapitre sur les abeilles. Ce développement sur les abeilles est placé ici comme une sorte d'interlude (mais bien long!).

Le *mulsum* est un vin fermenté additionné de miel. Il se buvait au cours des repas, mais surtout avec les hors-d'œuvre. Bien qu'Appius ait été pauvre pendant sa jeunesse, il est représenté dans le dialogue comme un riche propriétaire. En 3, 2, 7, Varron nous dit qu'il s'apprête à acheter une villa à M. Seius au bord de la mer dans la région d'Ostie.

2. L'emploi du relatif *quarum* laisse en l'air la subordonnée *cum pauper ... essem relictus*. Deux solutions: ou bien remplacer *quarum* par *earum* (Scaliger, Gesner) ou bien maintenir l'anacoluthe en remarquant, une fois de plus, les négligences syntaxiques de Varron dans ce livre 3. (cf. 3, 2, 13)

L'emploi du datif singulier *me* pour *mī* pose des problèmes. On rapprochera de *tibe*, datif singulier de *tu*. Voir ci-dessus 3, 7, 11 et le commentaire.

Appius était resté comme chef de famille après le décès de son père. Quand le père d'une femme mourait, si elle n'était pas mariée elle était, d'après la loi romaine, à la charge de son parent mâle le plus proche. Il était dans ses obligations d'arranger un mariage convenable. Lucullus avait une fortune fabuleuse. Le fait qu'Appius ne pouvait donner une dot à sa sœur, comme c'était la coutume à Rome, contraste avec le redressement ultérieur de sa situation financière. Appius avait en fait deux sœurs, mais l'autre pouvait avoir été mariée avant la mort de son père. Lucullus avait renoncé à un héritage qui était normalement le sien en faveur d'Appius, peut-être en échange d'avoir sa sœur comme femme.

À l'époque de Varron, la coutume était généralement de servir du vin au miel aux invités dans les repas, mais il faut déduire des propos d'Appius que sa situation s'était tellement améliorée qu'il pouvait se payer le luxe de boire ce vin au miel régulièrement à sa propre table.

3. «C'était mon rôle» (*meum erat*). Ce mot (*meum*) sur les lèvres d'Appius suggère peut-être un calembour. Le nom d'Appius pourrait faire penser aux abeilles (*apes*). En fait, il y a partage du travail entre Appius et Merula: Appius parlera de la nature et du caractère des abeilles, Merula des pratiques des apiculteurs.

Historicos et melitturgae: ces deux mots, en «cascade» en quelque sorte dans la même phrase, constituent un véritable festival de mots grecs. Leur allure à tous deux est étrange en latin: un adverbe grec en -ως transcrit sous cette forme, avec une finale insolite; un substantif de la deuxième déclinaison finissant en *-oe* au nominatif pluriel. Dans les deux cas il s'agit d'hapax. Quelle interprétation proposer? On peut invoquer, une fois de plus, la grécomanie de l'auteur. On peut supposer aussi que cet excès linguistique est dû au fait que les Romains tenaient leur science de l'apiculture des Grecs.

4. Sur la bougonie, voir *Res Rust.* 2, 5, 5 et la note 17 de l'édition de la Collection des Universités de France; sur Archelaüs, voir 2, 4, 5 et note 16.

Aristote traite de la reproduction des abeilles en *Histoire des animaux* 5, 21, 553a et *Génération des animaux*, 3, 10, 759a - 760b. Il énumère différentes hypothèses de spécialistes: ni ponte ni accouplement, mais semence recueillie dans les fleurs ou sur des plantes diverses; même principe pour les faux bourdons, mais génération des «abeilles» (Aristote veut dire les ouvrières) par les «rois» (Aristote nomme ainsi les reines: voir ci-dessous paragr. 6); accouplement entre les faux bourdons, les mâles et les ouvrières qui seraient les femelles; ponte par les «rois», qui seraient en fait des «mères» (seule hypothèse correcte). Aristote refuse, au nom de la raison, toutes ces explications: les rois sont sûrement des mâles, puisqu'ils portent un aiguillon, les faux bourdons, qui n'en ont pas, des femelles. Quant à l'ouvrière, elle est à la fois mâle, car elle porte un aiguillon, et femelle, ce qui lui permet d'engender et de pondre des faux bourdons. Aristote conclut toutefois que l'on manque d'observations certaines et que, le jour où on en disposera, il faudra plus se fier à elles qu'au raisonnement. Pline, 11, 46-48 signale deux hypothèses: pas d'accouplement et naissance dans la bouche des abeilles d'une combinaison de fleurs; accouplement entre le «roi» le seul mâle, et les ouvrières qui sont des femelles. Il préférerait la seconde, si ce n'était qu'il ne comprend pas la naissance des faux bourdons. Virgile, *Georg.* 4, 197-201, évidemment pour des raisons poétiques, préférait la première de ces hypothèses.

5. Varron commence à cerner ici la nature des abeilles par comparaison avec les hommes, mais aussi les aigles et les choucas (*graguli*).
Ab his ... ab his ... ab his: ce procédé de l'anaphore, connu ailleurs (3, 2, 4; 3, 16, 5; 3, 17, 2) donne au dialogue un aspect pédagogique. Cette syntaxe soignée corrige un peu l'impression de relâchement que nous avons pu noter (passim).

6. La forme hexagonale de l'alvéole n'a aucun rapport avec le nombre de pattes des abeilles. Cette forme est celle qui assure le meilleur compromis entre l'espace et la nécessité d'économiser au maximum la cire.
Le repas romain se composait habituellement de trois services: la *gustatio* qui désignait les entrées; le dîner proprement dit et la *mensa secunda* (desserts). Les entrées comportaient en particulier des œufs, d'où l'expression *ab ouo usque ad mala* (Horace, *Sat.* 1, 3, 6) «du commencement à la fin». Cf. Cicéron, *Fam.* 9, 20, 1.

7. À la suite d'Aristote, ou de certaines de ses sources, les auteurs anciens prennent les reines pour des rois. Les spécialistes modernes des abeilles, quand ils font l'historique de leur science, attribuent la découverte du sexe et du rôle de la reine soit à C. Butler, *Feminine Monarchy*, 1609, qui avait observé la ponte des reines, soit au physiologiste hollandais J. Swammerdam (1637-1680) qui, à la suite de ses études au microscope, avait pu dessiner le premier les ovaires de la reine. Ses planches ont été publiées après sa mort dans la traduction latine de son œuvre, *Biblia Naturae*, 1737-1738. En réalité, des Grecs avaient précédé de loin ces modernes, comme il ressort d'Aristote, *H.A.* 5, 21, 553a: καλοῦνται ὑπό τινων μητέρες ὡς γενῶντες «Elles sont appelées par certains 'mères' en tant que reproductrices». Xénophon, *Cyropédie* 5, 24; *Hellen.* 3, 2, 28 dit bien, au masculin, ὁ τῶν μελιττῶν ἡγεμών, mais, en *Économique* 7, 18; 32; 33; 38, ἡ ἐν τῷ σμήνει ἡγεμών ou ἡ τῶν μελιττῶν ἡγεμών: il connait les deux théories. Aristote jugeait que le port d'une arme était un indice sûr de masculinité et donc que la reine, avec son aiguillon, ne pouvait être qu'un roi (*G.A.*, 3, 10).

Pour *secuntur*, forme phonétique (traitement de *qu-* devant *u-*), voir ci-dessus *relicum* (3, 14, 1).

8. *oleat*/*olet*. Le passage du subjonctif à l'indicatif (admis par la tradition manuscrite) dans des conditions de parallélisme syntaxique (relatives symétriques) ne s'explique guère.

bona olet unguenta: accusatif interne.

9. Les abeilles n'abîment pas, en butinant, le travail des fermiers. Varron pense aux déprédations commises par les insectes, véritable fléau pour les fruits des vergers, des vignobles et des oliveraies. Guêpes, frelons et bourdons ont de solides mandibules avec des arêtes en dents de scie, avec lesquelles ils peuvent entailler la peau des fruits. La bouche des abeilles est constituée naturellement pour la cueillette du nectar des fleurs. Elle comporte une longue trompe, lisse et arrondie, avec laquelle elle peut sucer, mais ne peut pas piquer ou arracher. Les abeilles sucent uniquement les fruits qui ont déjà été abimés par d'autres insectes et, pour cette raison, elles sont utiles aux fermiers, étant donné qu'elles limitent les dommages en prenant dans la sève sucrée ce qui s'écoule des lésions et ainsi évitent aux fruits la moisissure.

Syllepse de nombre dans les deux sens: passage du pluriel (*considunt*) au singulier (*malefica ... facit ... resistat*); puis retour au pluriel (*dicuntur ... displicatae sunt*). Sans doute est-on tenté de voir là un nouvel exemple de laxisme syntaxique de la part de l'auteur. Cependant, on pourrait essayer une justification: l'emploi du pluriel se rapporte à une activité concrète, déroulée sous nos yeux. Le singulier décrit une espèce (type: l'abeille a tel ou tel comportement).

10. Les abeilles appelées «êtres ailés des Muses». Il s'agit peut-être d'une expression proverbiale. Une référence d'auteur ancien peut être rapprochée: Aristophane (*Eccl.* 974) appelle une fille μέλιττα Μούσης «abeille des Muses». Pourquoi «êtres ailés des Muses»? Sans doute parce que les abeilles répondent à la musique des cymbales et au battement rythmique des mains.

Les abeilles dispersées (*displicatae*) volent en rond en fonçant et en tournoyant sans but en une nuée épaisse, jusqu'à ce qu'elles aient trouvé la reine qui sera leur chef, et autour de laquelle elles se groupent et qu'elles suivent jusqu'à leur dernière demeure. Des sons métalliques rythmés, parfois avec martèlement de cymbales, ont été utilisés depuis des temps immémoriaux, dans l'idée probablement fausse qu'ils pouvaient empêcher l'essaim de s'envoler trop loin et, en même temps, l'amener à s'établir en un endroit particulier, probablement une ruche qui a été enduite avec des herbes à l'odeur douce (cf. ci-dessous 3, 16, 31). La pratique est décrite par Virgile, *Georg.* 4, 64-66. Les spécialistes d'aujourd'hui mettent en doute l'efficacité des cymbales.

Deux accusatifs grecs, *Helicona et Olympon* pour désigner des réalités grecques.

11. Le comportement d'un essaim est bien décrit. Quand un essaim d'abeilles abandonne sa ruche, c'est qu'une nouvelle reine a été élevée jusqu'à maturité et la vieille reine s'en va. Les abeilles qui la suivent sont étroitement serrées autour d'elle et semblent l'emporter et la soutenir tout au long de leur vol.

On sait maintenant que, en dehors de l'époque de l'essaimage, la reine abandonne sa ruche seulement une fois, pendant le vol nuptial, au cours duquel elle est fertilisée par de nombreux faux bourdons qui voltigent en permanence autour de l'entrée de la ruche, en attendant que la reine sorte.

Secuntur: cf. ci-dessus 3, 16, 6 et la note.

Les faux bourdons ne travaillent pas et, en plus, mangent le miel. Mais la ruche ne peut les nourrir pendant l'hiver. Après la fertilisation de la reine, ils deviennent un fardeau pour la communauté en consommant une nourriture précieuse. Ils sont donc tués avant la fin de l'été.

12. L'*erithace* doit être définie en liaison avec la *propolis*. Voir ci-dessous 3, 16, 23: «On appelle *propolis* la substance avec laquelle elles fabriquent, pour l'ouverture de l'entrée, un auvent devant la ruche, principalement en été ... On appelle *erithace* ce avec quoi elles collent ensemble les extrêmités des rayons et qui est autre chose que le miel <et> la propolis». L'emploi de deux substances, l'une pour jointoyer les fissures, l'autre pour les entrées, est un souvenir d'Aristote, *H.A.* IX, 624, a 14-18. Mais Aristote parle de μίτυς et de πισσόκηρος. Dans les deux cas, il s'agit de ce que nous appelons, depuis Dioscoride, *propolis*. Quant à l'*erithace*, il s'agit d'une confusion de Varron. Le mot désigne chez Aristote (*H.A.* V, 554a 17) et chez Pline 11, 17, la matière brute dont l'abeille fera le miel.

Le pollen des fleurs se met sur les poils qui couvrent le corps des abeilles. Grâce à l'action de la seconde paire de pattes, le pollen est collecté dans des boulettes et déposé dans un creux de la troisième paire de pattes. L'erithace, qu'on appelle parfois «nourriture des abeilles», sert en fait à nourrir les larves et les jeunes abeilles, les adultes se nourrissant de miel.

13. *Alternis ... pariter*. Les abeilles travaillent en équipe, ce qui fait que le travail n'est jamais interrompu à l'intérieur de la ruche.

Style imagé avec l'emploi de *macescat*, que nous avons traduit par «sécher sur place». Image également bien connue de la course - relais: *nunc cursu lampada tibe trado*. L'usage est venu de Grèce. Une forme de rituel commune à beaucoup de Grecs était une course à la torche, au cours de laquelle la flamme sacrée était portée par des équipes rivales d'un autel à un autre. Cela faisait partie de certains cultes importants, en particulier à Athènes. Lucrèce 2, 79 emploie cette image à propos du remplacement des générations: *et quasi cursores uitai lampada tradunt*.

À noter l'accumulation de formes grecques dans les paragraphes 8 et 9: *Helicona*; *Olympon*; *erithacen*; *lampada*. Il est vrai que l'élevage des abeilles était venu de Grèce. Sur *tibe*, cf. ci-dessus 3, 7, 11 et la note.

14. Sur Seius voir ci-dessus 3, 2, 7 et la note. Ce personnage avait fort bien réussi dans l'économie rurale. Seius semble avoir possédé des abeilles sur grande échelle. Il vendait son miel sous contrat, recevant lui-même cinq mille livres du contractant, qui pouvait garder le reste.

Pondo (ablatif singulier d'un inusité **pondus, -i*) se joignait volontiers à l'énoncé d'un poids, pour préciser cette qualité de la pesanteur. L'unité de poids étant la livre, *pondo* a été souvent pris comme équivalent de «poids d'une livre».

L'emploi du distributif *quini* ne se justifie pas ici.

15. Pour *relicum*, voir ci-dessus 3, 14, 1.

L'*apiastrum* «herbe aux abeilles» désigne la mélisse, plante utilisée pour attirer les essaims dans les ruches vides. 7 attestations dans les *Res Rusticae*, toutes au chapitre 16 du livre 3. Cf. Colum. 9, 9, 8; Pline 20, 116; 21, 53; 21, 70, etc. À cet emploi du mot latin correspondent trois termes empruntés au grec, que Varron signale tout de suite après:

meliphyllon, proprement «feuille à miel», employé uniquement ici;

melissophyllum (ici *-on*), proprement «feuille des abeilles». Cf. Virg. *Georg.* (sous la forme *melisphyllum*); Colum. 9, 9, 8; Pline 20, 116; 21, 53; 21, 149sq.

melittaena «herbe aux abeilles». Keil a correctement restitué cette forme en s'appuyant sur Pline, 21, 149 et le grec μελίτταινα (Nicandre, *Ther.* 554; Dioscoride, *Mater. med.* 3, 108; 3, 114; 4, 100).

16. *Hos ... recipere esse solitos*. Ce développement en proposition infinitive dépend de *Varronem ... dicentem*, huit lignes plus haut.

La somme de 10.000 sesterces correspond, en gros, au rapport des terres d'Albuccius en pays albain (3, 2, 17) et au revenu des viviers pour Hirrus (12.000 sesterces: 3, 17, 3).

17. *Melittonas ... melitrophia ... mellaria*: trois noms pour la ruche, 2 grecs (avec accusatif pluriel grec pour *melittonas*), 1 latin (*mellarium*). La succession de ces trois mots, l'alternance *alii melitrophia ... quidam mellaria* montrent un bilinguisme incontestable et plusieurs fois noté.

L'écho est désigné par *imago uocis* (Virg. *Georg.* 4, 50) ou simplement *imago*.

Le mot *protelum* dans *fugae ... protelum* pose de sérieux problèmes. C'est une correction proposée par Scaliger pour l'impossible *procerum*. *Protelum* exprime une idée de «trait continu» et pourrait s'appliquer à une sorte de signal continu représenté par l'écho. Les éditeurs Teubner maintiennent *procerum* et considèrent le passage comme corrompu.

18. Dans cette liste de plantes à abeilles, nous trouvons un mélange de fleurs cultivées, de plantes sauvages et quelques légumes. À côté de la rose, avec ses parfums, nous avons le serpolet, spécialement prisé pour faire du bon miel. La mélisse a été vue dans les paragraphes ci-dessus. La fève, la lentille, le pois représentent des légume de jardin. Le basilic est une plante odoriférante. Le souchet est attesté également chez Columelle, 12, 20, 5; Pline 21, 115; 21, 117; etc.

La luzerne (*medice*) a une longue histoire. C'était une des bases de l'agriculture dans l'Antiquité. Elle avait été introduite en Grèce pendant les guerres médiques; puis elle passa de Grèce en Italie. Vu que Caton n'en fait pas mention avec les autres légumes qu'il utilise, il est probable qu'à son époque les Romains ne l'avaient pas encore adoptée. Mais, à l'époque de Varron et de Virgile, elle était bien implantée en Italie. Du temps de Columelle, elle constituait un élément important de l'agriculture de l'Andalousie.

L'adjonction de *minus* par Ursinus s'impose. Elle est étayée d'une part par Columelle 9, 5, 6 (*sunt etiam remedio languentibus cytisi*), d'autre part par l'expression *minus ualentes* appliquée ci-dessous aux abeilles en 3, 16, 20.

Keil, *Commentaire*, p. 288 justifie la suppression de *autumnum* en rappelant que Varron ne dit pas *aequinoctium autumnum*, mais *aequinoctium autumnale*. On peut dire aussi que *alterum* suffit pour opposer l'équinoxe d'automne à l'équinoxe de printemps (*uernum*). Pour les abeilles, une plante qui fleurit continuellement du printemps à l'automne est particulièrement valable.

19. Pour le miel de Sicile, voir ci-dessus 3, 2, 12 et la note.

20. *Non quo non ... collocarint*. Mot à mot: «non pas que certains ne les placent pas...». Cette double négation équivaut à une affirmation: «ce qui fait que certains les placent...» (valeur de conséquence du subjonctif *collocarint*).

Le portique est un gage de sécurité pour les ruches en ce sens qu'elles sont ainsi protégées des voleurs.

La ruche est appelée d'abord *aluarium*, puis, quelques lignes plus bas, à la fin du paragraphe 15, *aluus*. Dans la phrase *Ubi sint alii faciunt ... rutundas ... quadratas longas*, etc il est évident que Varron, oubliant qu'il vient de désigner la ruche par le neutre *aluarium*, anticipe l'emploi du féminin *aluus* en égrenant une cascade d'adjectifs au féminin pluriel.

21. D'après B. Tilly, *Varro the Farmer*, p. 300, les ruches rondes en osier devaient être semblables aux vieilles ruches anglaises. Le mot *ferula*, avant de désigner la baguette avec laquelle on frappait les enfants, s'est appliqué, d'après J. André, *Les noms de plantes dans la Rome antique*, *s.u.* à «divers ombellifères à tige droite», en particulier à la «férule commune». C'est le cas ici. Cf. Pline 13, 123; 19, 175; 20, 260 sq. B. Tilly, *Varro the Farmer*, p. 301 nous apprend qu'en Sicile, à l'époque actuelle, des ruches sont encore faites avec ce même matériau, semblable, dans sa texture, à de l'écorce et de même aspect. Elles sont placées horizontalement, avec l'entrée sur l'un des petits côtés. Ci-dessous, en 3, 16, 17, Varron nous renseigne sur les mérites comparés des ruches en écorce et des ruches en argile.

22. L'ajout de *ne* est indispensable pour la compréhension du texte.
Despondere animum «perdre le moral». Nous avons ici un nouvel exemple de la compréhension de Varron pour les animaux. Bien qu'il y ait toujours une recherche sous-jacente de profit, il n'est pas douteux que l'auteur exprime aussi sa sympathie pour les abeilles. On peut trouver *despondere* seul avec le même sens, par exemple chez Columelle, un autre éleveur, qui témoigne à l'occasion de sa sympathie pour les grives: *turdi, caueis clausi, despondent* (11, 1, 11).
Le rapport étymologique proposé par Varron entre *aluus* et *ali-monium* ne tient pas la route. *Aluus* est sans doute à rapprocher du grec αὐλός, qui désigne divers objets creux.

23. Ces ruches sont vraisemblablement placées sur le mur de derrière des colonnades, ou dans le portique (cf. ci-dessus 3, 16, 15), sur les tablettes ou consoles fixées au mur en alignement avec des intervalles suffisants entre elles. Il est important que les ruches ne soient dérangées en aucune manière. Placées dans un portique, elles sont protégées, jusqu'à un certain point, des variations de température. Elles peuvent être aussi sous la surveillance constante de l'apiculteur.

24. Pline (21, 80), nous dit que le meilleur couvercle pour les ruches est celui qui est placé par derrière (*a tergo*). Ces couvercles étaient probablement en forme de portes coulissantes (c'est le cas chez Pline).
La plus légère bouffée de fumée, provenant peut-être d'un morceau de bois qui se consumait doucement, pouvait suffire à calmer les abeilles. Elles tombaient en léthargie et devenaient faciles à diriger.
Parmi les divers insectes nuisibles, tels que scarabées et fourmis, ce qui est le plus à craindre est le papillon (mite) de la cire, qui laisse ses œufs dans les rayons de miel. Les larves qui en sortent se nourrissent de la cire, avec des conséquences dommageables ou même une complète destruction des rayons. Cf. Virg. *Georg.* 4, 246: *Dirum tineae genus*.

25. Les jeunes reines sont appelées ici *reguli*, puisque les Anciens n'avaient pas découvert que le «roi» des abeilles était une reine (cf. ci-dessus 3, 16, 6 et note 7). Pour s'en tenir aux données de la science moderne, ces jeunes reines sont celles qui sont élevées dans la ruche au printemps. La vieille reine n'admet pas qu'une autre usurpe son autorité et elle emmène avec elle un essaim hors de la ruche, lorsque de nouvelles reines vont naître des cellules royales. Il ne peut y avoir qu'un chef dans la ruche. Aussi, lorsque la vieille reine est partie, la première jeune reine à émerger de sa cellule affirme sa royale autorité en piquant à mort dans leurs cellules les jeunes reines qui ne sont pas encore sorties. Il peut arriver que, lorsqu'une autre jeune reine n'est pas mise à mort, elle emmène hors de la ruche un essaim, en plus de celui qu'a conduit la vieille reine.

26. *[Cum] et quidam dicunt, tria genera cum sint...* La suppression du premier *cum*, opérée par Keil, s'impose, car c'est manifestement une anticipation du deuxième *cum*. La syntaxe de la phrase qui suit n'en est pas pour autant plus orthodoxe. L'introduction d'une digression (*ut Menecrates scribit*) rend la suite du développement particulièrement chaotique.

En ce qui concerne la classification des abeilles, Varron a été, comme les autres auteurs latins, plus ou moins victime de l'autorité d'Aristote, qui énumère les races d'abeille par deux fois dans son *Histoire des Animaux*: V, 22, 553b, 8-15; IX, 40, 624b, 23-26. Εἰσὶ δὲ γένη τῶν μελιττῶν, ἡ μὲν ἀρίστη μικρὰ καὶ στρογγύλη, καὶ ποικίλη, ἄλλη δὲ μακρά, ὁμοία τῇ ἀνθρήνῃ, τρίτος δ' ὁ φώρ καλούμενος (οὗτος δ' ἐστὶ μέλας καὶ πλατυγάστωρ), τέταρτος δ' ὁ κηφήν, μεγέθει μὲν μέγιστος ἁπάντων, ἄκεντρος δὲ καὶ νωθρός (V, 22) «Il y a, comme races d'abeilles, d'abord la meilleure petite, ronde et tachetée; une autre, allongée, semblable au frelon; on appelle la troisième celle du voleur (celui-ci est noir, avec un abdomen large); la quatrième est celle du bourdon, par sa taille plus grand que tous les autres mais dépourvu d'aiguillon et paresseux». Aristote commet deux genres de confusions: il confond les abeilles avec d'autres hymenoptères, bourdons ou sortes de frelons; au sein d'une même race d'abeilles, il prend les mâles et les femelles pour deux espèces différentes. Il combine les deux types d'erreur en donnant aux abeilles mâles, les faux bourdons, plus gros que les ouvrières, mais plus petits que les femelles développées, les reines, les dimensions du véritable bourdon.

On trouvera une semblable classification, dépendante d'Aristote, et sans doute de Columelle, chez Pline 11, 59. Les auteurs latins, sauf peut-être Pline, ne se sont pas rendu compte que les races d'abeilles variaient avec les aires géographiques et qu'à l'intérieur d'une même aire, isolée par des barrières naturelles (les abeilles ne franchissent ni les hautes montagnes ni les mers) une seule variété était dominante, sinon exclusive: les données grecques ne correspondaient pas à la réalité de l'Italie, où, pratiquement, la seule espèce devait être, comme aujourd'hui, *apis mellifica ligustica*, aussi appelée «abeille italienne».

Varron cite aussi une autre source grecque, Ménécrate d'Ephèse, poète qui avait écrit sur l'agriculture. Il est compris dans la liste d'écrivains que Varron recommandait à son épouse Fundania tout au début des *Res Rusticae* (1, 1, 9).

27. *De reliquis apibus* a ici valeur de génitif partitif. Le «faux bourdon» est appelé «voleur» parce qu'il ne travaille pas et vit sur le miel collecté par les ouvrières. Son rôle est de fertiliser la reine. La ruche doit entretenir et nourrir un certain nombre de ces insectes d'un bout à l'autre du printemps et de l'été, avec, en conséquence, une ponction sur le stock de miel. Pline 11, 57 nous parle de faux bourdons *ita appellatis quia furtim deuorent mella*.

En ce qui concerne la distinction entre abeilles sauvages et domestiques, cf. Aristote *H.A.* IX, 40 et Pline 11, 59. On trouve plus de détails chez Pline que chez Varron.

28. Pendant le printemps et l'été, les ouvrières n'arrêtent pas de recueillir le nectar, et cela de l'aube au crépuscule, sans jamais s'économiser tant que le soleil est chaud et qu'il y a des fleurs à visiter. C'est uniquement parce que les abeilles produisent plus de miel qu'il n'est nécessaire pour l'entretien et la survivance des ruches qu'il y a un surplus pour les hommes. En ce sens, on peut dire qu'elles travaillent aveuglément du fait qu'elles développent leur travail au delà des besoins de la communauté.

29. Si l'on s'en tient à la pratique moderne en Italie, le meilleur moment pour le transfert des ruches est le début du printemps, lorsque les rayons ne sont pas encore remplis de miel. Lorsque les rayons sont pleins, l'opération peut être difficile et dangereuse pour les abeilles et spécialement pour la reine, qui peut s'engluer dans le miel. Par ailleurs, à la fin de l'hiver, le nombre des abeilles dans la ruche est encore limité. L'opération doit avoir lieu un jour de soleil, le matin.

Pour les plantes qui conviennent aux abeilles, cf. ci-dessus paragraphe 13.

30. *Ne ... habuisse dicit*: texte désespéré. D'après certains commentateurs, le sujet de *dicit* serait Ménécrates (cité plus haut). A. Traglia a profondément modifié le texte: *ne, cum animaduerterint cibi inopiam esse, abiisse dicatur. Menecrates ait...* Ainsi trituré, le texte a un sens, mais à quel prix!

Les abeilles souffrent quelquefois de diarrhée dans les premiers jours du printemps, lorsque, pour la première fois, elles abandonnent la ruche. Pendant l'hiver, elles restent en grappes serrées dans la ruche, en se nourrissant sur le miel emmagasiné dans les rayons. Si l'hiver a été long et froid, elles peuvent être atteintes de maladie. Cela n'a vraisemblablement pas de rapport avec les amandiers et les cournouillers, mais il est possible que Varron ait attribué de tels effets à ces arbres, parce qu'ils sont les premiers à fleurir (en général en février en Italie).

31. Sur la propolis et l'erithace, voir ci-dessus 3, 16, 8 et la note 12. La propolis est une substance rouge, résineuse, odorante, ayant quelque ressemblance avec la cire et sentant comme le styrax (arbrisseau exotique fournissant le benjoin). Elle est rassemblée par les abeilles à partir des bourgeons visqueux d'arbres divers, et a servi, non seulement à colmater l'entrée et des fissures de la ruche mais à des usages médicaux, en raison de ses qualités antiseptiques. C'était un remède pour les coupures et les brûlures, tumeurs, enflures, douleurs rhumatismales et ulcères. Il y a peu, cette substance était encore recommandée pour les blessures longues à guérir. Stradivarius l'utilisait pour vernir ses violons. Le mot *protectum* rappelle un peu par sa formation le grec πρόπολις.

Carius in sacra uia. Il a déjà été question de la Voie Sacrée dans les *Res Rusticae* en 1, 2, 10: «Le haut de la Voie Sacrée où les fruits sont vendus à prix d'or». D'après J. Heurgon, Varron, *Économie rurale*, livre I, Coll. des Universités de France, p. 111, la Voie Sacrée était, du moins dans sa partie haute, «la rue de la Paix de la Rome antique».

32. En ce qui concerne les rayons (*fauus*), il faut noter une différence entre l'apiculture moderne et celle du monde antique. De nos jours, on emploie un chassis de bois oblong et amovible, qui peut être rempli de rayons de cire déjà préparés pour les abeilles. Cette sorte de rayon n'a pas besoin d'être collé par les abeilles. Dans le monde antique au contraire, qu'il s'agisse de ruches ou d'abeilles sauvages, toute la fabrication des rayons dépend de l'industrie de la colonie d'abeilles. De tels rayons étaient en forme de plaques plates semi-circulaires accrochées côte à côte.

33. L'emploi du distributif *sena* est ici justifié.

Sur les six côtés en rapport avec le nombre de pieds des abeilles, voir ci-dessus 3, 16, 5.

Carpere dicunt (sous-entendu *apes*). Sur cette omission du sujet de la proposition infinitive, voir ci-dessus 3, 2,14 et la note.

La cire dont est fait le rayon est secrétée par l'abdomen des abeilles et le miel est le nectar recueilli sur les fleurs et digéré par les abeilles, avant d'être stocké dans les rayons. Il est exact que le nectar issu de certaines plantes fait du meilleur miel que d'autres.

Simplex ... duplex etc: Varron cède à son goût bien connu pour la classification. Ici, cette classification est absurde: la cire est une secrétion de l'ouvrière, à une certaine époque de sa vie, indépendante de la nourriture qu'elle prend.

Malum, accolé à des adjectifs, désigne diverses sortes de fruits: coing, grenade, cédrat, pêche, abricot, etc. En même temps que le fruit est désigné l'arbre, ici le grenadier (*malum punicum*), appelé aussi *malum granatum*.

34. Formes diverses pour la ravenelle: *lapsanum* (ici), mais aussi *lapsanium* et *lapsana*. Cette plante servait aussi à l'alimentation humaine: on en faisait des bouillies (J. André, *L'alimentation et la cuisine à Rome*[2], p. 33).

Sur l'emploi de *carpere* sans sujet exprimé, voir ci-dessus paragraphe 24. Le raisonnement de Varron, d'après lequel les abeilles choisiraient les fleurs et les plantes suivant une simple, double ou triple finalité, paraît peu crédible. Le fait est qu'il y a une différence au niveau de la qualité du miel, venant du fait que les fleurs butinées sont différentes.

35. *Aut eas sequatur.* Le mot à mot n'éclaire guère cette expression «à moins que ce type de sélection ne les suive». On peut comprendre que les abeilles semblent opérer cette nouvelle distinction, alors qu'en réalité, inconsciemment, c'est la distinction qui gouverne les abeilles. Y a-t-il là une définition de l'instinct? Le pas est franchi chez A. Traglia, *Opere di Marco Terenzio Varrone*, Turin, 1974, p. 867, qui parle d'un «instinct naturel».

À propos du cytise et du thym, rappelons que les frères Veiani (ci-dessus, paragraphe 10) avaient planté du cytise et du thym. Ils tiraient de leur miel dix mille sesterces.

36. L'eau est si nécessaire aux abeilles que certaines des ouvrières ont pour fonction de transporter de l'eau à l'intérieur de la ruche, pour compléter la nourriture des jeunes abeilles. Là où de l'eau n'est pas disponible, les apiculteurs modernes installent un bocal d'eau renversé debout sur une soucoupe. La hauteur d'eau (deux ou trois doigts) doit permettre de disposer des tuiles ou des cailloux où les abeilles se poseront.

Virgile décrit cela en termes poétiques au début du quatrième livre des *Géorgiques*:

At liquidi fontes et stagna uirentia musco
adsint et tenuis fugiens per gramina riuos (18-19)

«Mais qu'il y ait là des sources limpides, des mares vertes de mousse, ou un mince ruisseau fuyant parmi le gazon»

In medium, seu stabit iners seu profluet umor,
transuersas salices et grandia conice saxa,
pontibus ut crebris possint consistere et alas
pandere ad aestiuum solem, si forte morantis
sparserit aut praeceps Neptuno immerserit Eurus (25-29)

«Au milieu de l'eau, qu'elle soit immobile ou courante, jette en travers des troncs de saule ou de grosses pierres, comme autant de ponts où les abeilles puissent se poser et déployer leurs ailes au soleil d'été, si d'aventure en s'attardant elles ont été mouillées par l'Eurus, ou plongées dans Neptune par son souffle impétueux» (Trad. E. de Saint-Denis, Collection des Universités de France).

Les abeilles adultes boivent dehors, mais un supplément d'eau doit être installé dans la ruche pour les jeunes abeilles qui ne l'ont pas encore quittée.

Les mêmes principes relatifs à l'eau se retrouvent chez Aristote, *H.A.* 9, 40; Colum. 9,5; Pline 11, 62; *Géoponiques* 15, 2, 2.

37. Si les abeilles étaient réduites à vivre uniquement sur leur miel, les apiculteurs seraient privés d'une bonne partie de la récolte. Bien qu'une part de miel soit toujours laissée pour leur nourriture d'hiver, et qu'on n'en prenne donc qu'une partie, il peut y avoir deficit de nourriture pour les abeilles dans les ruches avant la fin de l'hiver et le début du printemps, lorsque la production de miel n'a pas encore commencé. Également un mauvais hiver peut épuiser les stocks de miel. Pour contrer de tels déficits de nourriture, il faut faire des provisions à l'intérieur de la ruche.

On peut s'interroger sur *tamen* (*quo foras hieme in pabulum procedere tamen possint* «de manière à ce que l'hiver elles puissent tout de même sortir pour se nourrir»). Bien que les abeilles en règle générale, ne sortent pas beaucoup de leur ruche pendant l'hiver, après tout (*tamen*) elles peuvent sortir quand elles sont attirées par une nourriture à laquelle elles ne peuvent résister. Vraisemblablement, elles pourraient s'aventurer dehors par de calmes journées ensoleillées. L'odeur du vin les attire dehors.

38. *Adnatae.* Le mot porte l'idée de développement démographique dans la famille. Transposé aux abeilles, il a peut-être une connotation humoristique. On pense à ce passage de Cicéron, *Off.* 53, où il décrit le développement de la famille par addition de frères et de cousins et ajoute: «quand ils ne peuvent être contenus plus longtemps dans une seule maison, ils vont dans d'autres maisons comme dans des colonies».

La coutume dont parle Varron à propos des Sabins est le *uer sacrum*. L'expulsion de jeunes gens pour fonder des colonies concernait aussi d'autres peuples italiques. À l'origine, il s'agissait d'un sacrifice réel: dans les grandes calamités on vouait aux dieux tous les êtres qui naîtraient au printemps suivant. Mais, comme il parut cruel de mettre à mort des enfants, on les éleva jusqu'à l'âge adulte, avant de les chasser hors du territoire.

Lorsque les abeilles se suspendent en grappes devant l'entrée de la ruche, c'est qu'une nouvelle reine est sur le point de naître et que la vieille reine se prépare à emmener l'essaim.

39. Cette pratique consistant à faire du bruit pour attirer l'essaim dans une ruche préparée a déjà été signalée ci-dessus au paragraphe 7.

Le procédé semble sans efficacité. On accorde peut-être plus d'importance à la deuxième technique (jeter sur les abeilles de la poussière: *iacundo puluere*). On y ajoute parfois une fine pulvérisation de gouttes d'eau. Dans les *Georgiques*, 4, 67-87, Virgile recommande de jeter de la poussière sur les rois (reines) qui se battent.

Iacundo. Cette forme archaïque, donnée par les manuscrits, fait penser à *decumam* (3, 16, 33) et *maritumas* (3, 17, 3; 3, 17, 9).

40. *Volunt* et *oblinunt* reprennent, en un enallage de nombre, le singulier *mellario*.

L'essaim est conduit pour se poser à un endroit où la nouvelle ruche a été préparée. Il n'entre pas directement dans la ruche, mais s'assemble (*consederunt*) en une masse compacte autour de la reine. La ruche doit être ensuite présentée à l'essaim et, si possible, placée en-dessous de lui.

Les indications données sur la façon d'attirer l'essaim dans la ruche sont étranges et confuses: peut-on enfumer des abeilles qui ne soient déjà dans la ruche? Pourquoi sont-elles déjà gavées de miel puisque, précisément, l'enfumage a pour but de les faire se gaver?

41. La relative *quod ... sum ratus* précède *quoniam dixi*, ce qui relègue *quoniam* à la septième place dans la phrase. Sur *quoius* cf. ci-dessus 3, 2, 3.

Le passage *uiris ... congerminarit* est désespéré. Pour les diverses conjectures proposées, on se reportera à Keil, *Commentaire*, p. 297-298. Certains commentateurs et éditeurs ont essayé de corriger en rapprochant de ce que Columelle 9, 15 et Palladius 7, 7 ont écrit sur la fabrication du miel et sur les faux bourdons. Cela a amené parfois à un chamboulement du texte, mais sans valeur probante.

Ipsis. Les agriculteurs jugent d'après les abeilles elles-mêmes, c'est-à-dire que le comportement des abeilles, que Varron va expliquer, indique le moment où il faut retirer le miel.

Opercula désigne les couvercles amovibles sur le fond des ruches. Lorsqu'on les enlève, les rayons apparaissent à la vue. Si les cellules ont été scellées avec de la cire, il s'ensuit qu'elles sont pleines de miel. Les rayons, dans l'ancien type de ruches, devaient être en forme de demi-plaques aplaties, suspendues à l'intérieur à partir du sommet de la ruche. Le mot *membrana* s'applique aux membranes de cire avec lesquelles les extrêmités des cellules sont cachetées quand elles sont pleines. Columelle 9, 15, 4 dit simplement que, lorsqu'on observe de fréquentes batailles entre faux bourdons et abeilles, il faut ouvrir les ruches et voir si le rayon est à moitié rempli ou plein et couvert d'une membrane. En fait, les faux bourdons sont incapables de se battre. Ils sont massacrés, coupés en morceaux ou mis en fuite.

42. Il convient de laisser le dixième du miel pour nourrir les abeilles en cas de disette, s'il y a un manque pour une raison quelconque. Il faut aussi prévoir la nourriture d'hiver. Columelle 9, 15, 8 et Pline 11, 35 et 11, 40 indiquent des quantités différentes.

Pour *relincunt*, voir ci-dessus 3, 14, 1 et 3, 16, 10.

L'avis que donne Mérula (laisser du miel aux abeilles, laisser reposer la terre) représente un principe qui est à la base de toute bonne exploitation agricole. Les abeilles seront d'autant plus industrieuses qu'elles auront plus de nourriture. Il n'y a pas intérêt, uniquement pour un profit immédiat, à les priver du miel dont elles se nourrissent et qui leur permet de travailler. Le fermier précautionneux doit avoir une politique à longue vue dans chaque département de son exploitation.

43. Les époques pour la récolte du miel sont au nombre de trois chez Varron: au début du mois de mai; début septembre; début novembre. Le climat italien permet de récolter le miel dès le mois de mai. Virgile *Georg.* 4, 231-235 signale seulement deux récoltes: mai et novembre. Pour la datation par les constellations, voir, au livre 1, 29-36 le calendrier du fermier. Au livre 2: lever de Pleiades en 2, 2, 11 et en 2, 11, 4. Varron donne deux dates incohérentes pour le coucher des Pléiades: 28 octobre et 10 novembre. On peut indiquer une équivalence en calendrier Julien: 13 novembre. Ce coucher marque le début de l'hiver (à la romaine).

Forme archaïque *aluos*, mais *aluus* deux lignes plus bas! L'agriculteur prévoyant doit faire qu'il y ait assez de miel pour l'hivernage (*hiematio*). Cependant, on peut ajouter d'autres nourritures au miel.

Faui qui eximuntur. Comprendre *(eorum) faui...* Pour Varron, le pronom antécédent n'est pas essentiel dans ce type de phrase et il l'omet volontiers (cf. 1, 52, 1; 2, 2, 12; 2, 11, 6; 3, 13, 1).

Le soin mis à ménager le «moral» des abeilles n'est pas nouveau et a déjà été signalé (3, 5, 6; 3, 16, 5). On retrouve la même préoccupation chez Virgile, *Georg.* 4, 239-242: «Mais crains-tu pour tes abeilles la rigueur de l'hiver, veux-tu ne pas compromettre l'avenir, as-tu pitié de leur abattement et de leur ruine?..» (trad. E. de Saint-Denis, Collection des Universités de France). D'après A. Salvatore, *Le api in Virgilio e in Varrone*, *Vichiana* VI, 1977, p. 40-54, non seulement Virgile ajoute à Varron l'imagination poétique, mais il accentue le processus d'humanisation commencé chez Varron.

44. Les auteurs anciens ont probablement exagéré la fréquence des batailles d'abeilles. Cela se conçoit chez Virgile, qui se moque de la réalité et obéit à des motifs poétiques (volonté de faire de l'épique) et politique (évocation des guerre civiles). Le pillage des ruches par d'autres colonies (dont Varron ne parle pas) est un fait observable. Les ruches sont susceptibles en effet d'être attaquées par des abeilles voleuses de miel. Mais il n'y a pas (contre l'affirmation de Varron ici) de luttes entre abeilles d'une même colonie.

45. L'enfumage ne saurait faire sortir les abeilles. Au contraire, elles ont peur et se gavent de miel et le gavage les rend incapables de bouger (mécanisme déjà décrit par Aristote, *H.A.* IX, 623b, 19-21).

Herbarum est un génitif partitif. Cf. ci-dessous 3, 17, 7: *salsamentorum*.

46. *Subito imbri ... frigore subito.* J. Heurgon, *L'effort de style de Varron dans les «Res Rusticae»*, *Revue de Philol.*, 24, 1950, p. 64 a bien repéré et analysé ce chiasme: «Si vite qu'il écrive, Varron a le chiasme instinctivement au bout des doigts; c'est moins chez lui une figure de style qu'une habitude quasi inconsciente, qui s'impose même lorsque le reste de la phrase est peu soigné».

Les abondantes gouttes de pluie en Italie sont souvent des déluges torrentiels soudains. Mais, en général, cela ne dure pas très longtemps. L'odeur du bois de figuier brûlé est très acre. Cela peut aider à ranimer les abeilles prostrées.

CHAPITRE 17

1. Sur Pavo, voir la note au moment de sa première apparition dans le dialogue (note 7 sur 3, 2, 2). Le personnage est mentionné trois fois au livre 3: avec ses trois noms ou indication d'origine *Fircellius Pauo Reatinus* en 3, 2, 2; seulement *Pauo* (3, 5, 18; 3, 17, 1).

L'image «lever l'ancre» est employée seulement ici dans les *Res Rusticae* sans doute du fait qu'on va parler des viviers, en particulier des viviers marins. On peut rapprocher d'autres images auxquelles a recours Varron pour donner vie à son dialogue: en 1, 2, 11, l'histoire de l'œuf que l'on enlevait dans les jeux du cirque pour signaler la fin du dernier tour; en 2, 7, 1, Luciénus, au moment de commencer son développement sur les chevaux, parle d'ouvrir les barrières et de commencer à lâcher les chevaux (*aperiam carceres, inquit, et equos emittere incipiam*). Pour en revenir à l'image maritime (*ancoras tollere*), rappellons que Varron avait été amiral et c'est ainsi qu'en 2, 4, 1, au début du discours de Scrofa sur les porcs, il écrit: «Mais qui donc ensuite va sortir d'un port italien pour traiter la question des porcins?», façon de dire «Qui va se jeter à l'eau, qui va prendre les risques de la haute mer?»

Pour décider au cas où deux candidats auraient le même nombre de voix, il y avait un tirage au sort (*sortitio*). Il faut se reporter à ce sujet à un texte de Cicéron, *Planc.* 22, où il parle d'un tirage au sort pour l'édilité. On reprendra à ce sujet la note 1, p. 98 de P. Grimal dans la Collection des Universités de France: «C'est par ce texte et la *Lex municipi Malacitani*, par. 56, que nous savons que l'on avait recours à un tirage au sort pour départager deux candidats qui avaient des titres égaux». Mais, avant d'en arriver au tirage au sort, on épuisait d'autres procédés: l'homme marié l'emportait sur le célibataire, le père de famille sur celui qui n'avait pas d'enfants. Les Romains, à la différence des Grecs (Athéniens) répugnaient visiblement à s'en remettre au sort pour ce genre de responsabilités.

2. Le départ pour des *horti* «maison de campagne» avait déjà eu lieu à la fin du livre 2 (*Itaque discedimus ego et Scrofa in hortos ad Vitulum*). Dans notre passage, il paraît probable que le candidat d'Appius était si sûr de son élection qu'un dîner avait été organisé pour célébrer sa victoire.

La construction de *laborare* avec une proposition infinitive est chose rarissime.

3. Sur *Lympha* pour désigner la nymphe, voir Varron, *Économie rurale*, livre I, éd. J. Heurgon, Coll. des Universités de France, sur 1, 1, 6, note 18.

Sur l'anaphore *magno ... magno ... magno* voir aussi 3, 2, 4; 3, 16, 4; 3, 16, 5.

4. Sur C. Lucilius Hirrus, voir 2, 1, 2 (avec la note dans la Collection des Universités de France).

Ce prêt de murènes à César est relaté aussi par Pline 9, 171. L'occasion de ce prêt: un triomphe de César. Varron parle ici de 2.000 murènes, Pline de 6.000. Le prêt était fait «au poids» (*in pondus*). De même *adpendit* chez Pline: *sex milia numero murenarum adpendit*.

5. Pausias était un peintre originaire de Sicyone. Contemporain d'Apelle, il pratiquait la technique de l'*encaustum* «peinture à l'encaustique». Les *piscinae loculatae* étaient des viviers divisés en plusieurs compartiments pour l'élevage de différents poissons. Varron les compare au réchaud à encaustique possédant des emplacements pour la fonte de la cire qu'utilisaient le peintre Pausias et ses élèves. Un document figuré nous renseigne sur ce genre de réalisation: J. Kolendo, *Parcs à huîtres et viviers à Baiae sur un flacon en verre du Musée national de Varsovie*, *Puteoli*, I, 1977, pp. 108-127. Ce flacon fait partie d'une série limitée de vases en verre ornés de vues du rivage de Pouzzoles. Il représente notamment des viviers (et des parcs à huîtres) et fournit de nombreuses informations sur l'aspect technique de la pisciculture (et de l'ostréiculture). On peut supposer que, dans certains cas, les *piscinae loculatae* étaient divisées à l'aide de filets. Mais Valère Maxime 9, 11 parle de digues: *piscium diuersos greges separatis molibus includendo*.

6. Varron avait été légat de Pompée en Lydie dans la guerre contre les pirates. Les îles dansantes de Lydie sont signalées par Pline 2, 95: «Dans les Nymphaeus, certaines petites îles étaient appelées 'dansantes' parce que, quand on chantait des chœurs, elles bougeaient en cadence».

Sur *cocus* cf. ci-dessus 3, 14, 3 et la note.

Jeu de mots intraduisible sur les deux sens de *ius* en latin: droit et sauce. L'expression «convoquer les poissons en cuisine» est évidemment calquée sur *in ius uocare* «citer en justice».

7. *Bauli*: village entre Misène et Baïes. *Puteoli*: aujourd'hui Pouzzoles, non loin de Bauli.

Sur Quintus Hortensius, voir ci-dessus 3, 3, 10 et note 15. Sa fortune était considérable, son originalité aussi. Beaucoup d'anecdotes couraient à son sujet: il arrosait ses arbres favoris avec du vin. Un jour il demanda à Cicéron de changer de place avec lui dans un discours parce qu'il devait rentrer chez lui pour arroser de ses propres mains un platane. Il pleura la mort d'une murène, etc.

8. Les poissons salés dont il est question ici étaient en conserve. Le jeu de mots latin sur *mula* et *mullus* passe en français: *mule* et *surmulet*. Le surmulet s'élevait en vivier d'eau de mer mais supportait très mal la captivité (Col. 8, 17, 7-8; Mart. 13, 79). Les grosses pièces, très recherchées, étaient payées des prix exorbitants, jusqu'à 5.000 et 8.000 sesterces. Voir J. André, *L'alimentation et la cuisine à Rome*[2], p. 100 à propos des recettes d'Apicius concernant ce poisson. Au temps de Pétrone, le surmulet était dédaigné par les gens raffinés (*Satir.* 93, 2, vers 8).

9. Sur *seruos* nominatif singulier, voir ci-dessus *aluos* (3, 16, 34) et la note.

M. Lucullus (seule attestation ici dans les *Res Rusticae*) était le frère de Lucius, mentionné 6 fois dans l'ensemble de l'œuvre, dont 4 fois au livre 3 (3, 4, 3; 3, 5, 8; 3, 16, 2; 3, 17, 9). Il existe un troisième Lucullus dans les *Res Rusticae* 3, 2, 17, fils de Lucius.

Les viviers mentionnés ici étaient situés à côté de Bauli, entre Misène et Baïes. Virgile, Hortensius et bien d'autres avaient des villas dans le secteur.

10. Columelle décrit très minutieusement comment doit se présenter la liaison des viviers avec la mer. Dans les viviers, l'eau doit être constamment changée. «Nous pensons qu'un étang (*stagnum*) est parfait lorsqu'il est disposé de façon que le flot de la mer, en y entrant, repousse celui qui y était entré avant lui et l'empêche d'y séjourner longtemps. C'est en effet l'état qui ressemble le plus à la mer même qui, perpétuellement agitée par le vent, se renouvelle sans cesse» (Colum. 8, 17, 1).

Columelle décrit aussi les vannes qu'il convient d'instituer dans la digue séparant le vivier de la mer. Elles doivent être à deux pieds audessus du niveau supérieur de la digue. Les vannes doivent avoir l'accès le plus large à la mer (Colum. 8, 17, 4). Elles étaient sans doute fermées par des barreaux en cuivre, pour empêcher les poissons de s'enfuir (Colum. 8, 17, 6).

Sur ce problème des canaux reliant les viviers avec la mer, voir V. G. Chiappella, *Latina. Esplorazione della cosiddetta Piscina di Lucullo sul lago di Paola*, NSA XIX 1965 [Suppl.] p. 146-160. Nous trouvons dans cet article une description d'un vivier circulaire situé à peu de distance de la mer, avec laquelle il communique par un canal. Construit en tuf et en maçonnerie réticulée, il est divisé en quatre secteurs de profondeur différente, avec un bassin concentrique à l'intérieur. Le système employé est celui décrit par Columelle en 8, 17. On a trouvé, dans ce vivier de Lucullus, près du Monte Circeo, un canal long de 31,5 m et large de 1,30 m seulement, reliant le bassin à la mer. Il était partiellement découvert, mais souterrain sur une longueur de 15 mètres.

Reciproce fluerent; *aestus* se rapportent au phénomène de la marée, ce qui pose le problème du flux et du reflux en Méditerranée. Columelle, toujours en 8, 17, use de formules qui paraissent impliquer une marée, alors qu'il est bien connu que la Méditerranée n'a pratiquement pas de marées. Tite-Live, dans sa description de la prise de Carthagène (26, 45, 8) dit que «le marécage — étant donné que l'eau était évacuée naturellement par la marée, et aussi par un vent rapide soufflant dans la même direction — était par endroits profond jusqu'à la taille et à d'autres jusqu'aux genoux» (ce qui constitue, il faut bien l'avouer, une petite dénivellation!).

Pour en terminer avec cette question des viviers marins, disons qu'ils jouaient un rôle spécifique en Italie. C'étaient non seulement des installations productives axées sur le gain, mais aussi des symboles du luxe le plus raffiné.

En ce qui concerne la transhumance (*ut Apuli solent pecuarii facere, qui per calles in montes Sabinos pecus ducunt*), on se reportera au livre 2 des *Res Rusticae*: 2, 1, 16; 2, 2, 9; 2, 5, 11; 2, 8, 5; 2, 10, 1-3.

11. Plusieurs problèmes de langue: d'abord deux phrases sans verbe *Nos haec* et *candidatus noster in uillam*. Pour la non-expression, fréquente dans ces brefs énoncés, d'un verbe signifiant «dire», cf. 2, 5, 1 (*Haec his*); 2, 6, 1 (*Haec ille*), etc. Dans le cas de *candidatus ... in uillam*, un verbe de mouvement se supplée de lui-même.

L'archaïque *endo* se trouve fréquemment dans les inscriptions, ainsi que *indu* (on n'oubliera pas le *induperator*, seule forme casable dans l'hexamètre dactylique).

Une fois élu, l'édile avait le droit de porter la toge bordée d'une large bande de pourpre (*lata*) ou toge prétexte.

Le nom de *Pinnius* a été ici restitué (cf. apparat), la leçon des manuscrits, *opinioni*, étant dénuée de sens. Pinnius était la première personne à qui s'adressait Varron en 3, 1, 1.

INDEX NOMINVM

L. Abuccius, 3, 2, 17; 3, 6, 6.
Actaeon, 2, 9, 9.
Aeetes, 2, 1, 6.
Aegaeum pelagus, 2, 1, 8.
Aegyptus, 1, 17, 2.
L. Aelius (Stilo) 3, 12, 6.
Aemiliana, 3, 2, 6.
Aeneas, 2, 4, 18.
Aeolis, 3, 1, 6; 3, 12, 6.
Aeschrion, 1, 1, 9.
Africa, 1, 44, 2; 2, *préf.* 3; 2, 1,
    6; 3, 14, 4.
Africanus: bestiae, 3, 13, 3; fici,
    1, 41, 6; gallinae, 3, 9, 1; 3,
    9, 16; 3, 9, 18.
Agathocles Chius, 1, 1, 8.
P. Agrasius, 1, 2, 1; 1, 2, 3; 1, 2,
    21; 1, 2, 25; 1, 3, 1; 1, 23,
    1; 1, 37, 2.
C. Agrius, 1, 2, 1; 1, 2, 2 (*bis*); 1,
    2, 3; 1, 2, 11; 1, 2, 17; 1, 2,
    18; 1, 2, 21; 1, 2, 28; 1, 5,
    1; 1, 12, 2; 1, 26; 1, 37, 2;
    1, 44, 3 (*bis*); 1, 56.
Alba, 2, 4, 18.
Albanum, 3, 2, 17.
Album Ingaunum, 3, 9, 17.
Alpes, 3, 12, 6.
Amiterninus, 2, 9, 6.
Amphilochus Atheniensis, 1, 1,
    8.
Amphipolites, 1, 1, 8.

Anaxagoras 1, 40, 1.
Anaxipolis Thasius, 1, 1, 8.
Androtion, 1, 1, 9.
Aniciana pira, 1, 59, 3.
Annius Capra, 2, 1, 10.
Antigonus Cymaeus, 1, 1, 8.
Antiphilus, 3, 2, 5.
Apollo, 2, 1, 7.
Apollodorus Lemnius, 1, 1, 8.
Apollonius Pergamenus, 1, 1, 8.
Appius *v.* Claudius.
Apulia, 1, 6, 3; 1, 29, 2; 1, 57, 3; 2,
    préf. 6; 2, 1, 16; 2, 2, 9; 2, 6,
    5; 2, 7, 1; 2, 7, 6; 2, 10, 11.
Apulus, 1, 2, 6; 2, 7, 6; 3, 17, 9.
Aquila, 2, 1, 18; 2, 2, 13.
Arcades, 2, 6, 1.
Arcadia, 2, 4, 12; 2, 6, 2.
Arcadicus, 2, 1, 14; 2, 8, 3.
Archelaus, 2, 3, 5; 3, 11, 4; 3,
    12, 4; 3, 16, 4.
Archytas, 1, 1, 8.
Arcturus, 2, 1, 18; 2, 2, 13; 3, 16,
    34.
Ardea 2, 11, 10.
Argonautae, 2, 1, 6.
Argos, 1, 2, 7; Argi, 2, 1, 6; 2, 5,
    4.
Ariminium, 1, 2, 7.
Aristandros, 1, 1, 8.
Aristomenes, 1, 1, 9.
Aristophanes Mallotes, 1, 1, 8.

---

1. Les chiffres indiquent successivement le numéro du livre, puis
celui du chapitre et du paragraphe.

Remus, 2, 1, 9.

Rhenus, 1, 7, 8.

Rhodos, 2, 6, 2; Rhodius, 1, 1, 8
(*bis*).

Robigus, 1, 1, 6 (*bis*).

Robigalia, 1, 1, 6.

Roma, 1, 50, 2; 1, 59, 2; 1, 69,
3; 2, 1, 14; 2, 1, 26; 2, 1,
27; 2, 4, 10; 2, 5, 5; 2, 11,
10; 3, 1, 2 (*bis*); 3, 2, 14; 3,
2, 16; 3, 7, 10; 3, 9, 16; 3,
12, 6; Romanus, 1, 2, 2; 1,
2, 10; Romani, 2, 1, 9;
Romanus: ager, 1, 2, 7; 1,
10, 1; 3, 1, 2; augures, 3, 3,
5; ciuis, 1, 2, 9; eques, 1, 2,
1; 2, 3, 10; 3, 7, 10; popu-
lus, 2, 1, 10; rustici, 2, *préf.*
1; 3, 1, 4.

Romulus, 1, 10, 2; 2, 1, 9; 3, 1,
2.

Rosea/Rosia, 1, 7, 10; 2, 1, 17; 2,
7, 6; 3, 2, 9; 3, 2, 10; 3, 17,
6; Roseanus, 2, 7, 6.

Rumina, 2, 11, 5.

Sabini, 1, 15; 2, 1, 8; 3, 1, 6; 3,
2, 14; 3, 4, 2; 3, 16, 29;
Sabinus: ager, 1, 14, 4; 3,
1, 6; ficus, 1, 67; montes,
3, 17, 9.

Sacra uia, 1, 2, 10; 3, 16, 23.

Salaria uia, 1, 14, 3; 3, 1, 6; 3, 2,
14.

Sallentinus, 2, 3, 10; 2, 9, 5.

Samnium, 2, 1, 16.

Samos, 3, 6, 2; Samius, 2, 1, 3.

Samothrace, 2, 1, 5.

Sardinia, 1, 16, 2; 2, *préf.* 3; 2,
11, 11.

Saserna, 1, 16, 5; 1, 18, 2; 1, 18,
6 (*bis*); 1, 19, 1 (*bis*); 2, 9,
6; Sasernae, pater et filius,
1, 2, 22; 1, 2, 28.

Saturnus, 3, 1, 5.

Sauracte, 2, 3, 3.

Scipio, *v.* Caecilius.

Scorpio, 1, 28, 1.

Scrofa, *v.* Tremelius.

M. Seius, 3, 2, 7; 3, 2, 11 (*bis*);
3, 2, 12; 3, 2, 13; 3, 6, 3; 3,
10, 1; 3, 11, 2; 3, 16, 10;
Seianae: aedes, 3, 2, 7; pastiones, 3, 2, 12.

Sementiuae feriae, 1, 2, 1 (*bis*).

Semigraecus, 1, 1, 2.

Sergius Orata, 3, 3, 10.

Sextilius, 1, 1, 10.

Sibylla, 1, 1, 3.

Sicilia, 2, *préf.* 6; 2, 5, 3; 2, 6, 2;
2, 11, 10; Siculus, 1, 1, 8;
Siculum mel, 3, 2, 12; 3,
16, 14.

Socraticus, 1, 1, 8; 1, 2, 1.

Sol, 1, 1, 5.

Soleus, 1, 1, 8.

Stagerites, 2, 1, 3.

Statilius Taurus, 2, 1, 10.

Statoniensis, 3, 12, 1.

Stolo, *v.* Licinius.

Stolones, 1, 2, 9.

Strabo, *v.* Laenius.

Subaris, 1, 7, 6; Subaritanum, 1,
44, 2.

Synepirota, 2, 5, 1.

Syria, 1, 44, 2; 2, 1, 8; 2, 2, 3;
Syrius, 2, 1, 27.

Tagrus, 2, 1, 19.

Tanagricus, 3, 9, 6.

Tarentinus: ager, 1, 14, 4; oues,
2, 2, 18.

Tarquenna, 1, 2, 27.

Tarquiniensis, 3, 12, 1.

Taurius, 2, 1, 10.

Taurus, *v.* Statilius.

Taurus mons, 2, 1, 8.

Taurus sidus, 1, 28, 1; 2, 3, 7.

Tellus, 1, 1, 5; 1, 2, 1.

M. Terentius Varro, 1, 4, 5; 2, 5,
1; 3, 2, 14; 3, 4, 2; 3, 13,
1; 3, 16, 10; 3, 17, 4;

TABLE DES MATIÈRES

COLLECTION DES UNIVERSITÉS DE FRANCE
DÉJÀ PARUS

Série grecque
dirigée par Jean Irigoin
de l'Institut
professeur au Collège de France

HOMÈRE.
L'Iliade. (4 vol.).
L'Odyssée. (3 vol.).
Hymnes. (1 vol.).

HYPÉRIDE.
Discours. (1 vol.).

ISÉE.
Discours. (1 vol.).

ISOCRATE.
Discours. (4 vol.).

JAMBLIQUE.
Les mystères d'Égypte. (1 vol.).
Protreptique. (1 vol.).

JOSÈPHE (Flavius).
Autobiographie. (1 vol.).
Contre Apion. (1 vol.).
Guerre des Juifs.
(3 vol. parus).

JULIEN (L'empereur).
Lettres. (2 vol.).
Discours. (2 vol.).

LAPIDAIRES GRECS.
Lapidaire orphique. - Kerugmes lapidaires d'Orphée. - Socrate et Denys. - Lapidaire nautique. - Damigéron. - Evax. (1 vol.).

LIBANIOS.
Discours. (2 vol. parus).

LONGUS.
Pastorales. (1 vol.).

LUCIEN. (1 vol. paru).

LYCURGUE.
Contre Léocrate. (1 vol.).

LYSIAS.
Discours. (2 vol.).

MARC-AURÈLE.
Pensées. (1 vol.).

MÉNANDRE. (2 vol. parus).

MUSÉE.
Héro et Léandre. (1 vol.).

NONNOS DE PANOPOLIS.
Les Dionysiaques. (7 vol. parus).

NUMÉNIUS. (1 vol.).

ORACLES CHALDAÏQUES.
(1 vol.).

PAUSANIAS.
Description de la Grèce.
(1 vol. paru).

PHOCYLIDE (Pseudo-).
(1 vol.).

PHOTIUS.
Bibliothèque. (9 vol.).

PINDARE.
Œuvres complètes. (4 vol.).

PLATON.
Œuvres complètes. (26 vol.).

PLOTIN.
Ennéades. (7 vol.).

PLUTARQUE.
Œuvres morales. (18 vol. parus). - Les Vies parallèles. (16 vol.).

POLYBE.
Histoires. (11 vol. parus).

PORPHYRE.
De l'Abstinence. (3 vol.).
Vie de Pythagore. - Lettre à Marcella. (1 vol.).

PROCLUS.
Commentaires de Platon. - Alcibiade. (2 vol.). - Théologie platonicienne. (5 vol. parus). - Trois études. (3 vol.).

PROLÉGOMÈNES A LA PHILOSOPHIE DE PLATON.
(1 vol.).

QUINTUS DE SMYRNE.
La Suite d'Homère. (3 vol.).

SALOUSTIOS.
Des Dieux et du Monde.
(1 vol.).

SOPHOCLE.
Tragédies. (3 vol.).

SORANOS D'ÉPHÈSE.
Maladies des femmes.
(3 vol. parus).

STRABON
Géographie. (10 vol. parus).

SYNÉSIOUS DE CYRÈNE.
(1 vol. paru).

THÉOGNIS.
Poèmes élégiaques. (1 vol.).

THÉOPHRASTE.
Caractère. (1 vol.)
Métaphysique. (1 vol.).
Recherches sur les plantes.
(3 vol. parus).

THUCYDIDE.
Histoire de la guerre du Pélo-
ponnèse. (6 vol.).

TRIPHIODORE.
La Prise de Troie. (1 vol.).

XÉNOPHON.
Anabase. (2 vol.).
L'Art de la Chasse. (1 vol.).
Banquet. - Apologie de
Socrate. (1 vol.).
Le Commandant de la Cavale-
rie. (1 vol.).
Cyropédie. (3 vol.).
De l'Art équestre. (1 vol.).
Économique. (1 vol.).
Helléniques. (2 vol.).

XÉNOPHON D'ÉPHÈSE.
Ephésiaques ou Le Roman
d'Habrocomès et d'Anthia. (1
vol.).

ZOSIME
Histoire nouvelle. (5 vol.).

Série latine

dirigée par Paul Jal

Règle et recommandations pour
les éditions critiques (latin). (1
vol.).

ACCIUS.
Œuvres. Fragments. (1 vol.).

AMBROISE (Saint).
Les devoirs. (2 vol. parus).

AMMIEN MARCELLIN.
Histoires. (6 vol. parus).

L. AMPÉLIUS.
Aide-mémoire. (1 vol.).

ANONYME.
L'annalistique romaine. (1
vol. paru).

APICIUS.
Art culinaire. (1 vol.).

APULÉE.
Apologie. - Florides. (1 vol.).
Métamorphoses. (3 vol.).
Opuscules philosophiques. (*De
Dieu de Socrate - Platon et sa*

doctrine - Du monde) et Fragments. (1 vol.).

ARNOBE.
Contre les Gentils. (1 vol.
paru).

AUGUSTIN (Saint).
Confessions. (2 vol.).

AULU-GELLE.
Nuits attiques. (3 vol. parus).

AURÉLIUS VICTOR.
Livre des Césars. (1 vol.).

AURÉLIUS VICTOR (Pseudo-).
Origines du peuple romain.
(1 vol.).

AVIANUS.
Fables. (1 vol.).

AVIÉNUS.
Aratea. (1 vol.).

BOÈCE.
Institution arithmétique. (1
vol.).

Thébaïde. (2 vol. parus).

SUÉTONE.
Vie des douze Césars. (3 vol.).
Grammairiens et rhéteurs.
(1 vol.).

SYMMAQUE.
Lettres. (3 vol. parus).

TACITE.
Annales. (4 vol.).
Dialogue des Orateurs.
(1 vol.).
La Germanie. (1 vol.).
Histoires. (3 vol.).
Vie d'Agricola. (1 vol.).

TÉRÉNCE.
Comédies. (3 vol.).

TERTULLIEN.
Apologétique. (1 vol.).

TIBULLE.
Élégies. (1 vol.).

TITE-LIVE.
Histoire romaine. (24 vol. parus).

VALÈRE MAXIME.
Faits et dits mémorables.
(1 vol. paru°;

VARRON.
L'Économie rurale. (3 vol.).
La Langue latine. (1 vol. paru).

LA VEILLÉE DE VÉNUS (Pervigilium Veneris). (1 vol.).

VELLEIUS PATERCULUS.
Histoire romaine. (2 vol.).

VIRGILE.
Bucoliques. (1 vol.).
Énéide. (3 vol.).
Géorgiques. (1 vol.).

VITRUVE.
De l'Architecture.
(7 vol. parus).

Catalogue détaillé sur demande

CE VOLUME,
LE TROIS CENT TRENTE HUITIÈME
DE LA SÉRIE LATINE
DE LA COLLECTION
DES UNIVERSITÉS DE FRANCE
PUBLIÉ PAR
LES ÉDITIONS
LES BELLES LETTRES,
A ÉTÉ ACHEVÉ D'IMPRIMER
EN FEVRIER 1997
PAR L'IMPRIMERIE ORIENTALISTE
B-3000 LOUVAIN
BELGIQUE

N° ÉDITEUR 3397